Human Advantage
in an Age of Technology and Turmoil

Framers

Kenneth Cukier, Viktor Mayer-Schönberger, Francis de Véricourt

意思決定の質を高める

「フレーミング」の力

3つの認知モデルで
新しい現実を作り出す

[著] ケネス・クキエ
ビクター・マイヤー＝ショーンベルガー
フランシス・ド＝ベリクール
[訳] 樋口武志

英治出版

妻のヘザーへ。

——ケネス・クキエ

ハンス・クラウスへ。

——ビクター・マイヤー＝ショーンベルガー

エルヴェ・レイノーを偲んで。

——フランシス・ド＝ベリクール

Framers

Human Advantage in an Age of Technology and Turmoil

by

Kenneth Cukier, Viktor Mayer-Schönberger, and Francis de Véricourt

This edition published by arrangement with Dutton,
an imprint of Penguin Publishing Group,
a division of Penguin Random House LLC
through Tuttle-Mori Agency, Inc., Tokyo

光はきっとどこかにあるのだから。
わたしたちに見る勇気さえあれば、
わたしたちに光になる勇気さえあれば。

二〇二一年一月二〇日、アマンダ・ゴーマン（鴻巣友季子訳）

目次

第1章
意思決定

人間の力の源泉は、筋肉でも心でもなく、「メンタルモデル」にある　11
メンタルモデルと世界　15
そこにないものを見る　22
制約を設けながら想像する　27
機械と大衆　32
外の変化は内から起きる　38

第2章
フレーミング

自覚はなくとも、メンタルモデルはすべての行動に染み渡っている　43
世界の地図をつくる　46

ミスフレーミングと不運《ミスフォーチュン》　53
新しい世界を思い描く　58
フレームの範囲内で想像する　62
価値観と世界観　66
適切なフレームを選択する　69
フレーム問題　74
いつだって枠のなかで　77

第3章
因果関係

人間はよく間違いを犯す因果推論エンジンだが、それで構わない　81
テンプレートと抽象化　85
認知と文化　91
「説明できる力」の必要性　96
学習、主体的な行動選択、周りを動かす　101
懐疑と知恵　105

秩序と意思決定　112

第4章
反実仮想

まだ存在しない世界を思い描き、現在の世界に活かす　115
ありうるかもしれない代替現実を想像する　120
「ごっこ遊び」の世界　124
メンタルリハーサル　128
抽象から仮想へ　137
シミュレーションする乗り物　142

第5章
制約

効果的なビジョンにするためには範囲の制約が必要　148
無限の想像に制限を設ける　153

可変性の原則 159
最小限の変更の原則 163
一貫性の原則 167
シンプルなモデルとシミュレーション 172
力を制限するのではなく、力を与えるもの 178
因果関係、反実仮想、制約 180

第6章

リフレーミング

時にはフレーム自体を入れ替えたり、新しく発明することが必要 184
素晴らしい新フレーム 188
レパートリー、転用、再発明 190
新しいフレームを用いる達人たち 197
世界を見る新しい方法 203
認識面での準備とタイミング 208
リフレーミングをリフレーミングする 214

第7章 学ぶ

進歩には多様なフレームが欠かせない 219
メソッドではなく、マインドセット 222
フレームのバリエーションを広げる 228
組織がやるべきこと 238
道化を讃える 244
適切な環境を築く 250

第8章 多元的共存

人類の生存にはフレームの共存が欠かせない 253
このフレームこそが真実だ、という考え方 257
一元性と多様性 262
意識のモノカルチャー化を回避する 267

無数のフレームを花咲かせる 275
チャージング・ブル、フィアレスガール 288

第9章 警戒心

力を手放してしまわぬよう、警戒を続けねばならない 292
新しい視点、異なる視点 298
世界と自分をフレーミングする 303
フレームの硬直性 309
鋭敏な意識《アジリティ・オブ・マインド》 313

フレームを活用するためのガイド 318

原注 361
謝辞 362

編集部注

＊訳注は〔　〕で示した。

＊未邦訳の書名は本文中に原題を併記した。

＊本文中の引用に関して、邦訳がすでに存在するものは、原則としてそれを用いたが、独自に訳出した箇所もある。

第1章 意思決定

人間の力の源泉は、筋肉でも心でもなく、「メンタルモデル」にある

突如として不意に発生する脅威もあれば、ゆっくりとくすぶりながら広がる脅威もある。しかしこれらはどちらも、社会が想定していなかった認識の盲点を突いたものである。パンデミックにポピュリズム。新しい兵器やテクノロジー。地球温暖化や格差の拡大。何に対してであれ、そうした物事への対応の仕方が人類の生存と絶滅を分けるわけだが、私たちがどう対応するかは、どう物事を見るかによって決まる。

毎年、世界で七〇万人以上が、抗生物質の効かなくなった感染症で命を落としている。細菌が薬に耐性を持つようになったからだ。死者数は急速に増え続けている。解決策が発見されない限り、一年で一〇〇〇万人、つまり三秒に一人のペースにまで達すると言われている。新型コロナウイルス

感染症の悲劇さえもかすんで見えるような数字だ。また、これは社会が生み出した問題でもある。抗生物質の効果がどんどん薄れているのは、私たちがそれを使いすぎているからだ。かつては菌を食い止めていた抗生物質が、抗生物質に耐性を持つ菌を生み出してしまったのだ。

私たちは抗生物質をあって当然のものと考えているが、一九二八年にペニシリンが発見され、それから十年以上を経て大量生産される前は、骨折や単なる傷が死につながることも珍しくなかった。一九二四年、アメリカ大統領カルビン・クーリッジの一六歳になる息子は、ホワイトハウスの庭でテニスをしていて足の先に水ぶくれができた。そこから細菌が侵入し、一週間も経たないうちに命を落としてしまった——地位や富をもってしても彼を救うことはできなかった。現在では、帝王切開から整形手術、そして化学療法に至るまで、ほとんどすべての医療が抗生物質の力を借りている。そのため抗生物質の力が弱まってしまうと、治療のリスクが大いに高まってしまう。

マサチューセッツ州ケンブリッジにある植物に囲まれた彩り鮮やかなオフィスから、人工知能を研究するＭＩＴのレジーナ・バルジレイ教授は、この問題への解決策を見いだした。これまで新しく薬を開発する際は、効果がある薬と似た「分子フィンガープリント（指紋）」を持つ物質の発見に注力することが多かった。それで基本的にはうまくいっているが、抗生物質の分野においては事情が違う。似たような構造の物質はほとんど調べ尽くされてきたうえ、新しい抗生物質が作られても、既存のものと構造が非常に似ているため、細菌がすぐに耐性を獲得してしまうのだ。そこで、ＭＩ

Tの生物工学教授ジェームズ・コリンズが率いる生物学者およびコンピュータサイエンティストの連合チームとバルジレイは、別のアプローチをとることにした。薬が持つ構造的な類似性ではなく、その効果、つまり「細菌を殺す」という効果に焦点を当てたらどうだろう？　このチームは、抗生物質の問題を生物学の視点ではなく、情報工学の視点から捉え直したのだ。

カリスマ性と自信に満ちたバルジレイは、典型的な理系のオタクとは違って見える。彼女は昔からカテゴリーに捉われずに暮らしてきた。のちにモルドバ共和国として独立する地域で共産主義のもとに育ち、ロシア語を話した。それからイスラエルの大学で学び、ヘブライ語を操った。さらに大学院へ通うにあたり、アメリカへと移った。二〇一四年には、母親になりたての四〇代前半にして乳がんと診断された。しかしそれも困難な治療を乗り越えて生き抜いた。この試練に導かれるように、彼女は自身の研究分野を変更し、医療における人工知能へと焦点を絞った。やがて彼女の研究は注目を集め、マッカーサー財団から「天才助成金」さえ授与された。

バルジレイとコリンズらのチームは、このアプローチに取り組んだ。有害な大腸菌の増殖を抑える物質を見つけるために、菌の増殖を防ぐ特性を持つ二三〇〇種類以上の化合物をもとにアルゴリズムを訓練させたのである。それから、その深層学習モデルを適用して化合物ライブラリー「Drug Repurposing Hub」に集められた六〇〇〇種類ほどの分子や、のちに別のデータベースにある一億以上の分子のスクリーニングに取りかかった。すると二〇二〇年の初頭、ついに金脈を掘り当てた。

一つの分子の効果が際立っていたのだ。彼らは『2001年宇宙の旅』に登場する伝統にとらわれない型破りなコンピュータ「HAL」にちなんで、その分子を「ハリシン（Halicin）」と名付けた。

抗生剤の効かないスーパー耐性菌を殺すスーパーな薬の発見は、世界中の見出しを飾った。有名な楽曲で「ビデオの登場がラジオスターを葬り去った（video killed the radio star）」と歌われたのと同じように、これは機械が人間を超えた瞬間であると讃えられた。「薬剤耐性疾患を治療する抗生物質をAIが発見」と、『フィナンシャル・タイムズ』紙の一面では大々的に報じられている。

しかし、こうした報道は真実を見逃している。これは人工知能の勝利ではなく、人間の認知の勝利なのだ。重要な課題の解決へと立ち上がり、適切な形で課題を認識したうえで、従来とは別の切り口から解決への新しい道を切り開く能力の勝利である。賞賛されるべきは新しいテクノロジーではなく、人間の能力なのだ。

「適切な化合物を選択したのも、意図を持ってモデルに学習材料を提供したのも人間なのです」とバルジレイは言う。人間こそが問題を設定し、その問題に対するアプローチを設計し、アルゴリズムを鍛えるための分子を選び、スクリーニングする物質のデータベースを選んだのだ。さらに、有力な物質が浮上してきたら、人間はふたたび生物学の視点を適用し、なぜその物質が機能するのか理解に努めた。

ハリシン発見のプロセスには、科学上の大きなブレイクスルーであるとか、創薬のスピードアップや低コスト化への重要な一歩であるといったこと以上の意味がある。この成功に欠かせなかったのは、認知的自由を活かすことだった。このチームは本からアイデアを得たわけでもなければ、伝統に則ったわけでも、明らかに関連しそうな物事をつなげたわけでもない。すべての人間が持ち合わせている独自の認知能力を活かしたのだ。

メンタルモデルと世界

人間はメンタルモデルに基づいて思考している。メンタルモデルをもとに現実を切り取ることで、世界を理解可能なものにしている。そのモデルはパターンを認識し、物事がどのように展開するかを予測し、目の前の状況に説明をつける。そのような作業をおこなわなければ現実が形作られず、ただ情報が流れていくばかりで、経験と感覚が形を為さないまま連なるだけとなる。メンタルモデルはそこに秩序をもたらす。メンタルモデルがあれば、要点に集中し、それ以外の部分を無視することができる――たとえばパーティーで、自分が参加している会話だけを聞き取って、周りの会話を遮断できるのと同じだ。私たちは頭のなかで現実をシミュレーションし、状況がどのように展開するかを予測している。

自覚の有無にかかわらず、私たちは常時メンタルモデルを使っている。しかし、自分の物の見方を強く自覚し、自分の視点を意識的に維持したり変えたりできる場面も存在する。たとえば転職するかどうかや、子供を持つかどうか、家を買うか、工場を閉じるか、高層ビルを建てるかといった、重大な影響をもたらす意思決定が必要なときなどがそうだ。そういう場面では、自分の意思決定が純粋な論理的思考ではなく、もっと根本的な何かに基づくものであることをありありと感じることがある。つまり、自分がどのようなレンズを通して世界を見ているか――自分の世界観が明らかになるのだ。そうした深層レベルでの認知が、メンタルモデルを作るのである。

人は世界のなかで存在するために世界を解釈する必要がある。そして現実をどのように認識するかで現実における行動が変わる。その事実は長く知られているが、当然のこととしてあまり顧みられてこなかった。それゆえに、レジーナ・バルジレイらの達成が際立つのである。彼女は問題を適切な形で設定した。そしてメンタルモデルを適用し、「分子の構造」（つまり薬のメカニズム）から「機能」（つまり効果があるかどうか）へと焦点を移したのだ。問題を違った角度からフレーミングすることにより、彼女らのチームはそれまで誰もできなかった発見を成し遂げたのだった。

バルジレイは「フレーマー」だった。状況を適切にフレーミングすることで、新しい解決策を見いだすことができたのだ。

みずからが選び、適用しているメンタルモデルは「フレーム」と呼べるものだ。そうしたフレームが自分の世界観や行動を形作る。フレームを用いると、別の状況にも適応可能な一般化や抽象化が可能になる。フレームがあれば、新しい状況に対してもゼロからすべてを学び直すことなく対応できるというわけだ。フレームは、常にバックグラウンドで作動している。しかしながら私たちは、立ち止まって、いま自分はどのフレームを適用しているかや、そのフレームが現在の状況に最も適したものであるかを意識的に自問することができる。そして適していないと判断したら、よりよい別のフレームを選ぶことができる。あるいは、まったく新しいフレームを作りだすことだって可能だ。

フレーミングは人間の認知にとってあまりに根本的なものであるため、意識について研究する者たちでさえ、比較的最近までフレーミングにほとんど焦点を当ててこなかった。フレーミングの重要性は、「センシング」や記憶といったテーマの影に隠れてしまっていたのである。しかし意思決定の質を向上させていく必要があると気づく人が増えるにつれ、よりよい選択と行動の基礎となる「フレーム」の役割が、バックグラウンドから舞台の中心へと移ってきた。現在の私たちは、適切なフレームが適切な形で適用されると、より広い可能性が切り開かれ、それゆえによりよい選択が可能になることを知っている。どのようなフレームを用いるかによって、見えてくる選択肢や、自分が下す意思決定や、得られる結果が変わってくる。よりうまくフレーミングできるようになれば、よりよい結果が得られるようになる。

社会における悩ましい問題の多くは、結局のところ、一つの問題に対する異なるフレーミング同士の摩擦なのだと言える。アメリカは他国とのあいだに壁を建設するべきか、それとも橋を架けるべきか。スコットランドはイギリスの構成国であり続けるべきか、それとも独立を宣言するべきか？　香港に対する中国の「一国二制度」政策は、この先「一国」を重視していくべきか、それとも「二制度」を重視していくべきか？　同じ状況を前にしても、そこに何を見いだすかは人によって違う。それは私たちがそれぞれ異なるフレームを通して物事を見ているからだ。

二〇一六年、アメフトチーム「サンフランシスコ・49ers」でクォーターバックを務めるコリン・キャパニックが、試合前の国歌斉唱時に起立せず、片膝をついて人種差別や警官による暴力に対する抗議の意志を示したとき、ある人たちはその行為を、敬意ある静かで象徴的な抗議の形だと受け取った。背中を向けたり、拳や指を突き立てたりしたわけではないからである。しかし一方で、国に対する敬意を欠いた醜悪な行為だと受け取る人もいた。並の選手による悪意ある売名行為であり、アメリカにおいて文化戦争が持ち込まれていなかった数少ない領域に争いを持ち込んだ、というわけだ。そこで議論されていたのは「何が起きたか」ではなく、その行為が「何を意味するか」だった。ロールシャッハ・テストと同じである。どんなフレームで見るかによって、見えるものが変わる。

どのフレームも、世界に対する一定の視点を与えてくれる。フレームは特定の要素を最大化し、その他の要素を最小化する。たとえば資本主義者のフレームで眺めていると、どこにでも商機を見いだすことになる。共産主義者のフレームで眺めていると、すべてが階級闘争へと還元されていく。実業家なら、熱帯雨林を見ると今価値が上がっている木材に目がいくだろうし、環境主義者なら熱帯雨林を「地球の肺」だとみなし、人類の長期的な生存に不可欠なものだと考えるだろう。パンデミック中は、公共空間でのマスク着用は義務とされるべきだろうか？　アメリカにおいて、「健康」というフレームから考える者たちは「もちろん、絶対に着用するべきだ」と主張した。その一方で、「自由」というフレームから考える者たちは、「とんでもない！」と拒否した。同じデータをもとにしていても、フレームが違うため真逆の結論に至っていたのだ。

ときには、適用しているフレームが現実とそぐわない場合もある。それ自体が「悪い」フレームというものは存在しない（のちに紹介する一つの例外を除く）が、状況にそぐわないフレームを適用する「ミスフレーミング」が生じる場合がある。事実、人間の進化の道には誤用されたフレームの死骸が散らばっている。一五世紀の解剖書『Fasciculus Medicinae（医学論集）』を例にとってみよう。この本では身体の部位が一二星座になぞらえられ、頭上の星空と人間の内側にある臓器が見事なシンメトリーとなっている。しかし、このフレームでは誰を治癒することもできず、より有用なフレームが登場するにしたがって活用されなくなっていった。

私たちは現在でも同じような過ちを犯している。二〇〇八年、携帯電話の売上はノキアが世界をリードしていた。そしてアップルが iPhone を発売したとき、この製品がヒットするだろうと考えた人はほとんどいなかった。当時のトレンドは端末をより小さく安くしていくことだったが、iPhoneはゴツゴツしていて、値段が高く、バグも多かった。携帯電話に対するノキアのフレームは保守的な通信業界から来たもので、製品の実用性や信頼性を重んじるものだった。一方アップルのフレームは、絶え間なく革新を続けるＩＴ業界から来たもので、使いやすさやソフトウェアを介して新機能を追加できる拡張性を重視していた。結果的にアップルのフレームの方が、より消費者のニーズや欲求に見合ったものだった――そうしてアップルが市場を支配することとなった。

誤ったフレームを適用してしまうと、恐ろしい結果を招きかねない。一九三〇年代のソ連は、ルイセンコ主義という、植物遺伝学の一学説を支持していた。だがそれは植物学ではなく、マルクス主義やレーニン主義のイデオロギーに基づくものだった。たとえばルイセンコ主義では、作物は密集させても育つと説かれていた。なぜなら共産主義の教えでは、同じ階級のメンバーは連帯して生き、リソースを奪い合わないものだからだ。

経済学的な共産主義のフレームを農業に当てはめるなんて狂気の沙汰だったが、同国の政治リーダーたちはルイセンコの説を国の農業政策の基盤に据えた。提唱者のトロフィム・ルイセンコは、スターリン本人から支持を得ていた。ルイセンコの説に疑問を呈した科学者たちには、解雇や収監、追放や処刑などの罰が下された。ロシアの偉大な植物学者であるニコライ・ヴァヴィロフは、ルイセンコの説を批判して死刑を宣告されてしまった。そんなルイセンコ主義の成果はどうだったか？

同国は耕作地を百倍にしたにもかかわらず、作物は枯れたり腐ったりして収穫量は減少してしまった。結果的に、誤ったフレームを適用したことにより、何百万人もの命が奪われる悲劇的な飢饉が発生したのだった。

フレームが合わなかったとしても、大丈夫。私たちは別のフレームを使うか、よりよい新しいフレームを作ることができる。そうして生み出された新しいフレームが、世界を変えるようなブレイクスルーをもたらす場合もある。ダーウィンの進化論は、宗教に頼らずに生命の起源を説明することを可能にした。同じように、何世紀にもわたってニュートンの物理学は空間における物体の運動を説明する理論であったが、次第に説明のつかない現象が見られるようになっていた。そんなときにアインシュタインが物理学を新たなフレームで捉え直し、長らく時間は一定に進むと考えられていたものの、実は相対的に進むものであることを示した。

科学におけるフレームについては価値が分かりやすい。フレームが明確で（少なくとも明確であるべきだとされていて）、メンタルモデルとも言える思考の記録が研究者たちによって残されている。しかし現在人類が直面しているような大きな課題となると、私たちはどんなフレームを適用しているか自覚していないことが多い。どんな分野においても、フレーミングが持つ力の大きさを理解することが重要だ。課題を解決するためには、問題をそれまでとは異なるフレームで見ていく必要がある。個人のレベルであれ、コミュニティ、国、あるいは文明レベルであれ、非常に困難なジレンマへの対応の核となる要素は、私たちのなかに宿っている。それがフレーミングするという人間独自の能力だ。

私たちは、その力を伸ばしていく必要がある。本書は、その方法を解説するものだ。

そこにないものを見る

ここ数十年、認知心理学や意思決定論はメンタルモデルを人間の暮らしや思考の核をなすものと捉えて発展を続けてきた。基本的に、フレーミングは無意識下でおこなわれる。しかし常に質の高い意思決定をおこなう人物や、影響の大きな意思決定をおこなう必要のある地位にいる人物は、自分の現在のフレーミングや、「リフレーミング（フレームの再設定）」の力について自覚的だ。そうした自覚があるかどうかで、見えてくる選択肢や取りうる行動は変わってくる。

ベンチャーキャピタリストが投資するかどうか精査するときや、軍の将校が作戦を練るとき、あるいはエンジニアが技術的な問題の解決に取り組むとき、何らかのフレームから考える必要が生じる。どこかに風力発電所を建設するべきか、それとも太陽光発電でいくべきか決める必要がある場合、情報収集は意思決定プロセスの一部にすぎない。あらゆる面でより重要なのは、状況自体をどのように捉えるかだ。つまり、どうフレーミングするかが重要なのである。

しかしフレーミングが重要なのは大きな意思決定だけではない。私たちの日々の暮らしにも影響を与えている。私たちは絶えずさまざまな悩みに直面するが、それらには世界に対するメンタルモデルを持って向き合うことが強いられる。どうすればパートナーとより仲良く過ごせるだろう？どうすれば上司に良い印象を与えられる？　どうすれば生活をもっと健康なものに、そして金銭的に豊かなものに組み立て直せるだろう？　フレーミングは、こうしたタイプの問いにも欠かせないものだ。それは思考を下支えするものであり、何を認知し、どのように考えるかに影響を与える。フレームを明確にし、フレームを自覚的に選んで適用する方法を学べば、暮らしや世界をよりよいものにすることができる。

簡潔に言えば、次のようになる。私たちはフレーミングを、人間の認知に備わった基本的な特徴の一つにとどまらず、よりよい意思決定をおこなうための実践的なツールに変えていくことが可能なのだ。

私たちの意識は、世界の最も目立った特徴を捉え、それ以外をブロックするためにフレームを利用している——私たちは、複雑な世界の細かな要素まですべてを把握することはできない。意識のなかで世界をモデル化することにより、世界を対処可能な状態に保つことができ、それゆえに行動へとつなげることができる。その意味で、フレームは現実を簡略化するものだとも言える。しかしながら、それはレベルを下げて単純に世界を捉えるという意味ではない。重要な部分に思考を集中させているだけだ。

フレームは、一つの経験を基にして、他の状況——まだ起こっていないものも含む——にも当てはめうる一般則を導きだす手助けにもなる。まだ見ぬ事態や、事前には知ることのできない事態についてヒントを与えてくれる。データの存在しない物事にも想像をめぐらせられるようになる。フレームは、そこにないものを見る力を与えてくれるのだ。「もし〜だったらどうだろうか」と自問し、別の選択肢を取ったらどのようなことが起きるか想像できるようになる。あり得るかもしれない別の可能性を想像する能力こそ、個人の達成や社会の進展を可能にするものだ。

長らく人間は、空を見上げ、自由に飛び回ることを夢見てきた。現在の私たちは、鳥のようにとはいかないが、空を飛ぶことができる。しかしどんなデータや情報処理能力をもってしても、大量の自転車の部品から飛行機を作り上げるなど考えつきもしなかっただろう。だがライト兄弟は、そんな飛行機を一九〇三年に実現させた。そこに必要だったのはメンタルモデル＝物事を眺めるフレームだ。同じように、人間は皮膚を切らずに身体の内部を見ることができればと夢見てきた。かつて想像していたように人の目を通してではないが、現在ではX線のようなテクノロジーを通して、それが可能になっている。X線の誕生にも、新たな視点から眺めることが必要だった。レントゲン博士は電磁放射線を新たなフレームで捉え、一八九五年にX線を発見したのだった。

私たちが日々使っているものも、フレームを変えた結果として誕生していたりする——なかには、笑えるような例もある。電話は、もともと遠隔で音楽を聴く手段として着想されていた。電話をつないでコンサートを聞くというわけだ。逆に蓄音機は、もともとメッセージを伝達する手段として開発されていた。会社の社長などが溝のついたシリンダーに音声メモを吹き込み、遠くのマネジャーたちへと送るのだ。この二つのテクノロジーは、用途を互いに入れ替えることで初めて広く普及した。トーマス・エジソンは一九〇〇年代序盤の時点で、映像が教室の在り方を変えるだろうと信じていた。そのビジョンは一世紀後、Zoomが新しい教室の機能を担ったことで、ようやく実現した。

フレーミングという用語は、社会科学の分野でよく使われている。心理学者のダニエル・カーネマンとエイモス・トヴェルスキーは、物事のどのような側面を強調するかによって意思決定が左右されることを見事に指摘した。彼らはそれを「フレーミング効果」と名付け、人間の推論能力における欠陥の一つだと語っている。本書でも同じ言葉を使っているが、意味するものは異なる。本書では、物事のある側面を強調することではなく、意思決定に向けた選択肢を引き出すためにメンタルモデルを活用する自覚的な行為を意味している。もちろん状況のミスフレーミングは誤った意思決定を招いてしまうが、フレーミング自体は人間に力を与えてくれる貴重な能力だ。それがあることで私たちは世界を把握し、作り替えていくことができる。フレーミングがなかったら、人類は個体としても種としても、現在のような形にはなっていないだろう。

また、リフレーミングとはパラダイムシフトのことだと理解したくなるかもしれない。パラダイムシフトとは、ある分野で広く普及している概念や慣習が根本的に変化することを言う。一九六二年、科学哲学者のトーマス・クーンは、パラダイムシフトが科学を進展させると説いた。しかし、フレーミングとパラダイムシフトは同じものとは言えない。たとえばコペルニクスの地動説がプトレマイオスの天動説を覆したときのように、どのパラダイムシフトも、ある種のリフレーミングだと言える。しかしながら、どのリフレーミングもパラダイムシフトであるとは限らない。リフレーミングはパラダイムシフトに比べると頻繁に起こるものだ。社会全体が持つ世界観を覆すほどの変化を起こすこともあるが、それぞれの人生に小さいが大きな変化を生むようなものであることの方がはるかに多い。どちらの場合も、リフレーミングがうまくいくと、よりよい意思決定につながる。

フレームを扱えるように取り組むなんて、複雑で難しいことに聞こえるかもしれない。たしかにスキルは必要になる。しかし、人間は驚くほどフレーミングが得意だ。私たちは何万年もフレーミングをおこなってきた。ただそれを意識してこなかっただけだ。

フレームとは、個人の視点にはとどまらない「認知のテンプレート」だと言える。しかしながら、視点という概念はわかりやすいメタファーだ。一四二〇年頃にイタリアの建築家フィリッポ・ブルネレスキが幾何学的遠近法を用いるまで、画家たちは世界を平面的に描き、対象物の重要度に応じて配置していた。しかしブルネレスキからヒントを得て、画家たちも奥行きの表現方法や、見た通りの風景の描き方を学んだ。この変化の前後の絵画を比較してみると、新しいフレームに切り替える効果がよく分かる。

私たちは誰もが「フレーマー」だ。些細なことから大きなものまで、人は予測を立てる。頭のなかで過去や未来に思いをめぐらせタイムトラベルをしながら予測を立てている。そんな行為に周りより長けた人もいる。そしてこの力は、誰でも向上させられる。というより、誰もが向上させていかねばならない。

制約を設けながら想像する

詳しくは第二章で記すが、フレームは二つの状況においてうまくやる手助けとなる。一つは、状況が新しくなったり環境が変わったりしたときだ。フレームを自由に選択する力があれば、新しい選択肢を手にすることができる。もう一つ同じくらい重要なことに、慣れ親しんだ状況に出くわすと、フレームには意識を特定の部分に絞る力があり、そのおかげで認識にかかる負荷を減らすことができる。これは、適切な意思決定にたどり着くにあたって非常に効率的である。適切な意思決定には三つの要素が必要になる。それが「因果的思考（causal thinking）」と「反実仮想をおこなう力」、そして「特定の目的に向けて制約を設けながら想像する能力」だ。一つずつ説明しよう。

第三章では因果的思考を紹介する。人は原因と結果というレンズを通して世界を見ている。そのおかげで、世界は理解可能なものとなっている。私たちは、ある行動がどんな影響を及ぼすかを事前に予測し、それを繰り返して自分に活かしている。因果的思考は認知の土台となる。子供たちは因果関係に基づいて思考することを学んで大きくなっていくし、因果的思考をすることで人間社会は長らく進化を続けてきたのだった。人間は因果推論エンジンなのだ。

世界は複雑であるため、因果推論は間違うこともある。頭蓋骨のなかにある一三〇〇グラム程度の柔らかい脂質とタンパク質で、この世の複雑な細部を隅々まで見通すことなどできない。現在では、因果推論で性急な結論に飛びついてしまわないように（たとえば特別な舞を踊れば雨が降るといった考えに飛びつくのではなく）科学的な方法論を利用している。とはいえ、何にでも因果関係を見いだそうとする傾向は、かけがえのない成果をもたらしてもいる。世界を理解し、コントロールしやすくするツールを提供してくれるのだ。

メンタルモデルを構成するふたつめの要素は、第四章で詳しく紹介する「反実仮想（counterfactuals）」だ。今ある現実とは別の可能性を想像することである。一つまたは複数の点において異なる世界を仮説的に考えるのだ。因果関係と同じで、私たちはいつも自然に反実仮想＝反事実的思考をおこなっている。反実仮想を使えば「今この瞬間」から逃れることができる。目の前の現実に縛られることなく、心の目で新しい現実を作り出すことができるのである。

反実仮想的な思考は、進歩に欠かせない。人間は現実の世界を理解し、どうすれば違う世界になるかを考える方法として、存在していないものを思い描くことができる。私たちは、「もし〜だったらどうする？」と「もしも」の問いを投げかけることで反実仮想をおこなう。そうした想像は無意味な夢想であるとは限らない。それは行動する前に欠かせない行為であり、意思決定に向けた一要素だ。想像や視覚化をするときというのは、反実仮想をおこない、それを吟味しているのだと言える。子供がごっこ遊びをするときや、科学者が実験をするときにも反実仮想がおこなわれている。

反実仮想を通して世界を良くしていけるとはいえ、反現実の領域にばかり浸《つ》かりすぎるのも愚かなことだ。そこで第五章では、フレーミングの三つめの要素である「制約」の役割について語っていく。適切な制約を設けることによって、反実仮想をおこなう際に想像が調節され、ただの夢想ではなく実際に実現可能な行動を思い描けるようになる。フレーミングとは、空想を自由に羽ばたかせることではない。ひもにつながれていない風船は、風に舞ってどこまでも飛んでいってしまう。大切なのは制約を設けながら想像することだ。きちんと範囲が制限されている場合にかぎり、反実仮想は有用なものになる。

制約はメンタルモデルをまとめる接着剤として機能する。そうした制約があることで「もしも」の問いを明確な範囲のなかで自覚的に想像することが可能になるのだ。たとえばタイヤがパンクしたとして、タイヤを交換する経験が初めての場合でも、「スター・トレック」シリーズの反重力技術に助けを求めようとは考えず、トランクに入っているツール（車のジャッキやレンチなど）を見て、使い方を想像するはずだ。

これら三つの要素（因果的思考、反実仮想、制約）が、フレーミングの基礎をなしている。これらは、ここにはないものに目をやり、先を見通すためのツールである。

しかしながら、特に問題の文脈が変わった場合など、フレームの変更が必要になる場合がある。第六章では、手持ちのフレームのレパートリーから、状況により見合ったフレームを見つける能力について解説する。また、私たちは別の領域で使われている既存のフレームを転用することもできる。別の領域にあったフレームを新たな文脈や目標に合わせて修正することで、意識的に自分の幅を広げられるのである。

さまざまな経験を得るうちに、フレームのレパートリーが増え、必要なときに適切なフレームを取り出すことができるようになる。優れたピアニストがあらゆる演奏スタイルのレパートリーを持っているのと同じだ。腕のたしかな音楽家は、初めて聞くどんな種類の音楽であっても、奥に流れるキー、テンポ、リズム、ハーモニーを一瞬で見極めることができる。それが即興演奏の本質だ。音楽はジャンルによって大きく違いがあり、それぞれ独自のルールもある。ピアニストが恋に悩むショパンからレディー・ガガに様変わりするのは大変なことだ。しかし人生と同じように、黒鍵と白鍵の上ではリフレーミングが可能だ。

とはいえ、レパートリーのなかからフレームを選ぶことにも限界がある。レパートリーのなかに適したフレームが存在しない場合があるのだ。そのときに必要なのは、まったく新しいフレームを作り出す「発明」という行為だ。私たちはそうやって完全に新しいフレームを作りだした人間のことを賞賛する。そうしたフレームがうまくいったとき、その人たちは世界を変えることになるからだ。

第七章では、よりよいフレーマーになる方法を紹介する。このスキルを身につけられるかは、多様なフレームを受け入れられるかにかかっている。本書では、よりよいフレーマーになるための戦略を三つ提供する。レパートリーを増やすこと、私たちが「認知的探索収集」と呼ぶプロセスを通して好奇心を高めること、そしてこれらがうまくいかなかった場合、勇気を持って認知的な未知の領域へ飛び込んでいくことだ。

第八章では、地域社会、国、そして文明全体にとってのフレーミングの重要性について取り上げる。目標はフレームの共存だ。皆が揃って均一な世界観を持つことを目指すのではなく、フレームの違いを育み、大切にしていくのだ。私たちは、何らかの価値を実現するには意図的に「色に目をつぶって」均一化するべきだと考えるのではなく、「カラフル」であることを後押ししていく必要がある。

許してはならないのは、他のフレームの存在を否定するようなフレームだ（「悪い」フレームは存在しないという考えにおける唯一の例外である）。メンタルモデルの画一化こそ、人間の進歩を妨げる。そうした画一性は、今とは別の可能性を考えることができないという点で、過去と同じことを繰り返す自動人形と何ら変わりがない。フレームが共存できないのに、人間が共存できるだろうか？

人間のフレーミングにおける真のヒーローたちは、宮殿に暮らしたり、大企業を経営したり、一流の大学で教えたりしているわけではない。私たちの身の回りに存在しており、自分だってそうした存在になれる。個人にとってもフレーミングは大切だ。フレーミングは人生を形作る。しかし人類にとって大切なのは、私たちが集団として持つフレームの種類の豊かさだ。よく知識人は、差し迫った課題に立ち向かうために団結して考えを一つに揃えていかねばならないと主張する。しかし、重要なのは正反対のことだ。人類の力はフレームの違いに、つまり世界を無数の角度から眺められる能力にあるのだ。幅広い種類のフレームを利用できて初めて、人類が生き延びるために必要な独自の解決策を考え出すことができるのである。

機械と大衆

フレーミングの価値や効果に対する信頼は揺らぎ始めている。世界中で、人間は自分たちの認知能力に自信を失いつつあり、メンタルモデルの必要性を否定するようなソリューションに頼りだしている。そういう機械による判断に信頼を置く人々がいる一方で、もう一方には大衆が唱える大ざっぱな正義や安易な回答を真に受ける人々がいる。

事実を重んじ、理性を大切にする超合理主義者（hyper-rationalist）たちは、前者の代表例だ。超合理主義者はデータとアルゴリズムだけを使って人間の無数の問題を解決できると信じており、人間のフレーミングを使わず人工知能に頼ろうとしている。こうした考えを持つ人は、コンピュータが人間よりも賢くなる瞬間＝「シンギュラリティ」の到来を待っている技術マニアたちだけではない。人間には不可能に思えるほど公平で客観性のある超理性的な意思決定をおこなうためにテクノロジーの活用を目論《もくろ》む人は、どんどん増えている。この人たちは、人間が支配権を持ち続けることを疑ってはいないが、物事の判断は機械に任せることになると考えている。

デリーまで運転する必要がある？　ベルリンで犯罪対策？　武漢に日用品を届ける？　ならばアルゴリズムに聞けばいい。テクノロジーの進化に伴い、人間には処理できない社会問題を解決するべくＡＩに頼る人が増えてきている。超合理主義者たちは、それによって人類が現在の非理性的な暗闇から抜け出し、輝かしい理性を手にすることを願っている。こうした考えを持つ人たちは、人間から意思決定を取り上げて、それをコンピュータに託せるという点でＡＩに期待を抱いているのだ。

同じくらい声が大きいのが主情主義者（emotionalist）たちだ。超合理主義者たちとは逆に、人類は過剰な合理性に苦しんでいて、データや無慈悲で冷たい分析的な判断への依存が大きすぎると主張している。この人たちは、人類の根本的な問題は感情がありすぎることではなく、なさすぎることだと考えている。私たちが苦しんでいるのは、自分の直感や本能への信頼が足りないからというわけだ。似たような考えの人たちが集まるコミュニティでの集団的な結束を欲していて、こちら側に属していない「他人」とは明確に線引きや境界を設けたがる。感情的な結束を訴えるとはつまり、非合理性こそが人間的性質の核であることを受け入れろと呼びかけているようなものだ。

感情への傾倒は、工業化された民主主義国家であれ発展途上国であれ、左右どちらにも見られる。まず頭に浮かぶのが右派のポピュリストたちだ。この人たちはエビデンスを精査するという長期的なプロセスよりも断固たる行動を好む。感覚に基づいて統治され、感情に基づいてリーダーシップがとられる。意思決定は自分の信念の正しさという内なる感覚に基づいてなされる。しかし、感情への傾倒は左派の側にも見られる。活動家たちは、こちらの世界観への批判を黙らせようとしたり、自分たちとは相入れない意見を持つ相手を貶《おとし》めようとしたりすることがある。

ＡＩの力が増してきたのは最近のことだが、人類は何世紀ものあいだこの根本的な対立と向き合ってきた。合理性と感情、人工と自然、熟慮と本能的な直感といった対立は、私たちの暮らし方や社会の統治法を形作ってきた。一六〇〇年代には、フランスの哲学者であり数学者のルネ・デカルトが合理性、秩序、そして明証性（evidence）に基づく暮らしを提唱した。パリには完全に左右対称な公園が数多く存在するが、そこにはデカルトの影響が感じられる。

それから一世紀が経ち、ジャン＝ジャック・ルソーが別のアプローチを主張した。感情や直感に信を置き、内なる自己に答えを求めるアプローチだ。「私が人生で為した悪は、すべて熟慮の結果だ」とルソーは記している。「そしてわずかながらに為すことができた善は、衝動の結果である」。それは直感、情熱、欲望の世界だ——怒りを激しく噴出させることも、人間的な表現として問題なく許容される。イギリスやアメリカの造園技師たちが自由に育つ自然を模して都市の公園を作ったのは、無意識であれルソーと同じような考えを持っていたからだと言える。

この二項対立は二〇世紀のビジネスにおいても展開されていた。フレデリック・テイラーが提唱した有名な「科学的管理」は、会社の業務のあらゆる側面を数値化して管理を目指すものだ。マネジャーたちはストップウォッチやクリップボードを手にして工場のフロアをうろつき、生産性を確かめたものだった。しかし二〇世紀は、ゼネラル・エレクトリックの弁舌さわやかなCEOジャック・ウェルチの成功が讃えられる形で幕を閉じた。彼が経営哲学を記した自伝『ジャック・ウェルチ　わが経営』（日本経済新聞出版）には、まさしくふさわしい副題がついている。それが「Straight from the Gut（直感に従って）」だ。

意思決定において、直線的で事実ばかりを並べ立てる合理性を否定し、喜びに満ちた人間的な感情を良しとすることには、一定の正しさを感じる。すべての物事を数値や論理式に還元できるわけではない。しかし、感情だけでは問題は解決できない——それどころか、問題を大きくするばかりで、建設的に話し合うというよりは仲を引き裂いてしまう場合がある。この半世紀以上、心理学者や行動経済学者たちは、直感に従った意思決定が(たいていの場合)質の低いものであるという証拠を実験から積み上げてきた。本能を頼りにすると、「正しいと信じることを実行している」という心のぬくもりは得られるかもしれない。しかしそれだけでは、自分たちが直面している問題の解決に向けた実行可能な戦略を築き上げることはできない。

一方、AIは人間よりも意思決定に優れ、人類から仕事を奪うかもしれないが、コンピュータやアルゴリズムはフレーミングをすることができない。AIは「尋ねられたものに答えること」に秀でている。他方、「フレーマー」たちは、これまで誰も語ってこなかったような切り口から問いを投げかける人間だ。コンピュータはすでに存在する世界のなかでのみ機能する。人間はフレーミングを通して想像する世界のなかで生きている。

コンピュータの欠点について考えてみよう。ボードゲームは、コンピュータが非常に得意だとされている分野だ。しかしこの分野に詳しい人でさえ、コンピュータにまつわる物語から間違った教訓を導き出している。

二〇一八年、グーグル傘下のディープマインド社は「アルファゼロ」というソフトウェアシステムを発表した。チェス、囲碁、将棋を自己対戦のみによって学習していくソフトで、ルール以外は人間によるデータの入力もおこなわれない。このソフトは、わずか九時間でチェスを四四〇〇万回対局した末に、世界最強のチェスプログラム「Stockfish」に勝利した。チェス界の最高位にあるグランドマスターたちもアルファゼロと対局し、この新しいアプローチに衝撃を受けた。一世紀以上、チェスの達人たちのあいだには駒の価値や陣形などに関する基本的な考えや戦略について、一定のコンセンサスがあった。しかしアルファゼロの動きは定石からかけ離れたものだった。陣形よりも機動性を重視したもので、駒を犠牲にすることには何のためらいもないようだった。アルファゼロは、チェスにおけるまったく新しい戦略を考え出したように見えた。

だが実際には、そう見えただけだ。

ＡＩシステムが何かを「考え出す」ことはできない。メンタルモデルを作り上げることはできない。一般化や説明などもできない。アルファゼロは、私たちにとっても、そのソフトウェア自体にとってもブラックボックスなのである。駒の動きを見て、「陣形」や「サクリファイス（犠牲）」といった概念を作り出せるのはＡＩではなく人間である。人間がアルファゼロの行動をフレーミングすることで、説明や一般化が可能になる。人間は、ＡＩの達成を応用して普遍化できるがゆえに、より賢くなっていく。学んだことを理解し応用するという点は、ＡＩが自力ではできないことだ。

合理主義者も主情主義者も、人間独自の認知に関して真理を正しく言い当てていることに間違いはない。しかしどちらの考えも行き詰まってしまう。どちらも、現代文明が抱える課題への最適な解答を提供することはできない。また、この二つが融合したからといって多くのことが期待できるわけでもない。不確かな足場の上に融合するのがせいぜいで、希望や実のある進展が見られることはなく、脆《もろ》い緊張状態が続くだけになるだろう。

何より重要なのは、この二つだけが選択肢ではないという視点だ。非人間的なシンギュラリティか、波のように押し寄せる恐ろしいポピュリズムかの二択である必要はないのだ。最適ではない融合を無理して図る必要もない。私たちは、別のアプローチをとることができる。これまで見過ごされてきた人間の力、つまりフレーミングを活かすのである。メンタルモデルを適用し、磨き、再発明する人間の能力は、機械に従ったり大衆に迎合したりせずに問題を解決する手段を与えてくれる。

そこで話はレジーナ・バルジレイへと戻ってくる。私たちは岐路に立っている。とてつもない課題がそびえ立っている。抗生物質と同じように、人類が抱える脆さの多くは私たち自身に起因している。それらは私たちがおこなってきた意思決定の結果であり、別の選択肢を見つけられず、違った行動を取れなかった結果である。現在のトラブルは私たち自身が招いたものだ。幸運にも、私たちはそこから自力で抜け出すことができる。しかしそれには新しいマインドセットが必要になる。

外の変化は内から起きる

オックスフォード大学のチームによって運営されている「Our World in Data（データで見る私たちの世界）」というプロジェクトがある。名前からも想像がつく通り、暮らしのあらゆる側面を取り上げ、情報というレンズを通して眺めるのだ。乳児死亡率の統計？　もちろんある。世界GDP？　当然カバーされている。その情報はビル・ゲイツも愛好するもので、彼はときどきデータをリツイートしたり、自身の財団で活動をサポートしたりしている。そしてこのプロジェクトが提供する虹色の線や棒グラフから判断するに、私たちはかつてないほど幸福な生活を送っている。

ほとんどすべての指標において、それは真実だ。世界はとどまることなく向上を続けている。戦争は少なくなり、病気は減り、識字率は上がり、水はより綺麗になり、国々はより豊かになり、人々はより幸福になり、寿命は長くなった。新型コロナウイルス感染症の流行により、こうした傾向のいくつかは弱まるかもしれないが、それも一時的なことだろう――もう少し先の未来に目を向ければ、続いていく発展の途中にある些細な落ち込みにすぎないはずだ。

こうした向上のすべてにおいて、人間の思考の進化が重要な役割を果たしてきた。地上に変化が起きるのは、意識に変化が起きてからだ。外側の物事はすべて内側から始まる。世界をフレーミングしたりリフレーミングしたりすることで、文明は発展していく。

しかし、それは楽観的すぎる思い込みかもしれない。こうした楽観では、物事がこの先も進化を続けていくことが想定されている。しかし、そうした考えは問題を見えなくしてしまう。人間の進歩には負の側面があり、みずから作り出したものが自分たちの破滅の元凶となるリスクがあるのだ。ハイテク兵器の開発競争、進みゆく温暖化、世界で拡大する貧困層など、人類が生み出してきた問題へ対処するためには、よりうまくフレーミングしていく必要がある。

本棚には、人間の進歩を讃える本があふれている。『ホモ・デウス』（河出書房新社）でユヴァル・ノア・ハラリが語っているような裕福で不死で知能の高い人間像は、『歴史の終わり』（三笠書房）でフランシス・フクヤマが説いた豊かで安全で幸福な「最後の人間」像と同じように、やがては笑いものになるだろう。より現実的に責任感を持って世界を眺めれば、状況は今より快適になるどころか、厳しいものになっていくはずだ。人類にとって最も困難な課題は、過去にではなく未来に存在している。

過去の課題といえば、個人やコミュニティの生存にかかわるものではあれど、世界全体の危機を意味するものではなかった。それに、課題の多くは解決策が明白だった。たとえば飢えているなら、狩猟採集をおこなえばよかった。悪天候や危険から身を守るためには、家を建てればよかった。戦争時には、兵を招集すればよかった。すぐに適用できるフレームが存在している場合が多かったのだ。

しかしフレーミングによって人間の意思決定が向上していくにつれ、その成功が人間に弱点を生むこととなった。何か一つのフレームだけを真実だとみなすようになったのだ。人間がそうしたフレームを作って周りに強制してきた例は、スペイン異端審問からソ連の社会主義にいたるまで枚挙にいとまがない。そのうえ私たちは、それらの失敗から驚くほど何も学んでこなかった。いまなお人間は画一的な思考体系の影響を受けやすく、過去の失敗は適用したフレームが悪かっただけだと考え、一つのフレームをすべてに当てはめることが間違っていたのだとは考えない。

だからこそ現在これほど不安定な状況に陥っているのである。人類の運命は、自分たちの課題を別のフレームで捉え直せるようになるかにかかっている。（気候変動やパンデミックといった）環境的危機や（新たな形の部族主義や暴力による弾圧といった）人的危機に対して必要なのは、根拠のない盲信的な賭けではなく、人類がかなり得意としてきた行為を強化することだ。つまり、制約のある状況下で想像力を働かせて新しい解決策をひねりだし、その解決策の長期にわたる影響を正しく見極めることである。

現代は分断とパラドックスの時代だ。大規模な慈善事業と日々の圧政。科学とアンチ科学。ファクトとフェイクニュース。スラム街から見える国際宇宙ステーション。他の惑星への入植を目指すロケットと、収監される移民の子供たち。原住民とトランスヒューマン。犬（dog）のような原始性と、神（god）のような超越性。

普通、種が絶滅する原因は状況に適応できないからだ。しかし人類は、適応に必要なものはすべて持ち合わせているのに、それを利用せずに絶滅してしまう最初の種となるかもしれない――絶滅しか選択肢がないのではなく、正しい選択ができずに絶滅してしまうのである。

その解決策となるのがフレーミングだ。人類は、自分たちの認知能力を生かしてメンタルモデルを生み出し、よりよい未来を思い描き、別の可能性を選択することで状況に適応していくことができる。しかしそのためには、あらゆる方面から奪われつつある認知的自由をある程度確保することが求められる。私たちは人類の生存と繁栄に必要なものを持ち合わせている――フレーマーとしての役割を背負う責任感と勇気と想像力を持っているのなら、そのことを自覚しなければならない。

第2章
フレーミング
自覚はなくとも、メンタルモデルはすべての行動に染み渡っている

二〇一七年一〇月一五日の日曜日、アリッサ・ミラノはLAの自宅のベッドに座ってニュースを読んでいた。ネットでは映画プロデューサーのハーヴェイ・ワインスタインによるセクハラ問題が暴露されて大きな話題となっていた。一九八〇年代には子役としてコメディドラマで活躍し、このとき四〇代の役者として成功をおさめていたミラノは、そのニュースに登場する全員が馴染みのある名前だった。ハリウッドにおいて、セクシャル・ハラスメントは耳にしない出来事ではない。いわゆる「枕営業」は悪しき慣習だ。しかし彼女にとって、このニュースはそうした慣習とは違う種類のものに感じられた。今回の問題は嫌な誘いというより何十件もの身体的暴行であり、それが単に表沙汰になっていなかっただけでなく、数十年にわたって積極的に隠蔽されていたのだ。

彼女の携帯に友人からメッセージが送られてきた。ツイッターで女性たちが声を上げれば、世界は問題の大きさを知ることになるはずだと言う。ミラノもその考えに賛同した。彼女には昔から深い道徳心があった。子役として有名だった一五歳のとき、彼女はテレビのトーク番組でＨＩＶ陽性の男の子にキスをしたことがある。それは、エイズ患者との軽い接触は安全であることを示すためだった。二〇一三年には夫とのセックス動画と思われるものを「流出」させたが、その動画を開くと流れるのは艶《なま》めかしい映像ではなく、シリアでの紛争について解説する二分間のニュースだった――人道目的の釣りタイトルだったというわけだ。

ツイッターを利用するのは理にかなっているように思えた。「事の重大さを知ってもらうための良い方法」だとミラノは振り返っている。それに「焦点をこういう恐ろしい男たちではなく、被害者や体験者に当て直す手段だと思う」。ミラノ自身も、およそ二五年前に映画の撮影現場で被害にあっていたが、それを公言したことはなかった。彼女はツイッターの投稿画面を開き、次のように入力した。「もしあなたも性的なハラスメントや暴行を受けた経験があれば、このツイートに『me too』と返信して」。そうして携帯の画面を閉じ、寝ている三歳の娘の様子を確認してから眠りについた。

目を覚ますと、ツイートには驚くことに三万五〇〇〇件以上のリプライがついていて、その数はさらに伸び続けていた。ツイートは瞬く間に世界へ拡散していたのだ。ハッシュタグ「#MeToo」

が付けられた投稿の数は、その日の終わりに一二〇〇万件以上にも達していた。彼女のもとには記者たちからの連絡が次々と舞い込み、世界的な現象となった。

このMeToo運動はさまざまな意味を持つ運動だが、おそらく何より重要なのは、この運動が一つのフレームだという点だ。この運動は性的暴行に対する捉え方を変えた。胸の内に留めておくものではなく、公にできるものとなったのだ。ツイッターに上げられた数々の声は、エンパワーメントと自由の源泉となった。MeToo運動は偏見を覆した。女性たちは恥じる必要はない。その恥は、暴行を加えた男たちに突き返すことができるのだ。

MeToo以前は、女性が暴行について語っても被害者というより、自己満足であるとか、共犯であるとか、自分が悪いのだと言われたものだった（どうして彼の部屋に行ったんだ？　どうして誘うようなドレスを着ていたんだ？）。この新しいフレームでは、女性たちは迅速かつグローバルなサポートグループを持ち、同じ思いの人たちが数多くいると知ることで、声を上げることができたのだった。

この新しいフレームは、問題に対する別の新しい考え方を提供してくれるだけではなかった。意思決定と行動に対する新たな選択肢を切り拓いたのだ。

世界の地図をつくる

セクシャルハラスメントに対する女性たちの反応であれ、抗生物質の分子構造に対する科学者たちの認識であれ、フレームは複雑な世界を分かりやすいものにしてくれる。私たちの意識には数々のフレームが詰め込まれている。そうしたフレームを使って人は思考している。フレームはシンプルなもの、精巧なもの、厳密なもの、不正確なもの、美しいもの、邪悪なものなど、さまざまに存在する。しかしどれも、現実のある一面を捉えたものだ。そのため、私たちが物事を説明したり、ある部分に焦点を絞ったり、意思決定をしたりするのに役立つ。

民主主義は一つのフレームだが、君主制も一つのフレームだ。ビジネスの分野では、リーン生産方式も、OKR（objectives and key results＝「目標と主要成果」。インテルや、のちにグーグルが導入して有名になった目標管理システム）も一つのフレームだ。宗教も一つのフレームだが、世俗的ヒューマニズム（つまり、神の存在を抜きにして道徳的であること）も一つのフレームだ。「法の支配」も一つのフレームだが、「力は正義」という考え方も一つのフレームだ。人種的平等は一つのフレームだが、人種差別も一つのフレームだ。

フレームは思考の土台をなすものだが、実に多様なものでもある。ここ数十年は、哲学から神経科学にいたるまで、さまざまな領域で人間のフレーミングについて研究がなされてきた（テンプレート、抽象化、表象、スキーマなど、用語はそれぞれ異なる)。

現在、人間がメンタルモデルを通して思考しているという見解は、自然科学や社会科学の分野で広く受け入れられている。しかし、それは比較的最近のことだ。二〇世紀前半には、人間の意識について考える役割は主に哲学に任されていた。その領域において、ジークムント・フロイトや、意識の不思議な側面に対する彼の関心は例外的であり、標準的なものではなかった。戦間期にはエルンスト・カッシーラーやルートヴィヒ・ヴィトゲンシュタインら哲学者たちが、意識とは記号と、それを操る言葉によって成り立つものだと考えた。それは認知というものをより論理的に捉えるためのステップではあったが、理論に終始するものであり、実証的なものではなかった。

第二次世界大戦後、実証科学が人間の意識に関心を向けた。研究の主体も哲学者から心理学者たちへと移っていき、特に脳内での認知プロセスが検証されるようになった。はじめのうち、心理学者たちは厳密で論理的なプロセスを想定していたが、実証研究でそれを裏付けることはできなかった。一九七〇年代頃には、「メンタルモデル」という考え方が広く普及し始めた——そこでは、人間の思考（reasoning）は論理公式のようなもので動いているのではなく、「現実のシミュレーション」として機能していると考えられた。つまり、行動の結果を想像しながら選択肢を評価しているのだ。

今では、この考え方は心理学者や認知科学者たちによる無数の実験によって実証的に裏付けられている。近年では、神経科学者たちも同様の見解を示している。fMRIスキャナーのおかげで被験者の脳の活動がリアルタイムで可視化できるため、たとえば研究では、未来の予定を立てる際に、空間認知や三次元で考える力に関連した脳の領域が活性化されることが分かっている。人は未来について考えるとき、意図と目的を持って文字通り夢を描いているのだ。

こうした研究が「人間はいかに思考するか」に対する考えを静かに変えていった。そこでは、メンタルモデルが人間の認知の根本的な土台であることが示されている。私たちが何を見て認識し、何を感じて信じるかは、まず世界をどのように見ているかが関係してくるのだ。人は、自分が信じる世界像と結びつけて世界を理解する。その出来事が起きる理由、その出来事の将来的な展開、そして自分が行動したらどのようなことが起きるか。フレームとは「想像」や「創造力」のことではなく、それらを可能にするものだ。

多くの人は、意思決定をおこなう際に自分のメンタルモデルを深く意識したことなどないだろう。それはなぜかといえば、ほとんどの意思決定は、着る服やサラダに追加するトッピングを何にするかといった影響の小さなものだからだ。しかしもっと大きな意思決定をする際、メンタルモデルという概念を意識することにより、その成果が大きく変わってくる。多くの人は自分のフレームへ意識的に目を向けることで大きく飛躍する。

フレームの何より重要な点はフレームそれ自体ではなく、フレームが可能にする力の方である。フレームがあると意識が一部分に集中されるため、私たちに力を与えてくれる。うまく機能すれば、重要な部分を強調し、そのほかの部分を気にせずに済ませてくれる。それは長所であり、（プログラマー用語で言うところの）バグではない。フレームは、絶大で効果的な認知のショートカットとして機能し、意思決定をおこなう意識空間を形作る。そして選択肢の見極めをより早くより簡単にしてくれる。フレームによって世界の見方が簡略化、強化、そして増幅され、そのなかで行動することが可能になる。

フレームは私たちを「自由にしてくれる」ものでもある。現実のどの側面に焦点を当てるかに合わせて適用するフレームを選ぶことができるからだ。人間には意識的に別のフレームを試す力があるからこそ、本能に従う動物や指示に固執する機械のはるか先へと進むことができているのである。いろいろな視点から世界を眺めることによって、世界への理解を豊かにし、よりよい解決策を思い描くことができる。フレームの選択とはつまり、意思決定へと至る道のりの選択なのである。フレームが実際の世界でどのように機能しているかについては、地図を考えてみるといい。

地図は、メンタルモデルを物体化したものだと言える。空間を線で描き、場所を特定するものだ。フレームと同じように、地図は特定の目的を果たすものである。そして状況や必要な意思決定に合わせてフレームを選ぶのと同じように、地図も吟味して選ばれ、世界に対する理解や行動に影響を与える。しかしそれだけでなく、地図によって想像する内容も変わってくる。

私たちは、二つの次元が垂直に交わるデカルト座標（直交座標）システムで作られた地図に慣れ親しんでいる。この地図の利点は、客観的な地図のように思える点だ。すべての相対的な位置関係が正確に表現され、それぞれの場所の位置は固定化される。この方式の地図では、位置が把握でき、どこに身を置いても、その場所から世界がどのように見えるのか想像できる。しかし、この地図はその他の多くの特徴を取り除いたものでもある。一つ例を挙げるならば、この地図はたいてい平坦に描かれていて、簡単に標高を反映することができない（等高線や色の塗り分けが必要になる）。そのため場所や位置関係を把握するのには役立つが、そこへ行くまでにかかる時間を算出するのに役立つものではない。フレームと同じように、一つの地図はある特定の状況には役立つが、すべての状況に活用できるものではないのだ。

たとえばロンドンや東京のような都市にいて、ある場所から別の場所へと移動したいような場合、デカルト式地図は必要ないだろう。路線図を活用した方がいい。路線図は複雑な都市を色分けされた路線と駅という簡略な図に落とし込んでくれる。それぞれのバスや電車の路線がどこで交わるかを簡単に把握することができる。路線図は簡略化の極みだ。最も都合のよいルートを選んでもらえるようにデザインされている。しかし街歩きをする者にとっては路線図など使いにくくてしょうがないはずだ！

ロンドンの地下鉄の路線図は見やすさが優先され、各駅間の距離についてはあまり考慮されていない。路線図上ではすぐ近くに隣り合っている駅も、実際には一マイル離れていたりする。それにほとんどの路線図は目的地へ着くまでの時間を伝えてくれるものではない。各駅間の線の長さは、たいてい原寸に比例していない。路線図は見やすさを優先して縮尺には目をつぶっているのである。

地形図一つとっても、描き方にはいくつもの方法がある。半球の地表を二次元の平面に描く方法は複数存在するからである。そしてどの方法にも長所と短所がある。たとえばよく知られたメルカトル図法を用いた地図は、経線と緯線が直交し、中心から離れるほど面積の歪みが大きくなる。そのためアラスカの方がオーストラリアよりも大きく見えてしまう。実際にはアラスカの方が四分の一未満の大きさであるにもかかわらずだ。面積の比率は合っていても形状の表現に歪みが生じる地図もある。常に長所と短所がトレードオフなのだ。

そのため、「どの地図が一番いいか」という質問は論理的に考えればナンセンスだ。その質問に対する答えは、地図が使われる状況や目的によって変わる。これと同じことが、フレームにも言える。「正しい」フレームというものは存在しない。用いるべきフレームは状況や目的によって変わる。そして一つのフレームを選んで適用したら、選択肢が浮かび上がってくる。フレームを導入しないと、際限なく議論が続き、行動に結びついていかないだろう。フレームを選んで適用すること――つまり「フレーマー」になること――は、意思決定と行動の土台となるのである。

アメリカの人々は、「フレーマー」という言葉に歴史の授業で慣れ親しんでいる。アメリカ合衆国憲法を起草した男たちを指す言葉として用いられているからだ（そう、当時は男たちだけを指していた）。

当時憲法の起草者たちは「フレーマー」と呼ばれていた。それは、彼らが「政府というもののフレーム」を設計していたからである。これは適切に選ばれた言葉だと言える。合衆国憲法とはまさにフレームであり、政府の慣行やプロセスを形作り定めるものだ。一七八七年の夏のあいだ、数ヶ月にわたって二つの陣営が異なる政府のモデルをめぐり熱心に議論し合った結果として生まれたものである。

連邦主義者たちは強い中央政府のモデルを支持していた。行政首長の権限が強く、法的規制が厳しく、各州の権限は制限される。このフレームは、大国として抜きん出る強固な国民国家を築くには何が必要か、という側面に焦点を当てたものだった。「連邦」に中央政府から権力が譲り渡されていくのであり、各々から集まって権力が生まれる「連合」ではないのだ。一方、反連邦主義者たちは中央の権限が弱い政府を求めた。分散型の統治で、各州の権限を保証する、より直接的な民主主義だ。このフレームでは、各地域で強固な民主主義を築いていくことに重きが置かれている。外からの脅威に対しては、それぞれが力を合わせて互いを守りあっていくのだ。

地図の場合と同じように、どちらのフレームが劣っているというわけではない。どちらにも長所と短所があり、状況によって片方がもう片方より適切なものとなる。現在に至るまで、この対照的なメンタルモデルは民主共和国の統治方法を議論する際の中心的なテーマとなっている。あれから二世紀以上を超え、そして大西洋を超えても、ヨーロッパの国々ではいまだに似たようなフレームを用いて議論が続いている。EUをデモス（強力な中心のもとで人々が結束した状態）とするか、デモイ（より分散された統治形態を求める個々人が束になった状態）とするかである。

複数の、相反するフレームを用いると有益な議論につながり、多様な選択肢を引き出すことができる。しかし（よく起きることだが）適用可能なフレームが一つ以上存在するとき、状況に合ったフレームを選択することはなかなか難しい。対象や状況に対する細やかな理解が求められる。そして、そこには大きなものが賭かっている。

ミスフレーミングと不運《ミスフォーチュン》

間違ったフレーミングは、大きな災難をもたらしかねない。二つのパンデミックへの専門家や意思決定者の対応を振り返ると、適切なフレームを選択することがいかに重要であるかが分かるはずだ。

二〇一四年の春に西アフリカでエボラウイルス感染症が発生した際、状況を調査し感染を食い止めるため専門家たちに協力が要請された。これに応答したのが国連の専門機関である世界保健機関（WHO）と、国際的に援助活動をおこなう国境なき医師団（MSF）だった。どちらの機関の専門家たちも、この戦いにおける何よりの武器は情報であると認識していた。しかし両者は同じデータを持っていたにもかかわらず、対照的な結論を導きだした。それはどちらかの分析が間違っていたからではない。それぞれ別のフレームを使って状況を精査していたからであった。それらのフレームは、この感染流行の背景や将来的な拡大に関して明確に異なる考えに基づいている。

WHOのモデルは、歴史的なフレームに基づくものだった。発症件数が比較的少ない点から、WHOは二〇一四年のエボラ感染症は同地域の過去の発生例とよく似たものであると考えた。これまでの例ではどれも、局所的な感染にとどまっていた。WHOは感染の流行は限定的であると予測し、大掛かりな世界的措置は取らなくてよいと助言をした。一方MSFは、この感染に対して空間的な視点を取り入れた。ウイルスは三つの国の国境付近に点在する距離の離れた村で観測されていた。このことから、MSFはデータ以上に感染が広がっているに違いないと結論づけた。MSFは迅速で厳格な行動を取るべきだと指摘した。

この意見の対立の中心にあったのは、危機の捉え方の違いだ（流行が局地的なものであるか拡散しているか）。この伝染病は世界的な災害へと広がっていくリスクがあった。すでに何百人も命を落としていたが、何億もの人命を危険に晒《さら》してしまうかもしれない。はじめのうちはWHOの議論が優勢で、局地的な措置のみが取られていた。しかしエボラは急速に広まり、MSFの警戒度の高い見解が裏付けられる結果となった。世界的なパニックが起こり、「Fearbola（エボラ恐怖）」という名もついた（当時リアリティ番組に出演して有名だった不動産開発業者のドナルド・トランプは、西アフリカからアメリカへの航空便を止めないバラク・オバマ大統領のことを「精神異常者」と呼んだ。西アフリカからの直行便は存在していなかったのだが、彼は「奴らをここから締め出し続けろ！」ともツイートした)。この状況を落ち着かせることができたのは政府による異例の規模の措置以外の何物でもなく、それをもってようやく危機は遠のいた。

そして、もう一つは二〇二〇年の例だ。この年の序盤に新型コロナウイルスが各国の保健機関のレーダーに映り始めたころは、世界がどのような病気に直面しているか不透明な状況だった。当時人間に疾患を引き起こすコロナウイルスは七種類存在することが知られており、その感染率や致死性はさまざまだった。よくある風邪を引き起こすものもあれば、より症状が厳しく、潜伏期間が長く、致死率がおよそ一〇パーセントのSARS（二〇〇二年から二〇〇四年にかけてアジアで発生）や、三五パーセントのMERS（二〇一二年に中東で発生）などもある。しかし世界はこれまでにもそうしたコロナウイルスの流行に耐え、エボラと同じように収束させてきた経験があった。

おそらくそれゆえに、各国は今回のSARS-CoV2というウイルスの発見や、それがもたらす新型コロナウイルス感染症（COVID-19）をどれほど深刻に捉えるべきか分からなかったのだろう。中国は武漢市を封鎖したが、それは専制主義的な政権のみが可能であるような、あるいはそうした政権のみが講じようとするような、前代未聞の措置だった。イタリアでは、ウイルスの正体も定かでないまま感染者数が膨らんでいった。ロンバルディア州の病院は病床が逼迫するあまり、しばらくのあいだ医師たちは限られた医療リソースを若い患者たちへ振り分けるため、高齢の患者たちに泣く泣く鎮静剤を打ち、なるべく苦しまずに息を引き取るよう処置せざるをえなかった。

二〇一四年のWHOやMSFと同じように、コロナウイルスに関してもすべての国が同じデータと向き合った。そしてエボラのケースと同じように、新型コロナウイルスに対して最初にどのようなフレームを用いたかによって、各国に浮かんだ選択肢や、取った行動や、初期の対応に違いが生まれた。特にイギリスとニュージーランドの対応の差は、フレームが異なれば導き出される結論も異なるという事実をまざまざと示している。

ニュージーランドは、新型コロナウイルスをSARSのようなウイルスだと捉え、ウイルスを「排除する」アプローチをとった。この国でSARSが流行したことはなかったが、政府の人間たちは台湾や韓国など、SARSの被害を受け、疾病を監視する確固たるシステムや政策を築き上げてきた近隣の地域と定期的に話し合いを持っていた。そのため、新型コロナウイルスが世界的な広まりを見せていた初期の時点から、ニュージーランドの保健当局は非常事態モードで対応にあたった。ジャシンダ・アーダーン首相の意思決定は、過小反応よりは過剰反応の方がマシだろう、というものだった。二〇二〇年三月、彼女は国民に向けてこう語ったのだった。「現在の感染者は、まだ一〇二例です――しかしかつてはイタリアも同じくらいの数だったのです」。ニュージーランドはロックダウン（都市封鎖）をおこない、外国人の入国禁止措置をとり、すべての症例でコンタクト・トレーシング（接触追跡）を徹底した。

一方、イギリスは新型コロナウイルスを季節性インフルエンザのようなものと捉え、「緩和」戦略に取り組んだ。このウイルスが国に広がっていくことは避けられないが、その結果として集団免疫が獲得されるだろう、と保健当局は考えた。政府は初期の段階で検査や接触追跡を諦め、大規模なイベントの禁止や学校の閉鎖といった行動に移るのも他のヨーロッパ諸国に比べて遅かった。この集団免疫のモデルでは国民保健サービス（ＮＨＳ）に患者が殺到してしまうと分かってから、ようやく政府は国家的なロックダウンへと踏み切った。六月上旬、ニュージーランドのジャシンダ・アーダーン首相は自国からコロナが排除されたことを宣言した――対照的に、イギリスではコロナに関連した死者数が五万近くに達し、世界でも随一の死亡率となった。

同じデータと同じ目標を持った二つの国。異なるフレームを用いて異なる行動を取り、まったく異なる結果が生まれた。

フレームは目指す場所への到達を手助けしてくれるが、どの方向を目指すかは私たちが選択しなければならない。それは励みになるような事実でもある。いまだに指揮権は私たちの手にあるのだ。しかし同時に怯《ひる》んでしまいそうな事実でもある。フレームは効果的で汎用性の高いものだが、貴重で替えの効かないものでもあり、そんなフレームの選択を私たちの手に委ねられているからだ。

新しい世界を思い描く

フレームを用いると、ここにないものを思い描くことが可能になる。この驚異的な力は誰もが持ち合わせている。人がフレームを用いずに直接物事を観察することができない理由は数多く存在する。情報を集める時間や労力を割けない場合もあるだろう。情報が手に入らず、何もデータを集められないかもしれない。どんな状況であれ、私たちはそこにあるものを直接把握するのではなく、メンタルモデルを用いることで空白を補っている。メンタルモデルは、私たちが想像力を活用し、目の前の物事を超えた普遍的で抽象的なアイデアを利用して意思決定に至る力を強化してくれる。そのおかげで、私たちは夢にしか過ぎなかったような物事に知性を注ぐことができる。

物事を把握する際にフレームがいかに機能しているかを理解するために、月面着陸を例に挙げよう。一九六九年の夏、アポロ一一号の月着陸船が月面に着陸し、偉大な達成を遂げた。しかし宇宙飛行士たちを月へと導いたのは、アポロ一一号を構成する巨大なサターンV型ロケットでも、登場して間もないデジタルコンピュータでもなかった。あらゆる面からして、月面着陸を可能にしたのは、そこにないものを「見る」ためにフレームを活用する力だった。

誰も、地球から月までの二〇万マイルもの宇宙空間を進んでいく方法など知らなかった。そのためNASAの専門家たちは、その方法を考え出さねばならなかった。つまり宇宙航法に関するメンタルモデルと、宇宙を進んでいくためのツールを作る必要があったのだ。宇宙ではコンパスが機能しないだけではない——北や南といった概念そのものが意味をなさなくなる。また、エンジニアたちも冷たい真空の宇宙空間で機能するモーター作りの経験はほとんどなかった——押しボタンから作ったり、作り直したりする必要があるかもしれない。そのためエンジニアたちは、どうすれば大気中だけでなく宇宙空間でエンジンを機能させられるかについて、メンタルモデルを用いて考えながらロケットを築き上げていった。もちろん実際の飛行テストも役には立ったが、それはすでに技術者たちがメンタルモデルを通して考えてきたものを裏付けることが主だった。

月面への「小さな一歩」を踏み出したニール・アームストロングは、月面の硬さに驚いたという。足をついたら数センチくらい沈むだろうと考えていたのだ。「表面はしっかりしていてパウダーのようだ」と、三八歳の船長は無線でクルーや地上の管制官たちに語った。「ほんの数分の一インチ、たぶん八分の一インチくらいしか足が入らない」。しかしアポロ一一号にとって、驚くような事態はこれくらいだった。何十万マイルも離れた地球にいるスタッフたちは、何年も前からうまくフレームを適用し、宇宙飛行士を月に送って帰ってこさせるために何が必要かを考えることができていたのだ。

経験したことのない物事であっても思い描ける力というのは、いつでも自然に持てるわけではない。アポロ一一号が発射された翌日、『ニューヨーク・タイムズ』は新聞史上に残ると言っても過言ではない「訂正」をおこなった。およそ四九年前、同紙は「一九二〇年一月一三日、ロケットは真空でも動くという考えが否定された」という記事を書いていた。その記事では、ロケットを発案した科学者のことを「高校で当然のように教えられる知識を欠いているようだ」と揶揄していたのだった。しかしアポロ一一号発射の翌日、「さらなる調査と実験により、一七世紀のアイザック・ニュートンによる発見が裏付けられ、ロケットは大気中だけでなく真空でも動くということが紛れもなく証明された。本誌は過ちを遺憾に思う」とみずからを批判した。

フレームを用いて（まだそこに）存在していないものを思い描く、というのは科学の分野においてよく見られる行為だ。一八四六年、学者たちは八番目の惑星「海王星」の存在を予測した。惑星運動のモデルや、隣の天王星を観測したデータから判断したのである。海王星があるだろうと考えられる場所に双眼鏡を向けると、海王星はまさにそこにあった――天文学者たちのメンタルモデルが予測したとおりの位置にあったのだ。

あるいはヒッグス粒子を例にとってみよう。極小の素粒子だ。一九六〇年代に、物理学者たちは量子と素粒子物理学というフレームを使い、ヒッグス粒子の存在を予測した。それから五〇年の歳月と、一〇〇億ドルものコストをかけて大型ハドロン衝突型加速器（LHC）が投入され、十分なデータが集まったことでヒッグス粒子の存在が証明された。フレームを用いた結果、まだそこにない粒子の存在を予言することができたのだった。そして二〇二〇年、科学者たちはアインシュタインの相対性というフレームを用い、二つのブラックホールが近づくと「ダンス」を踊るような動きをすると予測し、その通りの事象が確認された。数十億光年かなたで、二つのブラックホールは互いの周りを回りながら、太陽の一兆倍ものエネルギーを発して物質をほとんど一時間おきに加熱するのだ。フレームはこれほど正確に、まだ観測されていないものを見通すことができるのである。

まだそこにないものを見通す、というのは他の分野でもおこなわれている。マネジメント分野における「ブルー・オーシャン戦略」も、その一つだ。誰も開拓していないマーケットに進んでいくべきだという考えを、誰もいない海になぞらえた戦略である。これもフレーミングの力を周到に生かしたものであり、マネジャーたちが市場の空隙を見通し、マーケットや製品に対する選択肢や代替案を構想する役に立っている。経営大学院「INSEAD」で教えるW・チャン・キムとレネ・モボルニュによって考案されたブルー・オーシャン戦略は、有用であることが証明されている。日本のゲーム会社である任天堂もこの戦略を採用し、未開拓のマーケットを見定め、ニンテンドーDSやWiiとして結実する製品を着想した。

世界を理解し説明すること。そこにないものに目を向けること。選択肢を引き出すこと。意思決定時の情報源となること。フレームは、十徳ナイフのように多機能なものである。また、人間がおこなうフレーミングは、文字通りの意味でも比喩的にも、人間がかなたの星へと到達するための包括的で変幻自在の手段だ。しかし実際のところ、どうすればフレームを適用し、メンタルモデルを意思決定へとつなげていけるだろう？

フレームの範囲内で想像する

フレームの適用は単純な作業ではないが、ロケット科学ほど複雑なものでもない。うまく実践するには、綿密な思考と、制約を設けたなかでの想像力の適切なバランスが必要になる。これからの章では、フレームをうまく機能させるための方法を取り上げていく。しかしまずは、フレームの主な特徴がそれぞれどのように機能し、互いに強化し合っているかを紹介したい。大きなイノベーションとして有名な「飛行」を例に挙げよう。

一九〇三年一二月一七日の寒く風の強い朝、ノースカロライナ州キティホークで、兄ウィルバー・ライトと弟オーヴィル・ライトは、スプルース材、モスリン生地、そして自転車の部品でできた両翼の飛行機に代《か》わる代《が》わる腹ばいの姿勢になって乗り、操縦をおこなった。彼らの飛行はそれぞれ三〇〇メートルにも満たず、飛行時間も長くて五九秒だった。しかし、それは革命の始まりだった。それから一〇年も経たないうちに、イギリス海峡およそ三四キロを横断する飛行機が登場した。ライト兄弟による初飛行から一世紀後には、新型コロナウイルス感染症で航空旅行が停滞するまで、毎年四五億もの乗客が空を旅するようになっていた。

オーヴィルとウィルバーは、長年空を飛ぶことにこだわり続けていた。二人はオハイオ州デイトンで自転車屋をしていて、物理に関する教育を受けたこともなかった。だが彼らは地道で計画的だった。手に入る技術書にはすべて目を通し、鳥の飛び方を細部にわたって研究した。そうして空気力学的な上昇気流の基本モデルを理解し、まずはいくつかのグライダー製作に成功した。そうして彼らは、設計の違いが飛行にどう影響するか、詳細にメモをとった。飛行機作りの先駆者であるドイツのオットー・リリエンタールがおこなった計算に間違いを見つけると、二人は自前の風洞〔人工的な空気の流れを用いた実験設備〕を用意し、改めてグライダーの性能テストを繰り返した。空気力学というフレームに忠実に従うことで、初期の二つの重要な発見につながった。

一つめは、大事なのは安定性ではなくコントロールだという点だ。なんといっても彼らは自転車の専門家である。自転車自体は不安定なものだが動いているときは乗り手がバランスを取ってコントロールできるのと同じように、飛行機も乗り手が空中でコントロールしバランスを取れることが重要だった。二つめの発見は、ここから派生するものだった。飛行機を飛ばそうとする人々は、斜面から滑り降りるようにして飛び立つか、崖から落ちるような形で上昇気流を作り出そうとしていた。ライト兄弟のライバルであったサミュエル・ラングレーが作った有人飛行機「グレート・エアロドローム」は、ハウスボート〔水の上に浮かぶ住宅〕から発射される形式だったが、それだと飛行に十分な速度を出すことが困難だった。そこでライト兄弟は、この問題に対するアプローチを変え、航空機に対して強い向かい風が吹くような場所を探した。一九〇〇年、兄弟は国立気象局に各地の風速データを問い合わせ、キティホークを飛行の地に選んだ。そこは常に毎秒七~九メートルほどの風が吹く場所だった。

空気力学というフレームは、揚力を生むための翼の反りや、鳥の観察に基づいて作った旋回のための「たわみ翼」というデザイン（これは後によりよい技術に取って代わられた）に至るまで、あらゆる段階で役に立った。しかし彼らの成功にとって最も重要な発見は、三つめのプロペラに関するものだった。

それ以前の航空機は、船に使われるプロペラをもとにデザインされていた。しかし水は空気よりもはるかに密度が高い。船舶用プロペラは水をかくことによって推進力を生み出す。一方で空気は圧縮することができる。そのためライト兄弟は飛行機用プロペラの動き方を考え直す必要があることに気がついた。そしてその答えを、空気力学というフレームが導いてくれた。のちにオーヴィルは、その気づきについて次のように語っている。「プロペラとは、螺旋状に飛行する飛行機（の翼）に他ならないことは明らかだった」。揚力を生み出すために、そうしたプロペラの羽には、翼と同じような反りが必要になる。

現代の研究では、ライト兄弟が考案したプロペラは推進効率が八〇パーセント以上だと裏付けられており、競合している人間たちの作るものよりもはるかに効率が高かった。動力飛行のためには、エンジンの力を前進運動に変換する必要があることを理解していたのだ。そうやって翼の上の対気速度を十分に出すことで、揚力が生まれて飛ぶことができる。飛行とは原因と結果の連なりなのである。彼ら以外は、よりパワーや効率に優れたエンジンの開発に勤《いそ》しんでいた。しかしライト兄弟は、エンジンも重要だがそれは全体の一部であり、因果の連鎖はもっと長く連なるものだと理解していたのだった。

彼らはまた、長さも、厚さも、傾きも、形状も、実にさまざまなタイプのプロペラを想像可能であることも理解していた。飛行機のプロペラは船についたプロペラと似たようなものである必然性はない。可能性を大きく狭めてしまうような先入観からは自由になることが重要だ。想像力を大いに活用すると検討できる選択肢が増える。それにより、真に優れた解決策を見つけだす可能性が高まる。

しかしながら、想像を羽ばたかせすぎることにもマイナスの側面がある。プロペラのデザインが多すぎたら、すべてのタイプをテストするのに長い時間を費やすことになっていただろう。つまり、探索の領域を広げつつも、重要な選択肢を効果的に絞っていく方法も必要なのだ。それこそまさにライト兄弟がおこなったことだった。初めは自由に想像を飛翔させていたものの、やがて最も可能性のあるプロペラのタイプを想像することへと絞っていったのである。そうして絞ったプロペラを入念に検証し、テストしていったのだった。

フレームを通して眺めることで、必要な効果が得られそうな選択肢が多く浮かび上がった。そしてその選択肢のなかから、兄弟は重要なものを見事に選り分けることができた。それが非常に効率的なプロセスであったため、世界初の動力飛行をめぐるレースをリードすることができたのだった。彼らがブレイクスルーを果たすことができたのは、まったく新しい何かを考案したからではなく、最適であるだろうと見極めたフレームを的確に用いたからだ。ライト兄弟は天才だったのではない──模範的なフレーマーだったのだ。彼らは因果関係を明確に把握し、まだ存在しない別の選択肢に思いを馳せ、そのうえで物理法則からくる制約を考慮することで成功を手にしたのだった。この「因果関係」「反実仮想」そして「制約」という三つの要素は、フレームの活用を語る際に欠かせないものだ。

ライト兄弟の物語は、フレーム自体は解決策ではなく、解決策を見いだすための手段にすぎないという点を際立たせるものでもある。フレームの活用はただ直感に任せた行為ではなく、意識的な行為だ。そしてスイッチを入れるように瞬間的で自動的な行為ではなく、時間をかけた主体的な行為である。フレーミングとは「プロセス」だ。人間の意識を、理解や想像や選択肢の評価へと導く手段である。

価値観と世界観

フレームは、自分の価値観を行動につなげる手助けにもなる。フレームを通して選択肢を評価し、よいものと悪いものに選り分けることができる。目標に基づいて想像力に制約を設ける際、その判断に価値観が入ってくる。もちろんフレームは価値観の代替物ではない。目標に必要か、そうでないかという点だけを見て判断が為される。フレームとは、それを通して各選択肢の良し悪しを判断するメカニズムだ。フレームがないと、自分の目標や価値観を、とりうる行動と結びつける確かな手段がなくなってしまう。

フレームは目標へと導いてくれるだけでなく、広く世界観を形作ってくれるものでもある。世界を特定のレンズで眺めていると、次第にその人の思考にも影響を与えていく。エチオピアでおこなわれた二〇一〇年の実験では、「自分の未来は自分でコントロール可能だ」という考え方になるよう被験者たちの認識を変えていった。その結果、被験者たちは貯蓄を増やし、子供たちの教育に熱を入れるようになった。つまり、どのフレームで物事を見るかを変えるだけで、目に見える恩恵があったのだ。この実験は、メンタルモデルが経済発展にどれほど大きな影響を与えるものであるかを鮮やかに示すものでもある。反対に、たとえば「地球は平面だ」というフレームに固執していたら、他の科学的なフレームとよく衝突が起きることだろう。衝突を繰り返すうちに、地球平面説のフレームは手放すべきだと納得するかもしれないし、広く科学というもの自体に懐疑的になるかもしれない。

この点は、もう一歩踏み込んだ主張も可能だ。フレームは、広く世界に対する見方を形作るものであるため、つまりは世界そのものを形作ると言える。たとえば金融市場の株式オプション価格の算定も、その典型例だ。ブラック・ショールズ・モデル（オプション価格の算定に広く使われている計算フレーム）は、このフレームが予測した理論価格に実際のオプション価格も近づいていくものであるため、金融機関はこのフレームの導入を推進し、それによってさらに実際のオプション価格が理論価格に近づいていくことになる。フレームには、自己成就的な側面があるのだ。そのフレームが使われるほど、そのフレームを使う正当性が（ある程度まで）強化される。

それは金融市場だけではない。人権、慈善、金本位制、おぞましい人種差別など、どのようなメンタルモデルであっても、特定のフレームに固執すればするほど、ますますそのフレームが正しいものに感じられるようになる。たとえば、人種差別のフレームは黒人と白人を別のものだと区別する。するとそこから「分離すれども平等」といった法原理や、アパルトヘイト、ＡＩによる偏見（バイアス）といったものが生じ、それがさらに元々のフレームを強化する。同じように、人権というフレームからは各国に人権裁判所が生まれ、そうした権利を児童たちに教えていくことで、さらにそのフレームを強化している。あるいは「環境への配慮」というフレームからは公害防止法や再生可能エネルギー補助金といったものが生まれ、それらが環境へ配慮した思考を定着させていく。なかには有害なものもあるが、これらは人間が持つフレーミングの力の一例だ。しかしまた一方で、これらはフレームがいったん社会に組み込まれると、それを取り払うことがいかに難しいかを思い知らされる例でもある。

フレームは私たちの意思決定を向上させてくれるだけではない。意思決定に価値観を吹き込む手助けとなる。そうやって私たちの世界観に影響を与え、その世界観に従った現実を形作っていきさえする。そのため当然のことながら、ある状況に対してどんなフレームを選ぶかが非常に重要になってくる。

適切なフレームを選択する

フレームの適用は、因果関係、反実仮想、そして制約条件を指針とした比較的構造化されたプロセスだ。しかし、そもそも適切なフレームを選ぶことはかなり難しい。

利用可能なフレームのレパートリーを豊富に持ち合わせている方が、少ないレパートリーや、似たようなフレームばかりを持ち合わせている人よりも、状況に合ったフレームを見つけやすい。ミュージシャンを例に考えてみよう。たとえばカントリーミュージックのような、特定のジャンルだけが得意であるとする。そうしたら、適切な場面であるかどうかにかかわらず、いつでも涙を誘う甘い歌を歌おうとすることだろう。一方でレパートリーの豊富なミュージシャンは、状況に適した歌を歌える可能性が高くなる。

しかしながら、レパートリーが豊富なだけでは十分でない。それぞれのフレームの性質を理解し、長所と短所を自覚している必要がある。そうでなければ、自分の目標や状況に適したフレームはどれであるかを判断することができない。

優れた演説家がいたとしよう。思考や感情を表現するさまざまな方法を知っているだけでなく、状況に合わせた表現方法を選ぶ優れた感覚を持っている。エイブラハム・リンカーンの有名なゲティスバーグ演説や、ウィンストン・チャーチルが戦時の不安を抱えるイギリス国民に対しておこなった「血と労苦と涙と汗」のスピーチ、マーティン・ルーサー・キング・ジュニアの「私には夢がある」の演説などが人々の記憶に残っているのは、まさに状況に見合った適切な形で表現されていたからだ。適切な時に発された適切な言葉だったのである。フレームも、これとよく似ている。フレームを知り、それぞれの特徴をよく理解することで、よりよく活用できるはずだ。

しかし私たちが適切なフレームを選択していく際の最初のハードルとなるのが、これまで使ってきたフレームに固執してしまうという認知バイアスだ。それは言うなれば、ハンマーを持っているときは釘しか目に入らないような状態である。これまで使ってきたフレームや、深く思い入れのあるフレームにこだわることは、かならずしも悪いことではない。実際、効果が証明されているフレームにこだわるのは賢い戦略だ。そうしたフレームは思考量を減らしてくれ、なおかつ良い結果ももたらしてくれる。また、同じフレームを繰り返し使っていると実践への適用方法にも習熟していく可能性が高いため、スキルが磨かれ、よりよい結果がもたらされていく。

しかしながら、使い慣れたメンタルモデルになっていくと、別のフレームを導入して視点を変える力が失われていく。著名なベンチャーキャピタリストのユージン・クライナーは、かつて「額縁《フレーム》のなかにいると、そこに飾られた絵を眺めることは難しい」と語った。環境が変化したとき。目標が進化したとき。あるいは以前経験したように見えるが実際には異なる状況のとき。どのケースにおいても、それまで定評があり信頼して使ってきたフレームは最適な選択肢ではなくなる。そんなときこそ、よりよいフレームは何かと包括的に振り返ってみるのに適したタイミングだ。時間と労力をかけ、十分に注意を払えば、最適なフレームは自分のレパートリーから見つかるかもしれない。あるいは、それでもまだ見つからないかもしれない。

新しいフレームを選ぶ作業は困難で時間のかかるプロセスであるため、本当に必要なときにだけ取りかかるべきだ。このプロセスはさらに厄介なことに、訓練をしてもうまくなるわけではない。何度も経験すれば答えが分かるようになるタイプの作業ではなく、毎回異なる試みであるからだ。しかしよりよいフレームを探そうと取り組むことには価値がある。その取り組みは認知面で大きな負荷がかかり失敗のリスクもあるものの、見返りは絶大で、長期にわたるものとなる。

日常的で馴染みのあるものを例に挙げてみよう。通常、読書は文字や言葉に込められた内容を受け取る一つのテクニックにすぎないと考えられている。しかしよく考えてみると、読書の仕方が、読書から得られる結果を形作っていることに気づくはずだ。黙読と音読を考えてみると分かりやすい――どちらも読書に対するフレームだが、それぞれ目的が異なる。

一〇〇〇年あたりまで、ヨーロッパでは読書はたいてい僧院や教会でおこなわれるものであり、グループで声に出して読まれていた。その主な目的は、神を讃えるための社会的な活動だった。そして一一世紀頃に、読書に対する別のフレームが登場した。それが黙読だった。黙読は別の目的のために生まれたものだった。もはや読書は共同体験ではなくなった。黙読することで読書はひとりでおこなう個人的なものとなったのである。読者は完全に自分のペースで、早くも遅くも読むことができた。前に戻って文章を読み返しても、立ち止まって思いを馳せてもいい。集団での音読と違い、個人での黙読は、内容についてじっくり考えることが可能になる。心が刺激され、自立的な思考が促される。新しいアイデアが後押しされる。

一夜にして黙読が音読に取って代わったわけではない。主に読書の技術的な問題から、どちらのフレームも数世紀にわたって共存してきた。かつての本や手稿には文と文の区切りや、単語と単語の間のスペースがなく、ひたすら文字が連なっていた。そのため読むことが非常に難しく、黙読することはほとんど不可能だった。そうしたテキストは集団で一緒に音読する方が簡単だった。グループ内には、すでに読んだ経験のある人がいることが多かったからである。読み方や詠唱の方法を覚えている人が、周りの読者を導いていくのだ。本がどんな形式で書かれているかを踏まえて読者は読書のフレームを選択していた。そしてたいていは、音読が選択されていた。

やがて一一世紀頃に、イノベーションが起きた。単語の間にスペースが空けられ、簡単な句読点のついた本が登場するようになったのだ。それは本を読むという行為全般を楽にするものだったが、特に黙読が容易になった——誰かに教わらなくても、ひとりで読むことができるようになった。これにより、読書に対するフレームの変更が可能になった。その影響は甚大だった。

一五〇〇年代にマルティン・ルターが聖書を翻訳し、多くの人が読めなかったラテン語をドイツの民衆が日常的に使用している言葉に置き換えたとき、彼は個人で聖書を読み、各々が聖書の意味するところに思いを馳せるというキリスト教の新しい習慣を促進することになったわけだが、そのとき彼は黙読にも新たな目的をもたらしたのだった。黙読は、キリスト教徒たちがひとりの力で聖書にアクセスできる手段となったのである。聖書に対する大きな需要に後押しされ、新たな世代が黙読で楽しめるよう各地の方言で書かれた聖書がスペースと句読点付きでグーテンベルクの印刷機から何百万部も量産された。環境と目的が変わったことでフレームも変化したのだ。この新しいフレームは、よりヨーロッパ社会に合うものだった。黙読は個人的な思考や独創性を促すものであったため、それに合わせて世界の形も変わっていった。

すべての変化がこれほど大きなものとは限らないが、新しいフレームへの切り替えはほとんど例外なく特別なことだ。こうした切り替えはカジュアルにおこなうものではない。これまで親しんで信頼してきたメンタルモデルから外へ踏み出していくことになるからだ。外へ踏み出すことには抵抗があり、とどまっていたい衝動に駆られる。そこから踏み出していくのは、まれなことでしかない。

フレーム問題

フレーミングは人間の核をなす性質であり、機械が真似できないものだ。コンピュータやアルゴリズムにフレーミングはできないという考えは新しいものではない。一九六九年、人工知能の生みの親のひとりであるスタンフォード大学のジョン・マッカーシーは、「人工知能の観点から見た哲学的諸問題」と控えめに題された論文を共同で執筆している。人工知能という比較的新しい分野が直面していた諸問題のなかに、彼の言う「フレーム問題」もあった。

そこでマッカーシーの論じた「フレーム」は本書で語っているフレームとは異なるが、関連したものだ。マッカーシーは、その時々のＡＩの「認識の状態」を数式や論理式やコードで表現できるようでなければならないと記している。そして一九七〇年代から九〇年代にかけ、さまざまな書籍、会議、博士論文などがこのフレーム問題に取り組んだ。

マッカーシーの論文が発表されて一五年後、哲学者で認知科学者のダニエル・デネットは、より広い意味での認知フレームに関心を抱くようになった。意思決定科学や本書で想定されている「フレーム」に近い考え方だ。「認知の車輪（Cognitive Wheels）」と題した小論のなかで、三つの鮮やかなシナリオを用いてフレーム問題について考えを展開している。

ロボットがいるとしよう、とデネットは言う。自分の世話は自分でするようにとだけ指示されているロボットだ。そのロボットの予備バッテリーがある部屋には時限爆弾が置かれている。ロボットがその部屋を見つけると、台車の上にバッテリーが置かれているのを目にする。そこでロボットは、台車を部屋の外に運び出してバッテリーを補給しようと計画する。そうして台車を運び出すと、ドカーン！

台車の上には爆弾も置かれていたのだった。ロボットもそのことは分かっていたが、バッテリーを置いた台車を運び出すことは、爆弾も一緒に運び出すことになるとは認識していなかったのだ。ロボットの開発は「振り出しに戻る」とデネット。

「『解決策は明白だ』と設計者たちは言った」とデネットは記している。「『次のロボットは、意図した行動から生じる影響だけでなく、行動の副次的な影響についても認識する必要がある。行動を計画する際に使うコードから、ロボットが副次的な影響についても推論できるようにするのだ』」。そこで二つめのシナリオでは、バッテリーと台車のもとに着いたロボットが、立ち止まって自身の行動が起こしうる影響について考え始める。ロボットは推論する。台車を動かしても部屋の色は変わらない。台車を動かすと車輪が回ることになる。台車を動かすと……ドカン！

「『目的に関連する影響と、そうでない影響の違いを教えなければならない』と設計者たちは言った。『そして関係のない影響については無視せよと教える必要がある』」。この三つめのシナリオでは、ロボットが部屋の外でじっと動かずハムレットのように思い悩む。「何かやれ！」設計者たちはロボットに向かって叫んだ。「やってます」とロボットは答える。「起こりうる何千もの影響を無関係なものと判断し、懸命に無視しているところです。無関係な影響を見つけるなり速やかに無視すべきリストに入れていってるんです、それから……」ドカン！

デネットの三つのシナリオは、「フレーム」の重要な側面を捉えている。最初のシナリオのロボットは、基本的な因果関係を捉え損ねている。二つめのシナリオのロボットは、副次的な影響について適切な反実仮想をすぐに呼び起こすことができなかった。三つめのシナリオのロボットは、制約を設けすぎて身動きが取れなくなってしまっていたのだった。これらのシナリオでデネットが示唆しているように、機械は膨大な形式論理を用いて計算し大量のデータを処理することができるが、フレーミングはできないのである。

デネットが三つのシナリオを書いて以降、ＡＩも大きく様変わりした。もはやＡＩは人間が抽象的なルールを打ち込む必要がない。現在最も一般的となっている方法は、たとえば機械学習やディープラーニング（深層学習）など、膨大なデータをもとに部分的な自己最適化をするシステムだ。だがプロセスは変われど、問題がなくなったわけではない。たとえ機械学習の訓練データがたくさんあっても、この時限爆弾のような新しい状況を前にすると、ロボットは完全に身動きを取れなくなってしまうことがある。

フレーミング――効果的な行動を考え出すべく、メンタルモデルを通して現実の何らかのエッセンスをつかむこと――は、人間がおこなっていることであり、機械にはできないことなのだ。

いつだって枠のなかで

よく自己啓発本は、読者に「Think outside the box（枠にとらわれずに考えろ）」と呼びかけ、窮屈な制約にとらわれない創造的な思考を促す。特にビジネスや経営の世界では、ほとんど決まり文句になっている。この表現は、「ナイン・ドット・テスト」と呼ばれるビジネス心理学の実験から来ている。一九六〇年代にイギリスの経営学者ジョン・アデアが広めたものだが、起源はさらに昔のことだ。このテストは一九一四年にアメリカで出版された「Cyclopedia of Puzzles」に収録されたものであり、一九三〇年代に創造性に関する心理学の実験で活用された。ウォルト・ディズニー・カンパニーでは、社内のマネジメント研修として教えられた。今でも、このテストに関する学術論文が定期的に発表されている。

ナイン・ドット・テストでは、三行三列になった九つの点を、一筆書きの四本の直線で結ぶことが求められる。私たちの意識は九つの点が形成している四角形にとらわれてしまいがちだが、このテストをクリアする鍵は、その想像上の枠をはみ出して線を描くことだ――それゆえに「Think outside the box」と語られる。このテストから得られる普遍的なポイントは「既存のメンタルモデルから抜け出すと、より簡単に解決策が見つかる」ということだ。

このテストは、存在に気づいていない選択肢に目を向けさせるのに役立つかもしれない。しかし比喩としての「枠にとらわれず」という表現は根本的に考え方が間違っている。人間は、フレーミングしないことなど不可能なのだ。スイッチを切ることはできない。私たちはいつ何時でもフレーミングしている。人間にある唯一の選択肢は、「どのフレームを使うか」と「それをどれほどうまく活用するか」のみである。フレームの外側で考えることができたとしても、そうした思考の価値は疑わしい。フレームを用いるとは境界を設けることだ――そうした境界線を設けないと、空想が広がりすぎて効果的な選択肢を考え出すことができなくなる可能性がある。たとえばデネットのロボットのように私たちが時限爆弾を前にした場合、爆弾処理専門家の突然の登場といった神の助けや、爆弾を爆発させないよう説得する能力などを望むことだってできる。そうした選択肢はどれも「枠にとらわれない」ものだが、有用な選択肢とは言いがたい。

人間のフレーミングが効果的である理由は、限定された範囲内で意図を持って構造的に意識をめぐらすことが可能になるからだ。枠にこそ魔法の力があるのである。

ナイン・ドット・テストのことを考えてみるとよく分かる。実は、このテストの答えは複数存在する。樽のように円筒型にしたって、折りたたんだって、切り刻んだっていい。あるいは四次元空間で解くことを考えてみたっていい。そんなのはダメだなんて誰が言っただろう？　制限を設けるとは、新しい枠を設けるに等しい。私たちはそうした枠にとらわれずに考えるべきだと言われ続けてきた。どんなテストに対しても、メンタルモデルの枠から外れたクレイジーな回答を想像することはできる。しかしそれでは問題を「解決」することはできない。有用な答え、つまり実行可能な選択肢を生み出すことができないのだ。

有用な答えを得るためには、想像力に制限を設ける必要がある。ナイン・ドット・テストで解決策（ドットが並んでいることで勝手に頭のなかに生まれていた四角い枠をはみ出して線を引くという答え）が「あ！」とひらめく瞬間が訪れるためには、ドットの書かれた紙を折ったり切ったりすることを考えるのではなく、二次元の紙の上での解決に思考を制限しなければならない。ナイン・ドット・テストを解くには、思考を制限することが欠かせない。このテストは「枠にとらわれない思考」の例ではなく、人間のフレーミングについての例なのである。このテストは、自分のメンタルモデルに注意を払い、適切な制限を設け、そのうえで現状とは違う別の可能性を模索する必要性を示した例だ。適切なフレームを選び、適切な制限のなかで想像することの重要性を思い出させてくれる好例である。

実生活において、私たちはいつも枠に閉じ込められているような感覚がある。だからこそ、フレームを用いて新しい可能性を切り開く必要がある。そうした名高い例の一つが、二〇〇八年の世界金融危機のただなかにおけるアメリカの対応だ。アメリカが幸運にも金融政策決定の最高責任者に置いていたのは、こうした惨事のために職業人生の大半をかけてきたような人物だった。しかしそんな非常に重要な瞬間に、周りとは異なる別の枠のなかで考えていた彼は、大きな懸念を抱えていた。

第3章　因果関係

人間はよく間違いを犯す因果推論エンジンだが、それで構わない

「まだ食い止められるはずだ」。ベン・バーナンキは、そう考えていたことを覚えているという。二〇〇八年九月一六日、火曜日の晩、FRB（連邦準備制度理事会）内にある自分のオフィスをぐるぐる歩き回っていた彼は、大きな窓の前で立ち止まった。彼はコンスティテューション・アベニューを行き交う車の光と、暗闇に揺れるナショナル・モール国立公園のニレの木を見下ろした。この数日は過酷な日々だった。しかし彼は、さらに悪い事態の到来を予感していた。

FRB議長に就任して二年が経過したバーナンキは、危機のただなかにいた。ちょうど一日前に、大手投資銀行リーマン・ブラザーズが、ヘドロのように有害なサブプライムローンに蝕まれ、破産

を宣言したのだった。その破綻を受けて市場は急落した。だがこの晩、さらに大きな脅威が持ち上がっていたのだ。

ウォール街が発行する住宅ローン担保証券を保証していた保険会社ＡＩＧも、破産の危機に直面していたのである。サブプライムというヘドロがあちこちから流れ出てきていた。バーナンキは丸一日をかけ、ジョージ・Ｗ・ブッシュ大統領や議会にＡＩＧの救済がいかに大切であるかを説明してきたところだった――それは、一つの会社を救うためではなく経済全体を守るためであった。彼は窓の外を眺めながら、ＦＲＢという機関が市場に直接介入することが正しい決断であっただろうかと思いを馳せていた。

私たちは、長らく経済を「因果関係」という観点から理解している。しかしこれまで人間が経済を眺める際に用いてきたフレームは、実態にそぐわないものであることも多かった。一六〇〇年代後半には、アイザック・ニュートンの発見した慣性や万有引力の法則が市場競争の説明に活用された。一七〇〇年代半ばのフランスでは、もともと医師となるべく学んできた経済学者たちの一団が「重農主義者」と名乗り始めた。この一派は経済におけるお金の流れを、身体における血液の流れと同じようにみなしていた。どちらのフレームも経済の複雑さを捉えたものではなかったが、部分的には機能していた。

二〇世紀には、機械工学に目を向けながら数理モデルを用いて経済を眺める新世代が登場した。

そのひとりがベン・バーナンキだった。彼は学問的に遅れているとされていた金融危機や市場のパニックに関する研究に、キャリアを通して打ち込んでいた。

そうした研究から彼が見いだしたことの一つが、一九二九年に株式市場の大暴落から起こった世界恐慌の原因は、その暴落そのものというよりも、中央銀行の対応にあるということだった。当時の中央銀行は金融の引き締めをおこなってしまい、物価が下がりデフレを招く結果となった。数々の小さな銀行の破綻を食い止めることもできず、人々の貯金を失わせてしまった。単なる景気後退局面で済んでいたかもしれないものが、一〇年にもおよぶ不況となった。バーナンキは、真逆の対応が必要であったと思い至ったのだった。つまり市場に資金を大量投下するべきだったのだ。この点について、彼は二〇〇二年の演説で気の利いた比喩を使い、ヘリコプターで資金をばらまくことが必要だと語った。この比喩のイメージは多くの人の印象に残り、「ヘリコプター・ベン」という異名がついた。

その九月の晩、オフィスの窓から外を眺めていた彼は、自身の懸念が周りの政策決定者と別の種類のものであることを理解していた。周りは、企業を一つ救ってしまうと、安心感から各社のさらなるリスキーな行動を誘発するだけではないかと懸念していた。しかしバーナンキはそのように考えてはいなかった。彼のメンタルモデルが焦点を当てていたのは、資本の利用可能性、システムへの信頼、そして経済の健全性という三つのあいだの因果関係だった。住宅ローンによる各銀行の損失額は、市場全体の崩壊に比べれば些細なものだった。数千億ドル規模の損失は、ウォール街にとっては不運な一日に過ぎない。しかし彼はそうした銀行の損失がシステムへの信頼を損ね、信頼が損なわれることにより銀行間の信用供与が控えられ、カオスが生じる可能性があることを理解していた。

バーナンキが動向を注視していたのは、この難解でデリケートな銀行間融資というシステムだった。銀行の信頼性が損なわれると、その影響は一般市民や企業へと及んでいく。そしてそれはすでに始まっていた。アメリカで最大規模のマクドナルドの店舗の一つでは、銀行からの貸付が得られず月々の人件費の支払いが危ぶまれていた。銀行のATMから現金を引き出せなくなるのではないかという深刻な懸念もあった。

自身の研究を踏まえ、ヘリコプター・ベンは個々の企業の破綻ではなくシステム全体の信用危機に目を向けていたのだった。そのフレームからアイデアが生まれた。FRBが各銀行からヘドロのように有害な問題資産を買い取ることで、銀行の財務から切り離すのだ。そうすれば銀行は、受け取った新しいクリーンな資金で貸付をおこなうことができ、システム全体に資金が送り込まれていく。二〇〇八年から二〇一五年にかけて、FRBのバランスシートの構成は質の高い米国債九〇〇〇億ドルを主としていた状態から、リスク資産が大半の四・五兆ドルにまで膨れ上がった。

そして、この対策が功を奏した。金融危機は痛みを伴うものだったが、システム全体の崩壊には至らなかったのである。因果関係を踏まえたフレーミングにより、バーナンキは周りとは違う形で経済を眺めることができたのだった。不安定な市場のただなかにおいても、システムは人間の推論によって理解し、人間の先見性を持って予測し、人間の手でコントロールすることが可能なのだ。ときには、人間の手でヘリコプターから資金をばらまくことでコントロールすることもある。

テンプレートと抽象化

私たちは、世界を「因果関係」というレンズを通して眺めている。だからこそ予測が可能になる。物事がどのように展開し、次に何が起こるか自信を持って推測することができる。このレンズがあることで、食べ物のための狩りや、木登り、石投げ、道の横断、橋の建設、憲法の起草であれ何であれ、計画を立てることが可能になる。赤ん坊のころ、まず覚えることの一つが因果関係だ。私たちの生存と直結したものだと言える。

私たちは、見るものすべてに因果関係を見いだす。ときには、本当は存在しないのに因果関係があると思い込んでしまうこともある――たとえば、株価は太陽フレアと連動していると思い込んでいる人や、洗剤を飲めばコロナが治ると思い込んでいる人がいるかもしれない。しかし行動と結果に何らかの関係はないかと考えたり、そうした関係性に対する説明を考えたりする能力がなかったら、この世界をどこから理解して生きていけばいいか手がかりがなくなるだろう。因果関係は、私たちが現実を把握し、自分の意思決定の結果を予測することに役立つ。フレーミングには欠かせない要素だ。

因果関係は、すべての生きとし生けるものに深く刻み込まれている。池に生息する極小の単細胞生物ミドリムシ（学名：ユーグレナ）は、天然の光受容体を持っている。光子が受容体に当たると信号が出て、ミドリムシは光の方向へと向かっていく。これはミドリムシが意識的に意思決定をおこなっているわけではない。DNAに組み込まれた反応であり、光の方へと向かっていかずにはいられないのである。しかし他の生物と同じく、ユーグレナも自分がいる環境内の刺激に反応しているのであって、その刺激と反応を因果関係で結びつけていることは確実だ。

哺乳類も、刺激に対して無意識にも思えるような反応をする。研究室で生まれた猿は、本物の爬虫類を見たことがないのに、ゴムでできた偽物の黒いヘビを見ただけで恐怖を示す。そのうえ、写真でも害のない物体よりもヘビのことを早く認識する。就学前の子供も同じ反応を見せる。人間は、こうした因果関係に基づく世界観を生まれつき複数持ち合わせている。赤ん坊でさえ、物を落としたら真っ直ぐ落ちると考えている。

複雑な有機体においては、原因と考えられるものに対する反応が遺伝子に組み込まれているとはかぎらない。犬は「お手」をするとご褒美をもらえると後天的に学習することができる。そのため犬は褒美を期待して、お手をするようになる。因果関係を感じ取ると、その意識は犬の行動に影響を与え、行動の際の意思決定を形作るのだ。

人間も経験から因果関係を見いだす。私たちは、意識せずとも常にそうした作業をおこなっている。たとえばライオンの吠える声や、残り火、配偶者からの褒め言葉など、感じ取った因果関係に反応することで、私たちは選択肢に磨きをかけていく。因果関係に注意を払っていたほうが賢明であり、食糧を探したり、天敵を避けたり、交尾の相手を見つけるのに役立つ。

だからこそ、湿地にいる極小のミドリムシからタンザニアのセレンゲティ国立公園にいるガゼル、テスト勉強をする（あるいは勉強とテスト結果の関連性から目を背けてサボる）子供たちに至るまで、すべての生物に因果関係が浸透しているのである。自分が生息する環境内にある因果構造をよく理解して行動に活かす生物のほうが、そうした点に注意を払わない生物より繁栄することが多い。

同じように、ベン・バーナンキの推論も因果関係に基づくものだった。しかしながら、バーナンキのフレームと、因果構造に対する多くの生物の反応には、根本的な違いがある。ほとんどの動物は、チンパンジーのような人間に近い動物であれ、直接見て分かる因果関係に注意を向けている。目に見えず、すぐにはつながりそうにない因果関係を想像することはひどく苦手なのである。犬はお手をすればエサがもらえることは理解できても、たとえばクルクル回るといった他の愛らしい行動もエサにつながるかもしれないと推論することはできない。犬がそうした因果関係を学ぶためには、何度も何度も直接体験しなければならない。犬もチンパンジーも、「お手」ではなく友好的な振る舞いこそがエサにつながっているのだと、抽象化してフレーミングをおこなうことができないのだ。

一方、人間は物事を抽象化したり、推論した因果関係をフレームへと落とし込んだりする能力を培ってきた。こうして生まれたメンタルモデルは、世界を因果関係という点から理解するための、何度も利用可能なテンプレートとなる。つまり人間は、熱した石炭に触るとやけどをして痛い思いをすると知れば、その経験を一般化し、赤熱であろうが白熱であろうが、そのあいだのどんな色であろうが、非常に熱いものには手を触れないでおこうと学習することができる。

今ここにあるものを抽象化し、より普遍的な因果関係のテンプレートを引き出す力には大きなメリットがある。こうしたテンプレートは、はるかに汎用性が高い。さまざまな新しい機会に合わせて柔軟に適用することができる。人間は、たとえば熱したコンロの上で溶けるバターと、熱した溶鉱炉のなかで溶ける亜鉛を初めて並べて見ても、そこにある因果関係を推論することができる。

因果関係のテンプレートとは、あらゆる形で使える具体的なツールを手にするようなものだ。環境が変化したときであれ、新しい環境に直面したときであれ、そうしたツールがなければ常に白紙の状態から推論を始め、予測を立てなければならなくなる。しかしテンプレートがあれば、状況に合わせて応用できる枠組みを手にすることになる。どの場面にも完璧に当てはまるわけではないかもしれないが、ゼロから推論していくよりは確実にいい。

テンプレートがあると因果関係を素早く学び取ることができ、特に迅速な意思決定が求められるような状況において貴重な時間の節約となる。テンプレートがないと、いわゆる「探索空間」を地道に探っていき、考えうる選択肢を一つ一つ検討していかねばならず貴重な時間が失われてしまう――前章で紹介したダニエル・デネットの実験におけるロボットが、因果関係を一般化できずにすべての選択肢を検討しているうちに時限爆弾が爆発してしまうのと同じだ。

あらゆる場面に応用可能であることと、素早く学び取れること。この二つの利点により、テンプレートは汎用性と効率性を得ている。しかし最も重要なのは、テンプレートが持つ抽象化の力だ。この力は、植物や単純な動物のようにシンプルな因果関係に反応して目の前の物事に縛り付けられた状態から私たちを解放してくれる。この力があることで現在を超えていけるのだ。抽象化によって私たちは、認知面での大きな飛躍を実現することができる。具体的で、文脈に依存した、目に見える物事を超えて因果の共通性を見いだしていける。フレームがあれば、新しい状況に直面するたびにあれこれ実験をおこなって、試行錯誤する必要がなくなるのだ。

人類の祖先も、テンプレートを用いたフレーミングから大きなメリットを得ていた。ある動物の狩りで機能したことは、別の動物の狩りでも機能することに気づいたのだ。彼らはテンプレートを用いて思考していたため、狩りや身を守ることに長けていたのだった。そうした力は、自然淘汰や文化的コミュニケーションを介して広まっていき、因果推論は人類全体が持つ特徴になっていった。

だがこうした特徴を持つのは人間だけではない。研究では、いくつかの動物（特にカラス）は多少の抽象的な因果推論が可能であることが示されている。そうした動物は計画を立てたり、我慢したりすることができるのだ。イソップ寓話の「カラスと水差し」と同じように、実際のカラスも水が浅く入った状態の水差しに、小石を落とし入れて飲める高さまで水かさを上げる、といった行為が可能であることが研究から分かっている。こうした点でカラスは他の動物と一線を画している。こうした力があるからこそ、他の鳥たちが夕食の皿の上に乗せられる運命にある一方で、カラスは多くの学術誌の表紙を飾る知性の象徴となっているのである。とはいえ、因果関係を見いだし、それを一般化し、その抽象的な考えを周りに伝えるという点で、人間の能力の右に出る存在はいない。かつて小さな住処《すみか》を作っていた人類は、いまや超高層ビルを建てている。一方、ビーバーは何世代にもわたり木でダムを作ってきたものの、邸宅一つたりとも作るに至っていない。言うまでもなく、過去の偉大なビーバーの木像なども作られていない。

より抽象度の高いレベルに一般化して思考する能力が失われると、向上心や目の前の出来事を超えて思考する力が失われることになる。研鑽を重ねたり、実験を試みたり、知っていることを新しいアイデアに発展させようとはせず、ビーバーと同じように、すでに知っていることを繰り返すばかりになるだろう。人生にも変化がなくなり、歴史や将来へのビジョンなどもなくなるだろう。

認知と文化

人間は、どのようにしてこの決定的なアドバンテージを持つに至ったのだろうか。生物のなかで脳が一番大きいわけでも、他の哺乳類と神経細胞が根本的に異なるわけでもないというのに。その答えは人間の認知機能、つまり思考のプロセスのなかにある。

人間の脳はパターンを認識することに長けていて、特に視覚的なパターン認識を得意としている。パターン認識の核は、個別の事象を見て一般化をおこなうことだ。木を見て森を知ることが重要だという考え方が共感を呼ぶのは、視覚に入ってくるおびただしい刺激に対して脳がやっていることとまったく同じ構造だからだ。脳は、目の前に見える範囲を超えた現実を意識のなかに作りだすのである。

どこか遠い昔に、有用だが限定的な抽象化の能力を、より広く、より概念的なものに転用することができた人々がいるに違いない。そのおかげであらゆる場面に活用できる多機能な道具を作る力が備わり、さまざまな環境に適応していった。抽象化は人類のコミュニケーションの進化にも役立っている。私たちの知るかぎり、多くの動物はひたすら現在の事柄、たとえば差し迫った脅威や目の前のエサをめぐってコミュニケーションをとっている。しかし人間は抽象的な思考をする力があったため文法に則った言語を発達させることができ、そのおかげで血縁や空間や時間を超えて力を合わせることが可能となった。

近年の革新的な研究においては、こうした効果的なフレーミングを支える要素は何かという点に大きな光が当てられており、特に二人の専門家による研究で、そうした要素の役割が強調されている。そのひとりがスティーブン・ピンカーだ。ハーバード大学で教える博学な神経科学者で、などく白髪と同じくらい際立ったアイデアの持ち主だ。もうひとりはデューク大学で教えるフロリダ出身のマイケル・トマセロだ（ちなみに彼の白髪は短く整えられている）。

ピンカーの見解によると、抽象的な思考のための認知能力、文法に則った言語の発達、そしてアイデアを共有しようとする人間の社会的な性質などが最も重要な要素だという。彼が特に重視しているのが、抽象的な概念を理解し、記憶し、伝達するための「メタファー（比喩）」の役割だ。メタファーは「抽象的なアイデアを具体的なシナリオにすみやかに結びつける人間の思考能力を反映したものだ」とピンカーは「認知的ニッチ（The Cognitive Niche）」と題した二〇一〇年の論文で記している。

メタファーも人間が用いるフレームの一種だと考えることができる。メタファーは具体的な物事の因果関係を反映した言い方であると同時に、抽象化して別の領域に適用するものでもあるからだ。メタファーを通して思考しコミュニケーションをとることでフレーミングのスキルが磨かれる。逆もまたしかりだ。

トマセロは、ピンカーと対照的に「文化的ニッチ」の重要性を強調している。彼によれば、因果を結びつける人間の洗練された高次の思考は、効率的に「協力」する必要性から生まれたものだという。何千年も昔、人間の祖先は生存や適応にあたって人間という種族独自の方法で協力することを迫られていた。そしてそのためには、共通の目標に向けてグループの各メンバーの行動を組織するべく、複雑な社会的交流を抽象的に表現する必要があったというわけである。

つまり、人間は力を合わせて作業し、学び合うにあたって互いの意図を理解しなければならない――そして、より重要なことに、他人から何を期待されているかを理解する必要がある。そうした必要性から、言語や文字、そしてのちには学校や徒弟制度などが生まれてきたのだ。抽象的な関係を表現する力は、ひとたび手にされると、人間のフレーミングの中心的な要素となった。

トマセロは人間の行動原理を探るべく、幼児や、チンパンジーをはじめとする類人猿の研究をおこなった。そのうちの一つにおいて、彼は一歳から二歳の幼児とチンパンジーを比較した。チンパンジーは幼児たちと同様の行動をとれるものもあったが、「社会的な協調・協働」行動は幼児たちのようにおこなうことができなかった。

トマセロは幼児とチンパンジーにそれぞれチューブを与えて実験をおこなった。チューブの両端を同時に引っ張ったときにのみ報酬が得られる。一歳半ほどの幼児であれば、報酬を得るには誰かと協力する必要があることを理解し、どのように行動するべきか分かっていない潜在的な協力者の注意を向けさせることができた。一方で、チンパンジーにはそれができなかった。チンパンジーは因果関係のようなものを理解しているかもしれないが、因果関係を抽象化することはできなかったのである——自分以外のチンパンジーという観点を持つことができず、相手から見た自分の役割というものを考えることができなかった。トマセロは、人間が因果的な表現を発展させていったのは、私たちが社会の一員であるからだと指摘している。

最近の研究では、過去二世紀における急速なテクノロジーの発展は具体的な状況を抽象的な原則に結びつける力（ピンカーの言う「認知的ニッチ」）と知識を分かち合っていく社会的な力（トマセロの言う「文化的ニッチ」）のどちらかだけでは実現できなかったはずだと示されている。人間はこの両方の利点を活かして発展してきたのだ。

ある実験では、人類の歴史のなかでも大きな技術的進化の一つである車輪の設計に関し、何人も（何世代も）被験者をつないでいくうちに設計が最適化されていくことが示された。各被験者たちには、坂を下るシンプルな車輪の質を向上させる機会が何度か与えられ、車輪のスポークに取り付けるバランス用の重りを調整していく。ひとりの被験者が終わるたび、次の被験者に交代して改善作業が続けられる。五人（五世代）を経ると、設計は改善を続け、車輪のメカニズムについて何も知らない被験者たちであっても、最大限に可能なパフォーマンスのうち七一パーセントもの力を引き出せるようになっていた。

この発見は、人間のテクノロジーが「あまりに複雑であるため個人の天賦の才によって生み出されるのではなく、人々のなかで伝達される改善の蓄積によって生まれる（トマセロの文化的ニッチ）」という考えを支持するものだ。文字を持たない原始的な社会であっても、複雑な道具を生みだせることを示すものでもある。しかしながら、こうした試行錯誤による文化学習はあまりに時間がかかる。そのためこれだけでは、この二世紀間で人類が経験したテクノロジー発展の驚異的なスピードを説明できない。その説明のためには、ピンカーの認知的ニッチという観点も必要になってくる。

因果推論は人間が別の選択肢を探っていく方法を規定する。そして、その探索をはるかに効率的にする場合もある。車輪の研究を例にとると、被験者は因果推論によって最も可能性のありそうな選択肢にだけ注意を制限しており、そのおかげで世代を超えた文化学習がスピードアップした。物理世界に対するフレームや因果関係のテンプレートがなければ、ライト兄弟による最初の飛行からわずか六〇年でアポロ計画を成功させるには至らなかっただろう。

もちろん、どういうきっかけで人類が認知的領域と文化的領域を融合することになったかは分からない。しかし人類の祖先は、定住や農耕をおこない始めた一万四〇〇〇年ほど前からすでに抽象的な因果推論を使っていた。集めた種を食べずに毎年（何万年にもわたって）取っておくことができたのは、そうした種が次のシーズンに穀物や野菜に育つことを理解していたからだ。種まきと収穫は体系的な農業方式の始まりと、多くの遊牧生活の終わりを告げるものであるだけではない。こうした農耕が始まるときにはもう、人類には因果関係のテンプレートがあったことを示すものでもある。農耕民《ファーマー》になっただけでなく、フレーマーにもなっていたのだ。

そして、人類はそれ以降ずっとフレーマーである。古代哲学、論理の誕生、推論と探索の時代、啓蒙運動、科学革命、二〇世紀における知の爆発的な拡大などはどれも、人間が因果関係を踏まえた洗練されたフレーマーであるという事実の上に成り立っている。人間は、何を見るにしても、何をするにしても、何を考えるにしても、因果関係に基づくメンタルモデルの力を借りているのだ。

「説明できる力」の必要性

抽象的な因果関係のテンプレートを通して世界を見る最大の利点は、世界が説明可能なものになることだ——しかしその説明は、必ずしも正しいとは限らない。

一八四〇年代、オーストリアのウィーン総合病院で産科医をしていたゼンメルワイス・イグナーツは、出産時における奇妙な違いに気がついた。医師が出産を担当する棟の産婦の方が、助産師が出産を担当する棟よりも産褥熱《さんじょくねつ》〔出産後に生じる発熱〕で死亡する確率が五倍も高かったのだ。妊婦たちも、この違いに気づいていた。そのため、医師の方が知識を備えたプロであるはずなのに、妊婦たちは助産師に担当してもらえるよう病院スタッフに文字通り懇願するのだった。ゼンメルワイスは、憶測に流されるのではなくデータを重視する人物だった。そこで彼は、死亡率に違いが出る原因の究明に乗り出した。

彼は助産師が妊婦を横向きにして出産をおこなう一方で、医師は仰向けにすることに思い至り、医師たちにも横向きの体勢で出産をおこなわせてみた――しかし、結果は変わらなかった。では、死者が出るたびに病棟の廊下を牧師がベルを鳴らして歩くのが不安を煽っているのではないかと考えた。だがこの慣習をやめても死亡率は変わらなかった。そして彼はある日、産褥熱による死亡患者の解剖中に指に刺し傷を負った医師が、産褥熱で命を落としたことを知った。ささいな情報だが、ゼンメルワイスにとっては決定的に重要なものだった。なぜならこの事実は、産褥熱に感染性がある可能性を示すものだったからだ。医師は死体解剖をするが、助産師はおこなわない。それこそが、探し求めている「違い」だった。

ゼンメルワイスは、医師の手に付着した「遺体の分子」が産婦に触れることで死を招いているのではないかと推論した。それゆえに、死亡率を減らす答えは、分娩前に医師たちが手を洗うことだと考えた。実際に塩化石灰水溶液で手を洗うようにしたところ、産褥熱の高い発生率に終止符が打たれた。ゼンメルワイスは、よりよい意思決定を可能にし、人々の命を救うフレームを思いついたのだった。

このフレームは、あらゆるレベルで因果推論に基づくものだった。第一に、ゼンメルワイスは産褥熱が死を引き起こすこと、そして感染性の熱であることを理解していた。第二に、彼は手洗いが産褥熱の発生率を低下させることを理解していた。しかし、産褥熱は「遺体の分子」が原因であるという彼の推論は、あいまいなだけでなく、間違ったものだと言えた。産褥熱を引き起こすのは遺体の分子ではなくバクテリアであり、それが医師たちの手から健康な女性たちへと移っていたのだ。ゼンメルワイスが導き出した「手を洗う」という解決策は正しかったものの、因果推論に基づく彼のフレームが正しいわけではなかった。

彼の案は、効果を発揮したにもかかわらず、理解を得られなかった。ゼンメルワイスは同僚たちを説得することができず、悲劇的な結末を招くこととなった。同僚たちから笑い者にされればされるほど、そして自分の解決策が効果的であればあるほど、彼のなかに苛立ちが募っていった。とう一八六五年には、精神に支障をきたすようになってしまった。数人の仲間たちが彼を精神病院へと送ったが、状況に気づいたゼンメルワイスは病院から抜け出そうとした。そして警備員は当時における通常の対応をとった。彼を殴りつけ、拘束衣を着せ、独房に放り込んだのだ。二週間後、このときに負った傷からの感染により、ゼンメルワイスは四七歳で命を落とした。産婦人科の彼の後任者は、手洗いという奇妙な規則をやめてしまい、ふたたび死亡率は上昇することとなった。

ゼンメルワイスが精神病院に閉じ込められたのと同じ年に、フランスのルイ・パスツールという名の生物学者は蚕を襲う謎の病気の原因を調査するよう依頼された。フランスの絹産業に危機が訪れていたのだ。この調査が、細菌や「細菌理論」という新しいフレームの発見につながったのだった。さらに同じ頃、男爵で、医師で、王立協会のメンバーで、もみあげとヒゲがつながったイギリスの科学者ジョゼフ・リスターは、傷に巻く包帯を消毒することで感染を減らせないかと試行錯誤していた。二年後、リスターはパスツールのフレームを用いて医学雑誌「The Lancet」に消毒の効用に関する長い記事を書き、すべての医師たちに手洗いを推奨した。リスターは権威ある協会のメンバーであり、科学雑誌に詳細な説明を寄稿したことから、ゼンメルワイスには果たせなかった成果を得ることができた。現在、リスターは「現代外科の父」とされ、口内消毒液のブランド「リステリン」としてもその名を不朽のものとしている。

ゼンメルワイス・イグナーツの悲劇からよく分かるのは、フレームも意思決定を向上させるだけでは不十分だということだ。フレームが理解を得るためには、因果関係に基づいた説得力のある説明を提供する必要がある。ゼンメルワイスは、この点に失敗したのだった。それにはいくつかの理由が考えられる。まず、彼の説明が斬新すぎたのかもしれない。あるいは、パスツールやリスターのように科学雑誌という機関的なルールに則って証拠を集めることができなかったからかもしれない。ゼンメルワイスはハンガリー人であったため、オーストリア帝国のエリート医師たちのなかでは十分な敬意を払われていなかったのかもしれない。理由や根拠がどうあれ（私たち執筆者も組織のなかで伝統的な考えに縛られない急進派であるため彼には同情しかないが）、ゼンメルワイスの例は新しいフレームが受け入れられるには説得力を持った説明が重要であることを示している。

「説明可能性」はフレームの成功に欠かせないものだ。それは、私たちの存在や経験に意義を与えてくれる。人は、一つの現象を理解したとき――世界のごく一部が理解可能なものになったとき――大きな満足を得る。もちろんパスツールやリスターと同じように、ゼンメルワイスも自身のアイデアを説明する必要性は感じていたことだろう。因果関係に基づいた説明を求める気持ちはあまりに強いため、私たちは必要とあらばそうした説明をでっちあげてしまうことさえある。そんな例を見事に示したのが、神経科学者マイケル・ガザニガだった。彼は、「分離脳」の手術を受けた患者に対して実験をおこなった。右脳と左脳をつなぐ脳梁《のうりょう》を切断する手術で、重度のてんかんを和らげるためにおこなわれることが多い。ガザニガは患者の右脳だけに伝わるように、たとえば「歩け」といった指示を出した。

すると患者は立ち上がって歩き出したが、その理由を尋ねられた患者は「コーラを買いに行きたかったから」と答えた。これは右脳と左脳がつながっていないことが原因だった。推論を司る左脳は、右脳が強制的に指令を受けたことを知らなかった。しかしながら左脳は、一つ一つの行動には理由があることを知っているため、ガザニガの言う「左脳の解釈装置」がただちに理由の欠如を埋めようとしたのだった。そうやって理由をでっちあげることで、秩序だった行動だと感じられるようにしたのだ。

学習、主体的な行動選択、周りを動かす

人に説明できる力がフレームに織り込まれることで、一般化以上のことが可能になる。学習の手助けとなるのだ。これは特筆すべき要素であり、比較的新しい発見でもある。通常、私たちは情報を「受け取った」ときに学習する。つまり、未熟な者が教師から教えを受けたり、本の説明を読んだりしたときに学習がおこなわれる。しかし因果関係を説明する場合、実は情報を伝える側、つまり説明する人間も学習をおこなっている。この事実は、プリンストン大学で心理学を教える気鋭の研究者タニア・ロンブローゾによって明らかにされた。彼女は「説明（explanation）」という新しい領域を科学するパイオニアだと言える。

学部生だったロンブローゾは、心理学、社会学、そして哲学に至るまで、どこを見回しても説明という概念がつきまとうことに気がついた。それは当然のことにも思えるが、「説明」という行為に関する根本的な問いは科学の分野で学問対象として深く受け止められていなかった。問いの一例を挙げてみよう。どうして私たちには説明を試みる事柄と、そうでない事柄があるのだろう？　説明をおこなうことが、どのように目標達成へとつながるのだろう――また、どのように誤った道へとつながっていくのだろう？　ロンブローゾの研究は、「説明」に関する私たちの知識の穴を、心理学と哲学の両面から埋めていくものだ。

「説明することで学習する」ことに関する彼女の研究は、まさにその好例だ。ロンブローゾは、別の惑星からやってきた「グロープ」と「ドレント」という二種類のロボットが複数描かれたイラストを大人たちに見てもらった。それぞれのロボットは色や体および足の形が異なるが、被験者たちはその差異について何の情報も与えられていない。被験者の半分はグロープおよびドレントにカテゴライズされたロボットたちの特徴を「describe（見たままに語る）」よう指示され、もう半分は「explain（説明）」するよう指示された（ロボットはどれも可愛らしいものだったが、それぞれのロボットがどちらの種類とみなされるかは、色や体の形ではなく、足の形で振り分けられていた）。

結果はどうだったか。ロボットがどのように分類されているか「説明」を求められた被験者たちの方が、その分類を「見たままに語る」よう指示された者たちより、はるかに正確に違いを見極めることができたのだ。同様の実験を複数回おこなっても、結果は似たようなものだった。幼い子供たちでおこなった実験でさえ、説明を求められた子供たちのほうが、足の形とロボットのカテゴリーの因果関係をうまく推論することができた。

この実験を「フレーミング」という観点から見てみよう。因果に基づくフレームを用いて世界を説明すると、説明を通してより深く正確な洞察が生まれ、世界に対してそれまで以上に学ぶことができる。他人に対して説明をおこなうと、その物事に関する理解が深まる。この発見は、教育や子育てに応用可能だ。子供たちに回答させるだけでなく、どのように推論したか説明させるのだ（これには革新的な利点もあるかもしれない。説明することにより、そうしない子供に比べて深く早く学べる可能性がある）。

この利点は、ロボットのカテゴリー分けという特異な領域以外においても効果を発揮する。人類は初期の段階から、秩序という概念を持ち、星々をつなぎ合わせて神の姿を描いたり、種の分類を作ったりしてきた。子供たちはおもちゃの車、人形、レゴブロック、そして（寝ているあいだに親が食べてしまうまでは）ハロウィンのキャンディも、分類したり組み直したりして何時間も遊ぶ。こうしたカテゴリー分けや再分類ができるのは、人間に抽象化と一般化の力があるからだ。

抽象化ができなければ、目の前の個別の事象をその都度まったく新しい状況として捉えることになるうえ、行動の指針となる一般的な規則も持つことができなくなってしまう。

しかし因果的なフレームに基づいて世界を説明できることには、世界に秩序をもたらすことよりもはるかに大きな効果がある。説明ができれば、それが人間の主体的な行動選択、責任感、そして周りを動かす力の基礎となるのだ。

主体的な行動選択（agency）とはつまり、人間には選択肢があり、そのなかから行動を選び取ることができるという意味だ。私たちは主体であり、客体ではない。行動する能力を持っている。主体的な行動選択ができるかどうかは、因果関係に基づいてフレーミングする力があるかどうかにかかっている。「自由意志」というものが客観的に存在しているだとか、人間は社会構造に影響されず選択が可能だと言っているのではない。ここで言っているのは、行動に影響が伴う場合においてのみ――自分の選択がどのように現実を作っていくか予測する力がある場合においてのみ――私たちは選択をおこなうことができるということだ。

さまざまな研究で、因果的思考と行動選択の深い結びつきが示されている。一九八〇年代には、心理学を専門とする駒澤大学の小野浩一教授がおこなった実験で、被験者にさまざまな方法で引けるレバーのついた装置を与えた。レバーを引くと報酬が得られる場合がある。しかしながら、被験者たちはその報酬がただランダムに与えられているとは気づかなかった。その点には気づかず、被験者たちは自分のどんな行動が報酬の「原因」となったかについて複雑な説明をでっちあげ、ふたたび報酬を得るべくその行動にこだわり続けた。この研究がまざまざと示しているのは、人間が因果関係に基づいた説明を強く欲しているということだけではない。因果関係に基づく理解は、主体的な選択や行動に直結しているということだ。

フレームは主体的な行動選択だけでなく、責任感ももたらす。人間は行動を選ぶことができ、自分で判断する存在であるがゆえに、責任を負わねばならないこともある。自分で選択するからこそ責任が生じる。銃口を押し付けられて金を差し出した場合は責めを負うことはないが、銀行強盗をおこなったら責められる。夢遊病で道を渡っても罰は与えられないだろうが、意図的に歩行者を轢いたら罰を受ける。責任は主体的な選択の裏返しだ。選択という行為に含まれたものなのである。

しかし主体的な選択と責任は、周りと無関係に存在するわけではない。自分の行動が周りの選択に影響を与える場合、自己だけでなく周りをも動かす力を行使することになる。直感に反して聞こえるかもしれないが、人間には行動を選択する主体性がある（それゆえに責任を持つ）という主張は、人間について考え、周りを動かしていくための重要な前提条件だ。たとえば国によっては、人々の行動を後押しする「ナッジ・ユニット」と呼ばれる組織が存在する。節電であれば、近隣住民と比較した自分の電気使用量を見せることで行動の変化を促していくのである。人間は行動を選択する主体性と責任感を持っているため、こうした形で他人の行動に一定の影響を与えることも可能となっている。人間が主体的な選択をしない存在であれば、周りの人間の物の見方を変えようとする試みはまったくのナンセンスということになる。

個人が何を選択するかは社会構造によっても形作られていくが、社会構造もまた（人間によって作られたものであるがゆえに）人間がおこなった選択によって形作られている。そのため、人々が持つフレームも、何らかの形で自分たちが暮らす社会構造に影響を与えている。だからこそフレームは、この世界をどう理解するかという点だけでなく、私たち自身にとっても決定的に重要なのである。

懐疑と知恵

因果的思考は、人間の進歩に不可欠なものだ。これがあることで、現実を意志に沿って形作ることができる。しかし私たちの因果推論が頻繁に間違うという点を考えると、こうしたテンプレートが価値を持つなんて驚くべきことである。たとえば子供の頃、冬になると親は風邪を引いてはいけないからと帽子や手袋を着せてきたものだ。しかしながら、冬のインフルエンザウイルスは、本当に毛糸で防げるだろうか？　ゼンメルワイスや、報酬が出てくる機械を用いた小野の実験の被験者たちもまた、この種の正確でない因果関係の被害者だ。こうした間違いは頻繁に起こる。偶然なっただけのことを原因だと思い込んでしまうこともあるだろう。自分が原因と結果だと思っているものとは別の、目に見えないメカニズムが本当の要因ということもあるだろう。因果が逆ということもあるかもしれない。

たとえば、毎朝ニワトリが鳴く頃に太陽が昇ると気づいたとする。やがて、その具体的な事象（ニワトリが鳴くこと）に因果関係を見いだして、一般的な法則（ニワトリが鳴くと日が昇る）を導き出すかもしれない。これは連想としては間違っていない。実際、農場で暮らしている場合は、ニワトリが鳴いたら日が昇ると考えていても差し支えないだろう。だが悲しい日が訪れ、そのニワトリの魂が俗世から旅立ち、天に召される。しかし翌朝、ニワトリの鳴き声はもうないのに、日はまた昇る。そこには明らかに「ニワトリが鳴いたら日が昇る」以外の因果関係が存在している。

このように、因果推論に欠陥のあるフレームが存在することもあるが、それは驚くべきことではない。なにせ、人はこの世のすべてを知っているわけではない。原因と結果を逐一把握しているわけではない。たとえば一八二〇年代に最初の蒸気機関車が運行される以前、専門家たちは時速一五マイル（時速約二四キロ）ほどの高速移動をすると乗客が窒息してしまうとか、目がかすんでしまうと懸念していた。

しかしながら、知ってのとおり乗客たちにそうした症状は現れなかった。専門家たちの因果モデルはあまりに未熟なもので、十分な科学的要素や、人体の適応能力に対する理解に欠けたものだった。しかしながら、このモデルの欠陥が現実によって暴かれ、空気や視力について多くのことが分かっていくに伴い、速度の影響を評価するにあたってより適切な因果モデルへと乗り換えられていった。「ニワトリが太陽を昇らせる」というモデルから、「地球が自転することにより毎日太陽が昇る」というモデルに修正されていったのと同じだ。人間には世界について学んでいこうという欲求があるがゆえに、それに合わせてメンタルモデルも修正されていく。それはフレームという考え方に対する非難ではなく、フレーミングも改良していけるのだという後押しにほかならない。

人生も、大半においてこうした修正の繰り返しだ。知っていると思っていたのに実はよく分かっていなかったということはよくある。どんな科学的な方法も、知識に終わりはないということ、そして定期的に自分の理解をよりよいモデルに更新していく必要があることが前提とされている。言い換えれば、フレームが常に不完全なものとして存在しているということだ。それは少し気が滅入る事実かもしれない。フレーマーには、優勝したプロのアスリートのように、シャンパンで祝うような栄光のゴールは存在しないのだ。

フレーミングは何度も繰り返し間違うことから、因果推論というもの自体が無益ではないかと多くの人が指摘してきた。そういう人々はデイヴィッド・ヒューム的な考え方だといえる。因果的思考にうかがえる欠陥は、このスコットランドの哲学者によって一七〇〇年代には指摘されていた。経験論者であるヒュームは、すべての知識は経験からのみ生まれると信じていた。そのため、因果というものは理性で正当化することはできず、帰納的推論は私たちを間違った答えへと導くものだと主張した。毎日太陽が昇るからといって、明日も昇るとは限らないというわけだ。

同じように、伝統的な統計学者たちは、データから因果関係を推論しないよう人々に善意の警告を繰り返しおこなってきた。こうした学者たちは長らく、どんな事象も相関的あるいは偶然的なものとしてしか見ることができないと主張してきた。「相関は因果を意味しない」が彼らの標語であり、生徒たちに授業の初日に伝える教義であった。彼らは因果関係については口をつぐんでいた。コンピュータ・サイエンスにおける「因果革命」の父であるジュディア・パールは、因果関係に関する問いは「扱ってはならぬもの」とされていたと語っている。

ヒュームに始まる因果関係への懐疑論は、少なくとも部分的には誤解に基づくものだ。彼は、私たちの言う「フレーミング」を批判しているわけではまったくなかった。フレーミングは人類を向上させてきたうえ、人間はフレーミングに長けている。そのため、それを使い続けることには合理性がある。そうした明快で実用的な理由から、ヒュームがフレーミングを支持する可能性は高いだろう。ヒュームは、因果推論は人間がおこなうものであるため、その因果を人間の認識の外側から、客観的に証明するすべなどないと指摘しただけである。そして近年の新しい統計学者や計量社会科学者たちは従来の姿勢を軟化させ、パールの「因果革命」を受け入れて研究に取り込みつつある。

しかし因果関係については、別の批判も存在する。因果というもの自体を否定するものではないが、因果を説明する源としての「フレーム」という考え方に対する批判だ。これは第一章で紹介した、超主情主義者と超合理主義者という二つの極端な思想を持つ人々からの批判である。

主情主義者は因果的フレーミングを否定する。因果関係は確かめることが難しいと考えているだけでなく、そうしたフレーミングなど必要ないと考えているのだ。物事は、頭でっかちな人々が考えているよりも理解しやすいものだという。考えにふけったり、ダラダラと時間をかけて考えたりすることなく、選択はおこなうことができる。自分の考えが正しければ、その意見は確かなものに感じられる。確かなものは身体ではっきりと分かる。脳に靄《もや》がかかっていたとしても、身体は本当のことが分かるというわけだ。

そこには一定の真理がある。身体的な反応に基づく選択は感情的かつ直感的なものであり、状況によっては有用なものとなりうる。しかし、この主情主義者たちのアプローチは、結果としてはそれ以上のものではない。直感や感情に頼ると、因果関係に基づくフレーミングの能力を利用することができない。まるで、空気力学に基づく車体なのにエンジンを積んでいないレースカーのようだ。フレームを用いず感情を基にするのは心地よいことかもしれないが、人間が持つ何より強力な認知能力を切り離してしまうことになる。

一方、超合理主義者たちは、また別の観点から因果的思考を放棄している。合理的な思考は非常に重要なものであるため、それが得意でない人類に任せてはおけないと考えているのだ。そこで彼らは、そうした思考をすべて機械に委ねようとしている。たとえば警察もアルゴリズムを使ってパトロールをおこなう。裁判所もアルゴリズムを使って保釈かどうかを決定する。刑務所はアルゴリズムを使って仮釈放を決定する。学校はアルゴリズムを使って成績をつける。業者はアルゴリズムを使って詐欺を検知する。つまりＡＩの方が人間よりもうまく因果を特定し、バイアスにとらわれることがないと見込んでいるわけだ。

たしかに、ＡＩが因果のつながりを「完璧に理解」し、因果に基づくテンプレートを用いて動いているように見える良い事例がある。ゲームの世界を見てみよう――ゲームと言っても、ＡＩが世界チャンピオンに勝利したことで有名なチェスや囲碁のような伝統的なボードゲームではない。eスポーツという、より複雑な分野の例だ。

Defense of the Ancients（Dota）は、マルチプレイヤーオンラインゲームだ。五人のプレイヤーがチームになって、相手陣地の拠点破壊を目指す（その過程で相手プレイヤーたちを容赦なく倒していく）。そのためには複雑な戦略的意思決定、長期プラン、そしてプレイヤー間の協力が必要になる。このゲームは世界的な人気を誇り、国際大会も開かれ、オリンピック公式競技への採用も噂されるほどだ。トップクラスのチームになると、年間の獲得賞金は四〇〇〇万ドルにも達する。

二〇一九年、サンフランシスコのＡＩ研究組織「OpenAI」が作ったシステムが、「Dota 2」の最も優れた人間のプレイヤーたちを倒し、ファンを驚かせた。このシステムは表面上、因果関係を推測し、経験から一般化し、そうして抽象化した因果関係のテンプレートを新しい状況に適用しているように見える。しかしながら、オズの魔法使いがただの人間であったのと同じように、このシステムを詳しく見てみると、そこには人間的な要素が隠されている。

このシステムは「深層強化学習」を活用している。何百万回も自身と対戦するなかで、試行錯誤を繰り返して最善の行動を特定していく――良い行動に数値的な「報酬」を与えることにより、その行動に最適化されていく。しかしながら、この最も重要な要素である「何に報酬を与えるか」という部分はシステムがみずから学習できず、人間がコーディングする必要があるのだ。

たとえば、OpenAIの開発者たちは、Dota 2のプレイヤーたちが一度の対戦を三つのフェーズに分けて考えていることを学び、そのようにコーディングした。それにより、ゲームの各フェーズごとに異なる戦略を優先させていくことに報酬を設定することができた。次に、開発者たちは各ＡＩプレイヤーが自己中心的に戦ってしまわないよう「チームスピリット」を持たせる必要があることにも気がついた。この、いわゆる「ハイパーパラメータ」を人力で修正していくことで、各プレイヤーが一つにまとまってプレイする方法を学んでいった。このＡＩシステムはうまくいったと言える。このシステムが操るＡＩプレイヤーは人間のプレイヤーを打ちのめした。しかしそのシステムが機能するためには、人間がキーボードを打ち、因果関係に基づくフレームを入力しなければならなかったのである。

しかしフレーミングは、過剰なまでに合理性を称える超合理主義者たちが否定できるものではないはずだ。なぜなら、機械が人間を超えるシステムを作り上げたとしても、そのテクノロジーは因果関係に基づくフレームという人間的な要素を組み込まないと機能しないからである。同じように、もっと感情に基づいて物事を見る世界に戻ろうと主張する人々は、感情だけに頼ることによって意思決定の選択肢を狭めることになり、自分たちの首を絞めている。因果のテンプレートを用いたメンタルモデルの向上を諦めるのではなく大切にしていくことこそ、もう一つの道なのだ。

秩序と意思決定

因果関係に基づくフレームを通して世界を説明するとき、私たちは世界に人間以上の何か大きな力が働いて、太陽の下にあるすべてのものが統制されているという考えに立つことになる。その力は神のようなものとは言わないまでも、少なくとも物理法則に従った何かだ。

それと対極にあるのが、パターンや意味というものが存在しない世界である。T・S・エリオットの叙事詩「荒地」で「何もないところには何も結びつけられない」と記されているような、脈絡のない瞬間が続いていく世界だ。しかしながら、世界はそのように動いていない。原因、理解、つながりといったものが存在する。最初期の天文学者たちは天体を見て、そこに規則性を見いだした。宇宙の語源である「kosmos」は古代ギリシャ語で「秩序」を意味する。

さて、人間はどうすれば因果的なテンプレートを用いた思考を向上できるだろう？　その答えの一つは、少なくともそのテンプレートの存在を自覚し、何らかの問題について考える際にテンプレートを積極的に利用していくことだ。人間は、「これが起きている原因は何だろう？　自分は何を暗黙の前提とし、どんな説明をしているだろう。それは正しいだろうか。正しくないだろうか」と立ち止まって自問することができる。

そしてそうした自問こそ、二〇〇八年九月一六日の晩にベン・バーナンキがおこなっていたことだった。彼はオフィスの窓の前で立ち止まり、市場に資金をばら撒くという自身の意思決定に思いをめぐらせたのだ。そしてまた、そうした自問こそ、NASAの科学者たちが地球上の物理学に基づいた因果関係のテンプレートを使って、前人未到の宇宙空間にも推力の原理を適用することを可能にしたのである。

因果的思考は時おり間違う。ひどい間違いを犯すことだってあるが、フレーミングは何千年にもわたり、理解と意思決定にあたって他よりも優れた手段を人間に提供してきた。それを活用しないことは、私たちを人間たらしめている強力な認知メカニズムへの冒涜に等しい。しかしながら、フレームのポテンシャルを最大限に発揮するためには、人間が備えたもう一つの認知的特徴が必要となる。その特徴とは、ありうるかもしれない別の現実を想像する能力だ。そしてその力は、意外にも私たちが地球温暖化を理解していくためのメンタルモデルに欠かせない。

第4章
反実仮想
まだ存在しない世界を思い描き、現在の世界に活かす

一八五六年八月二三日の朝、ニューヨーク州オールバニでアメリカ科学振興協会の第八回年次総会が開かれ、著名な科学者たちが集まった。各部屋では連邦三一州から集まった最新の発見が発表されて賑わっていた。なかでもオールバニ近郊におけるダドリー天文台の開設は大きなニュースだった。開設の目的は、銀行や企業や鉄道会社のように、正確な時間、分数、秒数を知る必要がある人々に「時間というサービス」を販売することだという。

しかし、別の部屋で発表された一つの論文——著者は女性だったが、総会で発表したのは男性研究者だった——こそ、その総会を象徴する瞬間となった。スミソニアン協会のジョセフ・ヘンリーは、次のように切り出した。「科学には、国籍も性別もありません。女性という領域のなかには美

や有用性だけでなく、真実も含まれるのです」。短い前置き（彼は敬意を持って述べたつもりだろうが、現代から見ると滑稽なほど性差別的だ）が終わると、彼はユーニス・フットが「太陽光線の熱に影響を与える状況」と題した短い論文のなかでおこなった実験について説明を始めた。

フットは、湿度の高い空気や乾燥した空気など、さまざまなタイプの空気に対し、太陽を当てて温めたり日陰に置いたりして気温の変化を比較した。すると予想通り、湿った空気のほうが早く温まった。しかしながら、「通常の空気」と「炭酸ガスの入った空気」を比べると、その違いは驚くべきものだった。二酸化炭素と似て、後者の方が温まりやすく冷めにくかったのだ。論文は「そのガスを含んだ大気は、私たちの地球を高温にしていくだろう」と結論づけている。工場から排出される灰色の煙でアメリカやヨーロッパの都市がむせかえる産業革命のただなかで、フットは地球温暖化に警鐘を鳴らしていたのである。

フットの研究は、一九世紀の科学や因果関係の探究の鑑《かがみ》だ（しかも彼女は、イギリス王立協会のジョン・ティンダルが地球温暖化の原因として二酸化炭素を紐づけた功績によって歴史に名を刻む何年も前に、この研究を発表している）。以来、気候に関する研究はデータの充実した確かなものになっていくばかりだ。それなのに、なぜ二一世紀になっても気候変動を否定する人々が存在するのだろう？

その答えは、大気のなかに炭素があると気温が高くなるという因果のつながりだけでは材料として十分でないからだ。重要なのは、それが人間の責任なのか、という問いである。その点に関して、データはあまり役に立たない。温暖化の証拠とされる「ホッケースティック曲線」も、人間の責任という問いに答えるものではない。この点に関しては、何か手を打つ必要がある。欠けているのは、実際には起きていないが（反事実）、ありえたかもしれない可能性を思考すること、つまり「反実仮想（counterfactual）」が埋め込まれたメンタルモデルだ。

この種の思考をすることで、「そこにあるもの」と「そこにないもの」の比較が可能になる。たとえば人間が暮らしている場合の地球と、暮らしていない地球、などである。しかし、地球は一つしかないため、人間が存在しない地球を実験で検証することはできない。そこで、想像をするのである。気候のモデルを用いつつ、人間が存在しないという反実仮想的なシナリオを立て、その仮想の世界で気温の変化を計算する。そうしてそのデータと現実世界のデータを比較するのだ。

そして気候モデルにとっての記念すべき瞬間は、ユーニス・フットが自身で論文を発表しなかった学会から一三二年後の夏に訪れた。このときの舞台は米国議会上院のエネルギー天然資源委員会だった。一九八八年六月二三日、ワシントンDCの気温が華氏一〇〇度、摂氏三八度を超えた日、NASAの科学者ジェイムズ・ハンセンが三つのシナリオを提示した。温室効果ガスが現状レベルを維持した場合、中程度に増加した場合、そして大幅に増加した場合。どのシナリオも悲惨なものだった。

「地球温暖化は、もはや温室効果ガスとの因果関係が高い確信を持って認められるほどに大きくなっています」と彼は、汗をかきながら話に聞き入る議員たちに語った。「コンピュータによる気候シミュレーションでは、異常気象の起きる確率に影響を与えるほど温室効果が大きくなっていることが示唆されているのです」。過去にも気候モデルというものは存在していたが、これほど厳密で影響の大きなものはなかった。彼の指摘は世界中で報道された。普段は抑制的な『ニューヨーク・タイムズ』紙も、「地球温暖化が始まっている」という見出しで喧伝した。

ハンセンの研究グループには世界屈指の気候科学者や応用数学者が名を連ねていた。そのなかにいたのが、論文の筆頭著者で、核となるモデリングを担当した天才数学者イネス・フォンだ。彼女こそ、ユーニス・フットの精神的な後継者だと言える。

フットと同じように、フォンはその分野でいくらかアウトサイダー的な存在だった。彼女の専攻は数学であり、気象学ではなかった。そして一九八八年に気候モデルづくりに取り組んだチームで唯一の女性だった。香港出身で、少し広東語訛りのある英語を話した。フォンは、MITの面接でなぜもっと成績が良くなかったのかと聞かれ、「学校が退屈だったから」と口を滑らせて合格した。

気候変動を分析するため一九七九年にハンセンのグループに参加した彼女は、データだけでは不十分であることを理解していた。必要なのは反実仮想に基づくモデルだった——今ある世界ではなく、ありうるかもしれない世界を想像するモデルだ。

「気温と二酸化炭素は因果関係が立証されたものではありません」。カリフォルニア大学バークレー校の教授となったフォンは、インタビューで語っている。「ニューヨークでは、夏になるとアイスクリームの売上だって犯罪率だって増えます」と彼女は冗談めかして言う。因果関係ではなく相関関係にあると指摘しているのだ。「モデルというのは、現実に機能しているはずのシステムに可能な限り近づけたものです。それらを使うと何が温暖化に責任のあるプロセスで、何が責任を負うものでないかを特定することができます。モデルは、二酸化炭素の排出量の違いに合わせて世界がどのように変化するか予測する唯一の方法なのです」

生み出したモデルを基に、フォンと彼女のチームは人間に由来する二酸化炭素が排出されなかった場合の仮想的な世界を作った。データやテクノロジーだけでは、ありうるかもしれない世界をこうして直接目で「見る」ことはできない。綿密な想像力だけが、それを可能にする。こうした視覚化のプロセスは強力なツールとなる。気候のシミュレートや比較が可能になるのだ。そしてその比較によれば、ハンセンが一九八八年の暑い六月の日にフォンの反実仮想モデルを用いて指摘したように、人間の活動が地球温暖化の責任を負っていることが示されていた。

フォンはより広い人々にリーチするべく、炭素循環や「炭素吸収源」（陸地や海が大気中の炭素を吸収するという新しい概念）の研究に取り組んでいった。そしてそこでも、可視化するためにはデータだけでなく反実仮想が必要であった。

ありうるかもしれない代替現実を想像する

頭のなかで、よく私たちは何歩か先の未来に思いを馳せ、ありうるかもしれない世界の別の姿を無数に想像している。反実仮想とは、現実を超えた世界に目を向ける方法の一つだ。この「ありえたかもしれないこと」「これまでそうだったこと」「これからありうること」に思いを馳せる力がなければ、私たちは永遠に目の前の「今、ここ」にとらわれてしまう。

反実仮想的思考はフレーミングの二つめの要素だ。これは自由気ままな空想とは異なる。知的な遊戯などでもない。「意識の流れ」や自由連想のようなランダムなものとは違い、反実仮想は具体的で目標がはっきりしている。これを使うのは、世界を理解し、行動に向けた準備をするためだ。反実仮想は、フレームに組み込まれた因果理解に基づいておこなわれる。そのため想像のなかで時間を進めたり戻したり、ある文脈で起きたことが別の文脈で起きた場合を想像したりできるのだ。

実際にはかなり複雑なプロセスでもあるが、人間にとっては自然な行為だ。この先の展開が見えず空白になっている部分の「穴を埋める」――持っている情報を踏まえたうえで、持っていない情報について想像するのだ。たとえば「ジョンは王になりたいと思っていた。彼はヒ素を取りに行った」という文があったとする。これを見た瞬間は、つながりのない文に思える。そこで私たちは、反実仮想を用いて空白を埋め、二つの文をつなげようとする。そうやって意識のなかでシミュレーションをおこなっているとき、よからぬ想像をして苦笑いが浮かぶかもしれない。

反実仮想は、状況が違ったら物事はどのように展開するだろうかと想像することを可能にする。二〇一八年のサッカーW杯決勝戦で、フランスは前半一八分にクロアチアから得点を奪った。アントワーヌ・グリーズマンが放った二七メートルのフリーキックはゴールマウスをとらえていたが、公式記録では彼の得点ではなくクロアチアのマリオ・マンジュキッチによる「オウンゴール」とされた。フリーキックのボールがマンジュキッチの頭をかすめたことで軌道が変わり、少し浮き上がったためにゴールキーパーが手を伸ばしても届かず、ゴールに吸い込まれたのだった。

誰のゴールであったかを判断するために、主審はマンジュキッチの頭にボールが当たらなかったらどうなっていたかを想像したことだろう。つまり主審は、意識のなかで架空の軌道を思い描き、そのスピードとスピンならボールはどう動いていくか、一般的な因果知識を適用して想像する必要があった。その架空の軌道であれば、クロアチアのゴールキーパーは容易にボールをキャッチできていただろうと予想される。もし頭にボールが触れていなくてもゴールキーパーの手が届かない軌道であったと判断していれば、主審はグリーズマンのゴールだと認めていただろう。このゴールが誰のものとして記録されるかは主審の反実仮想にかかっていた――そして残念ながらマンジュキッチのゴールとされたのだった。

因果関係を推測するために反実仮想を使うのは一般的なことだ。二〇一七年にＭＩＴなどの研究者たちがおこなった一連の実験では、ビリヤード台の上でぶつかり合う球を見せた。ある球が別の球にぶつかると、狭いポケット(穴)に入るか、入らずミスになるかのどちらかだ。研究者たちは、球を観察する被験者たちの目の動きを追った。すると、被験者たちは球が取りそうな軌道を想像して素早く視線を動かしていることが分かった。つまり、反実仮想的な推論を用いることで、この先何が起きる可能性があるかを予測していたのだ。

NASAの技術者たちがアポロ一一号の打ち上げに際し、月に一度も行ったことがないのに月面着陸時に何が起きるか(ほぼ)すべて予測できたことを思い出してほしい。彼らは、それまでの何世代にもわたる研究者たちの足跡を踏まえて推論したのだった。ガリレオは「重い物質は軽い物質よりも速く落下する」という古代ギリシャ時代の説に反論するべく、ピサの斜塔から二つの物質を落下させたと言われている。しかしながら現代の研究者たちのあいだでは、ガリレオは実際に物体を落下させてはおらず、反実仮想的推論を用いて頭のなかでのみシミュレーションをしたというのが定説となっている。

ニュートンのリンゴ、アインシュタインの時計、そしてシュレーディンガーの猫。科学の歴史には、ありえるかもしれない別の現実を想像する反実仮想に満ちている。そうした思考をすることで、たとえば重力から相対性理論や量子論に至るまで、私たちの世界観を形作ってきたさまざまなアイデアにたどり着くことができたのだ。それは科学の分野に限ったことではない。

『国家』（岩波文庫ほか）において、プラトンは「カリポリス」と呼ばれる都市国家を頭のなかで作り出し、理想の形態の正義がいかに機能するものであるか具体的に眺め、確かめられるようにしている。頭のなかにある目は、今ここにある現実しか見ることができない実際の目とは違い、可能性の世界を想像することができる。「反事実的歴史」というジャンルは、歴史の継ぎ目が違う形でつながっていたら何が起きていただろうかと精査することにより、人間の行動が世界に与える影響について理解を深めようとする試みだ。たとえば日本が真珠湾を襲わなかった世界や、アメリカが原子力爆弾を落とさなかった世界を想像するものである。真面目な考察であるか、たんなるエンターテイメントであるか、その価値については歴史家のなかでも意見が割れている。しかしありえたかもしれない世界に思いを馳せることで想像力が広がり、今とは異なる現実を考えることができる。

今とは別の形の世界を仮想するとき、実は人間はあらゆるスキルを必要とする本格的な認知作業をおこなっている。反実仮想的な思考は意識をフルに活用することを必要とする。そう言える理由は、たとえばパーキンソン病などで脳に障害を持つ人が、他の認知的作業よりも反実仮想的思考が不自由であるからだ。彼らは会話や推論に支障がない場合もあるが、この現実ではない別の世界を仮想することは難しいのである。

現在とは別の可能性の世界を想像できると、因果推論を基にして行動ができるようになる。ある結果に対して、これが原因でないかと検証できるようになる。反実仮想と因果推論という要素は、互いに強化し合うものだ。因果関係がなければ、意味のない出来事ばかりがあふれる海のなかで溺れてしまう。反実仮想がなければ、選択肢というものがなくなり、目の前の現実にとらわれた囚人となってしまう。

ユヴァル・ノア・ハラリは『サピエンス全史』（河出書房新社）のなかで、協力する力や、宗教のような「間主観的（Intersubjective）」な共通したアイデアを伝達していく人間独自の能力の重要性を語っている。この点に関し、彼は次のような象徴的な一文を記している。「サルが相手では、死後、サルの天国でいくらでもバナナが食べられると請け合ったところで、そのサルが持っているバナナを譲ってはもらえない」

そして、それは事実だ。価値を伝達するという能力は、人間の特徴である。しかし、ここにはもっと根本的で大きなポイントがある。人間だけが現実に起きたことのないシナリオを想像することができるのだ――天国の架空のバナナだって、サルの反応だって、想像することができる。それこそが反実仮想の力だ。

「ごっこ遊び」の世界

人間は、こうした反実仮想を幼い頃からおこなっている。実際、心理学の世界で「守られた未成熟期」と呼ばれる長い幼年期は、とりわけこの力のためにあるとも言える。この力は「遊び」という専門的でない言葉で広く知られている。幼児や小児はほとんどの時間、世界を探究し、物事がどのように動いているかを理解するために過ごしている。

幼い動物たちも遊びをすることで知られているが、そこでの遊びは、大きくなったときの動きを真似るようなものだ。リスクの低い環境で、戦いや狩りといった動きを練習するのである。幼い人間も遊びを通して大人になったら使うスキルを真似ることもあるが、子供の遊びは現実の世界をはるかに超えて想像の世界にも広がっている。「ごっこ遊び」は、この現実とは異なる別の世界を想像する力を磨いてくれるものだ。

ごく幼い子供たちの認知能力は、昔から認められていたわけではない。ルソーは一七〇〇年代の半ばに『エミール』（岩波文庫）のなかで子供のことを「完全に無能な人間」と呼んでいる。一八〇〇年代の後半には、アメリカの心理学者ウィリアム・ジェームズが乳幼児の精神を「大いに咲き乱れた、めくるめく混乱」と特徴づけた。ジークムント・フロイトは、幼児は無道徳で、自己中心的で、現実と空想を区別することができないと考えていたし、心理学者のジャン・ピアジェは、幼児たちのことを「因果以前」(pre-causal) の段階にあると指摘した。二〇〇九年には、虚構の風刺ニュースを報道する「ジ・オニオン」が悩める親たちの思いを架空の記事にまとめ、次のような見出しをつけた。「新たな研究で幼児の大半は反省しない社会病質者《ソシオパス》だと判明」

この数十年で、子供たちが持つ認知能力についての理解は大きく変化してきている。現在では、子供が因果関係と反実仮想に対する鋭い感覚を持っていることが知られている。カリフォルニア大学バークレー校の心理学教授アリソン・ゴプニックは、この分野を牽引する世界的な専門家のひとりだ。

あらゆる点で、ゴプニックは常に子供の世界に暮らしている。六人兄弟の長女として、彼女は自身いわく「知識豊かな雰囲気」のなかで育ち、よく兄弟の面倒を見ていた（彼らは現在、著名な作家や知識人となっている）。フィラデルフィアの公営住宅で学者の両親のもとに育ち、稼ぎは少なかったものの、文学、音楽、芸術はふんだんにあった。幼稚園の頃は、弟のアダムとハロウィンにハムレットとオフィーリアの仮装をした。そして一五歳からは、大学院レベルのコースに参加するようになった。二二歳の頃には、子供を身籠《みご》もりながらオックスフォードで博士号を取得した。発達心理学を専門とする彼女のオフィスには、ベビーサークルが常備されていた。

現在、ゴプニックは「理論説（theory theory）」と呼ばれる心理学の一分野を牽引する存在だ。ごく幼い子供たちも因果関係や反実仮想を基にした推論をおこなっており、科学者たちが実験をおこなうときのようにメンタルモデルを用いているという考えだ（つまり、赤ん坊も理論に基づいて思考しているという説だ）。科学者たちがこうした形で推論をおこなうと、それは「研究」と呼ばれる。それを幼児に置き換えると、「何でもやってみる」ことで探求しているわけだと彼女は語る。

ゴプニックは反実仮想や因果関係のモデルを活用する子供たちを「ゆりかごの中の科学者」や「哲学する赤ちゃん」と呼んで讃えている（ともにベストセラーとなった彼女の著作のタイトルだ）。彼女の研究チームは、複数の優れた実験を考案し、三歳くらいの子供たちも因果関係のメカニズムや仮想的な現実を理解していることを示した。そうした実験の一つが「ザンド・テスト」だった（ザンドとは、この実験のために作られたカラフルで変わった形をした物体である）。

子供たちは実験の最初のフェーズで、遊びながら因果関係を学ぶ。ある機械の上にザンドを置くと曲が鳴り、誕生日を迎えた「モンキー」という名の人形を祝うのだ。それから実験は重要なフェーズに移り、「ごっこ」や見立て遊びに目を向ける。チームのひとりが実験室に入り、機械とザンドを借りる必要があると説明し、部屋から持ち去る。実験者はまだモンキーを祝っていないことを残念がる。そしてこの実験者は、ある考えを伝える。

彼女は箱を一つと、色違いのブロック二つを持ってきて言う。「この箱を機械に見立てましょう。そして、こっちのブロックがザンドです。あっちのブロックはザンドではありません。これなら、モンキーを祝えるね！」

それから彼女は尋ねる。「この二つのブロック、架空の機械の音楽を鳴らすためにはどっちを使えばいいんだっけ？」。そう尋ねたあとで、彼女はブロックの役割を逆にし、ふたたび同じ質問をする。

ここまでくると、言い方が込み入っていて大人は意味を理解するため入念に話を追うことだろう。しかし目の前に存在するものとは別の現実を想像するよう促された小さな子供にとっては、シンプルなことだ。子供たちは反実仮想の力を使って、周りの世界とうまく関係を築き、世界を形作っていく。そのためモンキーには無事「ハッピーバースデー」の曲が届けられる。

こうした見立て遊びが、反実仮想的思考の準備となる。実際、ゴプニックは「見立て遊びがうまい子供は、反実仮想的な思考もうまくできる」ことを発見したと語っている。彼女は、乳幼児が人間という種に関する「研究開発」部であり、大人はもっと俗世間的な「製造・マーケティング」部に追いやられていると冗談めかして語るが、それはもはや皮肉とは言えないのである。

メンタルリハーサル

この種の想像は、子供に限ったことではない。私たちは、反実仮想をおこなう能力を生涯にわたって鍛えている。文学や芸術を考えてみるといい。私たちは、勇気ある行動、迫り来る危機、苦悩に満ちた試練の物語に魅了されるものだ。長い物語もあれば短い物語もあり、コミカルなものから悲劇的なもの、そして非日常的なものから日常を見事に切り取ったものまで、さまざまな物語がある。しかし、私たちは物語を語ったり聞いたりすることを愛している。

物語は進化論的に見ても役立つものだ。反実仮想を用いた推論を磨く手助けとなるからである。物語は、より鮮明かつ想像力豊かに思考するためのジャンプ台だ。伝統的な宗教の聖典から、世界中の人々を楽しませてきたハリー・ポッターシリーズにいたるまで、どんな文化や時代にも大冒険譚が存在する。塩と砂糖は人間の食欲を根源的に刺激する。それと同じように、物語は人間の意識を刺激する。現実とは異なる別のシナリオや、そこでの人間の行動に思いを馳せるプラットフォームなのである。取り得る選択肢の検討や、意思決定の準備に力を貸してくれる。このようにして物語は、人間のフレーミング能力を拡張・向上させるのだ。

仮想世界の物語を作るか耳にしたとき、人は自分の意識のなかで想像を働かせ、物語を再現する。ある場面の次に何が起こるかや、何をすべきか、何をすべきでないかを考える。私たちは物語に「引き込まれる」という表現をするが、それは本当のことなのだ。頭のなかは仮想世界のイメージに浸され、まるで現実のように感じられるのである。ほんの数行でさえ、そうした豊かなメンタルイメージを想起させる。文学作品から、いくつか例を見てみよう。

パトリック・ジュースキントの小説『香水』（文藝春秋）の冒頭では、一八世紀のフランスについて次のように描写されている。

これから物語る時代には、町はどこも、現代の私たちにはおよそ想像もつかないほどの悪臭にみちていた。通りはゴミだらけ、中庭には小便の臭いがした。階段部屋は木が腐りかけ、鼠の糞がうずたかくつもっていた。台所では腐った野菜と羊の油の臭いがした。(中略)。人々は汗と不潔な衣服に包まれ、口をあけると口臭がにおい立ち、ゲップとともに玉ねぎの臭いがこみあげてきた。(池内紀訳、五－六ページ)

エーリヒ・マリア・レマルクの反戦小説『西部戦線異状なし』(新潮社)では、第一次世界大戦について次のような描写がある。

僕らは頭蓋骨がなくて生きている人間を見た。両足とも射ち飛ばされた兵隊の走るのを見た。それは両足とも砕かれながら、しかも間ぢかにある砲弾穴へよろけて行った。(中略)僕らは口のない人間、下顎のない人間、顔のない人間を見た。出血で死なないように、二時間のあいだ腕の動脈を歯で噛み締めていた兵隊を見た。(秦豊吉訳、一九二ページ)

そして、チママンダ・ンゴズィ・アディーチェの『アメリカーナ』（河出書房新社）における艶かしいシーン。

彼女が身をかたむけて彼にキスすると、最初彼の反応は緩慢だったが、そのうち彼が彼女のブラウスを引きあげ、ブラのカップを押しさげて胸を出した。しっかりと抱き締める彼の抱擁をイフェメルははっきりと思い出したけれど、ふたりの性交には新鮮なものもあった。（中略）終ったあとで彼の隣に横たわり、ふたりして微笑みながらときどき声をあげて笑い、自分の身体が穏やかさで満たされたのを感じていると、「メイキング・ラブ」という言い方はなんてぴったりなんだろうと思った。（くぼたのぞみ訳、四九四ページ）

どれもイメージが鮮明だ。嗅覚、戦争の苦しみ、セックスの官能。何を訴えるものであれ、ここでの大きなポイントは読み手が作者の創造した世界に引きずり込まれることだ。その世界に足を踏み入れたら、私たちは場面を想像し、これから何が起きるのかさまざまな可能性を考え始める。口頭や文字で伝えられる物語が持つ効用は、そうした物語を演じるとさらに高まる。演劇が実にさまざまな社会に存在している大きな理由は、反実仮想的な可能性の世界を演じ、他者の人生を経験することで、目の前の現実とは異なる選択肢に注意を向けるよう促してくれるからだ。ギリシア劇の合唱隊は物語の結末を知っている存在であり、主人公がどのように行動していれば悲劇を避けることができたかを観客に考えるよう促す。アリストテレスは『詩学』（岩波文庫）のなかで、悲劇の役割とは「感情の浄化（カタルシス）を達成する」ことだと指摘している。キャラクターの立場になってみて、自分だったらどのような別の行動を取っていたか想像する。そうやって仮想現実と向き合っているのだ。

映画も、最初期の段階から仮想の世界を映しだすものだった。映画が誕生した当初の短編は、毎日の生活を捉えた「記録」映画、つまりドキュメンタリーだった。しかし程なく、映画の製作者たちは撮影技術を駆使した実験に取りかかり始めた。人の姿をパッと出現させたり消してみたり、人間の手足を伸ばしたり、その他の「非現実的な」映像を作りだしていったのである。それが大成功を収めたあとで目新しさが薄れると、演劇や文学に似た、物語を語る映画へと移っていった。こうした映画は、より総合的で、重厚に練られ、長く味わえる仮想現実を提供するものとなった。

文学、絵画、彫刻、演劇、映画、ラジオにテレビ。どれも仮想現実を体験させてくれるものだが、双方向の関わりを持つことはできない。そうした世界は頭のなかで——あるいはロールプレイやアニメのコスプレを通して他人と一緒に——再現できても、直接操作することはできない。しかし、ある比較的新しいメディアが、それを変えようとしている。

一九九一年に記された優れた著作『劇場としてのコンピュータ』（トッパン）のなかで、ビデオゲーム・デザイナーのブレンダ・ローレルは、コンピュータ・ゲームの本質的な特徴は、ユーザーが仮想の世界に影響を与えることができる点だと指摘している。ゲームは長らくそうした道をたどり、ジャンプしてキノコを取るマリオから、World of Warcraft、Fortnite、Among Us、そしてもちろん友人が操る敵を殲滅するDotaのようなゲームへと至っている。こうしたゲームは、私たちの知る世界から一部の要素を拝借しながらも、現実とは異なる新しい要素を取り込んでいる。見慣れたものと新しいものが混在していること、そしてそれらの要素を操作できることこそ、こうしたゲームを格別に魅力のあるものにしているのだ。

Monument Valleyは、その好例だろう。アイダという名の小さなキャラクターを導いて、三次元になったエッシャーの騙し絵風の遺跡を進み、特定の場所まで連れていくというゲームだ。しかし、どのようにたどり着くかが難問なのである。この遺跡のどの部分が動かせるだろう？　それに、どうやって動かせる？

このゲームを見たりプレイしたりしたことがある人は、誰もが魅了されてきた。ミニマルであると同時に、複雑で精緻に作り込まれたこの想像の世界は、豊かで壮麗な優雅さがある。階段、石、ボタン、ダイヤル、その他のグラフィカルなアイテムを操作すると、それらが回転するなどして、現実にはあり得ない仮想世界ならではの形で活用できる。自分が知っている現実と、探索している仮想世界との認知的不協和こそ、このゲームをこれほど魅力あるものにしているのだ。人間は、反実仮想に目がないのである。

読書であれ、ゲームであれ、空想であれ、認知を無為に働かせているわけではない。カウチポテトのような行為ですら、ただカウチ（ソファー）でポテトチップスを食べながら寝転がっているだけとは言えない。代替現実を体験したり操作したりするとき――つまり意識のなかに築いた反実仮想的な世界を吟味しているとき――私たちは現実とは異なる別の選択肢に思いを馳せているのであり、おそらくそれが判断力の向上につながる。そうやって意識を訓練し、フレーマーとしてのスキルを磨いているのだ。

反実仮想は専門教育の基礎でもある。代表的なのがケースメソッドだ。ビジネス・スクールは、このメソッドが最もよく使われる場所だ――その起源は、あるゆる疑わしげなものの例に漏れず、ハーバード大学にある。しかし名前から察しがつくかもしれないが、そのメソッドはマネジャーではなく、弁護士たちから始まった。一八七〇年、新しくハーバード・ロー・スクールの学部長に任命されたクリストファー・コロンブス・ラングデルは、法律教育の現状に苛立ちを覚えていた。学生たちは法律と同時に、非常に抽象的なアイデアも無理やり詰め込まれていた。それが学生たちだけでなく、社会にも不都合を引き起こしているような状態だった。

ラングデルは、新しい解決策を思いついた。ある法的状況の代表例を取り上げて、それを深く検討し、学生にさまざまな論点から議論させるのだ。それはまさに、反実仮想的な思考へといざなうものだった。ある日彼は、通常の講義をおこなう代わりに、学生たちに「論証せよ！」と伝え、そうした論証に仮説的な反論をおこなった——仮想の現実が入念に作り込まれており、学生たちは「もし〜だったらどうする」という事例に関して詳しく議論できたのだ。

それは斬新な教育の形だった。ケースメソッドは、弁護士志望者に規則を教え込むのではなく、取り上げた事例を反実仮想的に見つめ直してみるよう促したのだ。そして、それが機能した。ハーバードの授業は活気に満ちた議論の場となり、学生たちが当該事例の法的主張を精査し、教授の言うことを受動的に吸収するのではなく、反実仮想的な思考を通して法律を眺めるようになった。ほとんどすべての場所でこのメソッドが導入され、それ以降の法律教育を変えることとなった。

それから五〇年後。一九一九年、ウォレス・ドナムは一一年前に創設されたハーバード・ビジネス・スクールの二代目学部長に選出された。ハーバード・ロー・スクールの卒業生であった彼は、ケースメソッドのことを熟知しており、ビジネスの教育にも導入したいと考えていた。しかしビジネスには法律教育で活用しているような「事例」が存在していなかった。そこで彼は、歴史に残るビジネス上の意思決定に関する短い論文と、学生たちがじっくり考える手がかりとなるデータを詰め込んだ本を作るよう、ひとりの教授に依頼した。二年後、最初のケーススタディとして

「The General Shoe Company」の事例が「Confidential（関係者外秘）」という文言を左上に付して学生たちに配られた。

これは、膨大な情報を与えながら、学生を問題に直面した会社幹部の立場に立たせる教育だ（情報のなかには無関係なものもあるうえ、現実世界と同じように、すべての情報が揃っているわけではない）。学生たちはあらゆる選択肢を考えだし、それらを点検し、意思決定し、その根拠を示さねばならない。その会社は開発中の画期的な新製品に投資をするべきか。あるいは既存の製品を徐々に改善していき、マーケティングを強化するべきか。最大の競合相手と争うのではなく、もしも買収の提案をしたらどうなるだろう。製品を個別に売るのではなく、いくつかをセットにして売るべきか。現実世界のような無数の制約のなかで、教授が議論を導いていきながら、学生たちはありうる選択肢を提案し合い、互いの案について意見を交換する（そして水面下では得点を稼ぐために争い合う）。

こうして積極的に反実仮想的な思考を促すケーススタディのメソッドは、現在あらゆる領域で活用されている。医学部に通う医師の卵たちは、「鑑別診断」というものを通して考えるように促される。可能性のある病気（複数の異なる仮想的現実）を一通り挙げてから、選択肢を排除していくのだ。プロのアスリートは「フィルムスタディ（映像研究）」をおこなっている。試合の映像を見返して、あのときこうだったらとあらゆる可能性を検討し、次へと生かすのだ。NFLの著名なクォーターバックだったペイトン・マニング選手も、このメソッドに大きな信頼を置いていた。

こうした仮想的な別の世界について検討することこそ、とりわけ人間的な行為だと言える。タカ科のミサゴはオペラを観には行かないし、サルも映画を観に行ったりはしない。医学部生が学校でのハードな一日を終えて「Dota」をプレイしてくつろいでいると、学校での教育とゲームはまったく違う活動に見えるかもしれないが、どちらも絶えず今の現実とは異なる「仮想の世界」に触れるものであり、フレーミングの能力を維持し拡張するためのスキルを磨くメンタルリハーサルなのだ。

抽象から仮想へ

反実仮想は、ここに存在しないものを想像する手助けとなるだけではない。他にも大きな利点がある。

まず、反実仮想は「因果的決定論」に傾かないようバランスを取るものとして機能する。因果的決定論とは、出来事間の因果関係は一つしかないという考え方だ。これもフレーミングの一種で、特定の因果に意識を集中するものだ。便利なフレーミングではあり、状況を迅速に把握するのに役立つ。瓶のなかに一枚残していたチョコチップクッキーが無くなっていたとき、因果推論エンジンが過剰に働いて、すぐにわが子を責めてしまうかもしれない。だが、もしもその推論が間違っていたら？　もしも突然クッキーを食べたくなったパートナーが瓶からくすねていたのだとしたら？　そういう場合に、反実仮想が輝きを放つ。別の可能性に思いを巡らせるとき、私たちは同時に別の原因はないかと想像してもいるのだ。そうした想像は、特定の原因へ性急に飛びつかないための防御手段となる（そしてかわいい子供が不必要に叱られることがなくなる）。反実仮想は、私たちが最初に感じた通りに物事が起きているとは限らないことを思い出させてくれる。最初に感じた仮説的な因果関係にとらわれず、よりオープンに世界を見ることを可能にしてくれるものだ。

キューバ危機のさなか、ジョン・F・ケネディ大統領も反実仮想を活用した。一九六二年一〇月一六日の朝、大統領とその顧問たちは、ソ連がフロリダからわずか九〇マイルに位置するキューバに核ミサイル基地を作っていることを示す航空写真を見せられた。すぐに軍部は、その基地を破壊するべく大規模な攻撃を仕掛けるよう迫った。しかしケネディは抵抗した。以前、痛い目に遭っていたからだ。

一年半前（大統領就任からわずか三ヶ月後）、ケネディはアメリカに亡命したキューバ人たちがキューバのピッグス湾に侵攻して新政府を樹立する極秘計画を了承した。しかしながら、その計画は完膚なきまでに失敗してしまったのだった。これは、計画を精査する際に多様な意見や代替案が欠ける「グループ・シンク（集団浅慮）」という意思決定分野の新しい用語が広く知られるようになった事例だ。若きケネディ大統領は、同じ轍《てつ》を踏むわけにはいかなかった。

今回のキューバ危機で、前回よりも深刻な問題に直面したケネディは、顧問たちを促し、状況に対するさまざまな別の観点を出してもらった。そうすることで、軍部が脊髄反射的に提案してきた空爆作戦だけに留まらない無数の選択肢が生まれていった。つまり、ジョン・F・ケネディは一つのことしか見ない短絡的な思考の誘惑に抗《あらが》うべく、想像の力を積極的に求めたのである。

そして、それが機能した。彼とチームは絞り込んだ二つの案について、階級や担当部門に関係なくオープンかつ正直に議論を重ねた。最終的に、彼らは空爆ではなくキューバの海上封鎖を選択し、加えてトルコに配備されていたアメリカのミサイルを撤去するという提案をした。そうすれば、キューバから兵器を撤去してもソ連が面目を保てる。これを受け、ソ連は撤退した――核戦争の可能性も回避されたのだった。ケネディは一八ヶ月前にピッグス湾の作戦を壊滅的な失敗へと導いたグループ・シンクから逃れることができたうえ、反実仮想的思考を導入することで因果的決定論に陥ることを食い止めたのである。

このように、反実仮想は私たちをよりよい因果的思考者にしてくれる。それが第二の利点だ。各種の実験で、人は反実仮想的な思考をした後の方が、そうしなかった場合に比べて因果推論が向上することが示されている。ダブリン大学トリニティカレッジのルース・バーンを筆頭とした認知科学者たちは、反実仮想が実に役立つものだと指摘している。そうした思考は一つの因果関係に意識を集中させるのではなく、さまざまな選択肢を連想することで意識を広げてくれるからだ。他に選択肢はないかと考えているとき、私たちは同時に別の因果関係はないかと思いを巡らせている。それは逆に言うと、一つの因果関係に意識を集中させているときは、想像力が刺激されていないということだ。だからこそ、別の可能性を想像してみることは、うまくフレーミングをするための中心要素に他ならないのである。

三つめの利点は、反実仮想で浮かんできた選択肢は、その性質上、活用がしやすいという点だ。ある状況を想像して頭のなかで再生する場合、その仮想現実の展開をあたかも傍観者のように眺めて体験することができる。状況の展開をわざわざ概念的に具体化せずとも、シンプルに頭のなかで思い浮かべることができる。そちらの方が冗長でなく、かつ視覚的だ。存在していないものを純粋に概念的な言葉で具体化していくよりも、心のなかに思い描く方が簡単なのである。著名な心理学者であるダニエル・カーネマンも、「メンタル・シミュレーションの最も重要な側面は、それが構築という行為ではなく、観察という行為を通して経験される点だ」と指摘している。それは「結果が観察されるという感覚であり、結果を作り上げるという感覚ではない」。

四つめの利点は、私たちが知ってはいるものの言葉にされていない暗黙知を活用できる点だ。状況をどのように切り開けるか、さまざまな可能性を想像していくとき、私たちは世界のあらゆる物事について持っている知識をあれこれ動員する。そうすると、普段なかなか言葉で明示されないような因果関係にまつわる洞察も活用できることがあるのだ。

一九八〇〜九〇年代に放送されたアメリカのテレビ番組「冒険野郎マクガイバー」は、反実仮想を用いて暗黙知を活かすことがライトモチーフとなっている。主人公は科学に造詣が深いだけでなく運動神経にも優れていて、銃や暴力を使わずに秘密組織の諜報員をしている。困難な状況に陥ったとき、主人公マクガイバーは自身の知恵と、身の回りにある道具を活用して危機を脱さねばならない。たとえば、二本のロウソク台、マイクのコード、そしてゴムマットを使い、心臓に電気ショックを与える除細動器を作った。ロープで手を縛られてしまったときは、足で投石機を作り、その投石機で硫酸の瓶を近くの柱まで投げ、拘束されていた紐を焼き切った。そして核ミサイルの爆発を防ぐ際には、彼がよく使うペーパー・クリップで配線を組み替えることができた。

こうした創造的な解決策は反実仮想に基づくものだった。つまり、道具の通常の用途を超えて、いかに各道具の特性を活かせるか反実仮想的に思考した結果なのである。マクガイバーは道具自体ではなく、その道具が「どう機能するか」という抽象的な側面に目を向けていたのだった。それはちょうどＭＩＴのレジーナ・バルジレイが抗菌化合物の分子構造自体ではなく、抗菌化合物の機能に目を向けたのと同じである。

五つめにして最後の利点は、目的意識をもたらしてくれる点だ。行動や主体的選択という概念をあらわにし、言葉にしてくれる。特定の因果関係に意識を集中させることは物事が起きた理由を理解するのに役立つ。その一方で、別の可能性を想像することは選択肢を生むため、行動に役立つ。

各選択肢はどのように展開していくだろうかと仮想現実を想像していると、状況を予測しコントロールできるという感覚を手にすることができる。主体的な行動選択という大切な価値は、因果関係に基づくフレーミングが根本的に支えているのだ。意思決定が重要なものである理由は、意思決定に向けた反実仮想を通してさまざまな選択肢に目を向け、そのなかから選択をするからだ。反実仮想をおこなうと、意識が理解から行動へと、状況把握から決断へと移っていくのである。

そして、これは実に人間的な現象だ。反実仮想的な思考をマスターしていないのは、ミサゴやサルだけではない。機械も、アウトプットを向上するために実世界のデータ処理に膨大な時間と努力を注いでいるが、いまだに人間には及んでいない。

シミュレーションする乗り物

誰が見ても、それは左に弧を描く普通の道だった。焦らず左に曲がればいいだけだ。しかし、何かが致命的におかしかった。車は車線の右側に寄りすぎて縁石に危険なほど近づいていた。曲がれるはずがない。このままではぶつかってしまう。車は急ブレーキをかけて速度を落とした——しかし道路を飛び出しそうになっている。結局、車が止まったのは、コンピュータ内の道路の端に引かれた、細い紫の線の上だった。

　このちょっとした事故はデジタル上でのシミュレーションだった。グーグルの関連企業で自動運転車を開発するウェイモ社のコンピュータ・サーバのなかで起きた事故だ。このシミュレーションは、あらゆる自律走行車が抱える深刻な欠点を乗り越えるために設計されたものである。その欠点とは「稀にしか起こらない事象に関するデータを持ち合わせていない」という点だ。なぜデータ不足かといえば、もちろん、稀にしか起こらないからである。一〇年以上、この業界は実世界の道路情報を収集し、自動運転システムを駆動するＡＩモデルを訓練してきた。数えきれないほどの車が、高度なセンサーとビデオカメラを載せて道路を走り、毎秒ごとに莫大な量のデータを収集してきた。各企業は、運転の本質を抽出するために現実をマイニングしてきたと言える。

　その試みは、少なくとも部分的には成功した。自律走行自体は可能になった。しかし稀な珍しい状況には対応することができなかった。搭載された機械学習アルゴリズムを訓練するためのデータが不足していたからである。たとえば、薄氷の上を運転しているときにビニール袋が風に舞っている状況や、道の真ん中にマットレスが落ちている状況などだ。ウェイモの自動運転車は（比喩的な意味で）壁にぶつかった。通常の運転状況であることが圧倒的多数であるため、それ以上実世界のデータを集めてもシステムには大きな改善をもたらせないと気づいたのである。

　そこで同社は、珍しい状況に満ちた仮想現実を開発した。このシミュレーションデータを生成するシステムは、ビデオゲームの「World of Warcraft」にちなんで「Carcraft」と呼ばれている。

このシステムには、人間が想像した極めて稀だが惨事を引き起こしかねない状況（ウェイモ社の機械マニアたちが「きわどい《スパイシー》」と呼ぶ状況）がベースシナリオとして二万通り搭載されている。毎日、ウェイモの二万五〇〇〇台のバーチャルカーが、総計一〇〇〇万マイル（およそ一六〇〇万キロ）走行している。これは、月までを一五往復する距離に相当する。ウェイモは学術論文で、この目的は「良い部分を模倣するためというより、悪い部分をシミュレートする」ためだと記している。

そこで使用されている各種のベースシナリオは、反実仮想を生かしたもので、「ファジング（fuzzing）」と呼ばれる処理をおこない、現実の例に少し変化が加えられている。相手の車のスピードや距離を変えてみたり、環境を夜や雨に変えてみたり、ジョギングをしていて道を横切る人を追加したりするのである。そこは、「もしも」の世界だ。各シナリオに対し、Carcraftは異なる反応を無数に作成し、それらのデータを使ってシステムを鍛える。二〇二〇年の段階で、人間が代わりに運転せねばならない状況に出くわすのは三万マイルに一度しかないほど性能が向上していた。これは同業他社をはるかに凌ぐ数値だった。

Dota 2をプレイするAIに因果フレームが欠けていて人間がコードを書く必要があるのと同じで、このシステムも自力で反実仮想的な状況を生成することはできず、人間の力を借りねばならない。Carcraftが作る「稀な状況」は、機械が仮想世界を夢想した結果でもなければ、極端な状況をランダムに生み出しているわけでもない。人間が、それらを作り出していたのだ。シリコンバレーなどに広まる超合理主義者たちは、運転のみならず、そのほかにも多くのことを機械の手に委ねたいと考えている。しかし、それは現実を単純化しすぎた考えだと言える。人形使いがマリオネットを操っているように、人間が後ろでＡＩの糸を操っているのだ。

出会ったことのない状況を思い描き、それらの情報を意思決定の向上に活用する。反実仮想は、そうした人間の認知能力を示している。人間は、身体的な特徴を活かして何世代にもわたって肉体的に進化してきたが、意識の面でも向上してきたのは、反実仮想的な思考を中心要素とした「フレーミング」のおかげだ。

反実仮想的な思考の力は伸ばしていくことができる。その方法は数多く存在する。たとえば、何かしらの問題について、何を変える必要があるかという観点ではなく、何を変わらず残しておくべきかという観点から見てみてもいい。あるいはジョン・Ｆ・ケネディのように、みずから意識して周りの人や組織を促し、新しく多様な意見を積極的に出してもらうことで、有益な別の視点がもたらされる可能性を高めることもできる。それから、優れたパフォーマンスを発揮する多くのアスリートやエグゼクティブは、「ビジュアライゼーション（視覚化）」というアプローチを実践している。スキージャンプであれ取締役会であれ、意識のなかで状況を現実的にイメージするのだ。その世界のなかで、どうすればうまくいくか行動や反応をさまざまにシミュレーションするのである。これは、Carcraftが自律走行車の開発においてやっていることと同じだ。

仮想現実を想像すると、因果フレームを行動につなげることができる。しかし、そのためにはただ想像すればいいわけではない。小さな子供もすぐに学んでいくことだが、反実仮想のポイントは今とは異なる世界なら何でもいいわけではなく、自分の掲げる目標に役に立つような形で慎重に仮想現実を想像することだ。反実仮想とは実用的なものであるが、その効果は、自分の目標や文脈に合わせてどれほどうまく仮想現実を想像できるかにかかっている。出任せでランダムなアイデアでは意味がないのだ。真に価値を持つためには、反実仮想にも範囲の制約が必要になる。

反実仮想は夢想の一形態だが、賢くチャンネルを合わせ、自覚的に焦点を合わせたものである。ケネディがチームにさまざまな解決策を考えてほしいと言ったとき、それらの解決策は当然ながら軍事や外交に関することであって、モスクワの政治家たちをもてなすために音楽隊を送るといった、まるで本当の夢想のような考えではない。イネス・フォンが作り上げた気象モデルは、物理法則に基づいた範囲のなかで、人間が暮らしていなかった場合の地球をシミュレートしたものだ。派手な立ち回りを見せるマクガイバーさえ、「彼が実際にできること」という制約のなかで行動がおこなわれている。

別の可能性に思いを馳せると、出来事にコントロールされるのではなく、未来を形作ることや、出来事をコントロールすることが可能になる。まさにこの人間の認知的な特徴こそ、史上屈指の優れたコマンド部隊による作戦に欠かせない要素だった。銃声が響くただなかで、その作戦が成功したのは兵士や立案者たちが反実仮想的な思考をしていたからというより、どれくらい反実仮想に制約を加えたり緩めたりするかを意識していた点が大きな要因だった。

第5章 制約

効果的なビジョンにするためには範囲の制約が必要

一九七六年六月三〇日の午後、ダン・ショムロン准将はテルアビブにあるイスラエル国防軍の本部に召喚され、作戦責任者と面会した。大胆でありながら実行可能な救出ミッションが必要とされていた。状況は、ほとんど希望の見えないものだった。

三日前、テルアビブからパリへ向かうエールフランスの飛行機がテロリストにハイジャックされ、東アフリカの真ん中に位置するウガンダのエンテベ空港に行き先を変更された。人質たちは、使われなくなった古いターミナルに収容された。テロリストたちによると、そこには爆発物が詰め込まれているという。非イスラエル人の乗客を解放したあと、テロリストたちは脅迫を開始した。パレスチナ人の囚人を解放しなければ、一〇六名の人質をひとりずつ殺していくというのだ。

もともとイスラエル政府には、テロリストとの交渉はおこなわない方針があった。さらなるテロを招く可能性があるからだ。そのため、囚人解放以外の選択肢について検討するために時間を稼いでいるところだった。しかし救出作戦は、とても無茶なことに思えた。ウガンダはイスラエルから二五〇〇マイル（およそ四〇〇〇キロ）も離れているのだ。悟られずに部隊が現地へ向かうことなどできるだろうか。爆発の危険がある建物から、どうやって人質を救出すればよいだろう。ウガンダの独裁者イディ・アミンは、ハイジャック犯たちと手を組んでいるかもしれない。するとウガンダの兵たちとも戦うことになるのだろうか。すべてがうまくいったとして、どうやって全員を連れて帰る？　それは「反実仮想的思考」の限界に挑むような作戦だった。

三九歳のショムロンは、歩兵科の空挺旅団を率いていた。彼は提案されるいくつかの作戦案に耳を傾け、それぞれの欠点を見抜いた。一つは、兵士一〇〇〇人を空からエンテベに送るというものだった。しかしそれは無意味だった。テロリストたちの目に入り、人質が殺されてしまう。あるいは、解放されたパレスチナ人の囚人に扮してエンテベに飛ぶという作戦だ。しかし、これもあまりうまくいきそうになかった。ハイジャック犯たちはすぐに見抜き、ターミナルを爆破してしまうだろう。

より可能性があるのは、十数名の部隊が夜の闇に紛れて近くのビクトリア湖にパラシュートで降り、携えた空気注入式ゴムボートを漕いで上陸し、ターミナルを襲撃するという案だ。そうすれば相手に知られず行動することができる。しかし湖には巨大なナイルワニがたくさんいて、岸に着くまでに食われてしまうかもしれない。さらに、この案は決定的な点を見逃していた。テロリストを退治したあと、隊員と乗客はどうやって帰ればいいのだろう？

これじゃダメだ、とショムロンは思った。

軍事計画の立案に際しては、他のあらゆる計画と同様、動かせない厳しい制約と、場合に応じて変更できる制約の二種類が存在する。たとえば、部隊の人数や、上陸を日中にするか夜にするかなどは調整が可能だ。しかし何より守るべき「厳しい制約」となるのは、「相手に知られず行動する」という部分だった。その観点をもとに、ショムロンと高官たちは作戦を練った。部隊は、夜間に輸送機で密かに上陸する。その輸送機には空港でよく見かける車両が積まれており、それに乗って気付かれずにターミナルまで行き、テロリストを排除して人質を解放し、輸送機で国へ戻る。

しかし詳細な情報に欠けた部分が多かった。ターミナルのレイアウトは？　どの位置に人質たちが置かれている？　テロリストは何人で、どのような武器を持っている？　軍部の人間たちは、どうすれば人質を救出できるかメンタルモデルを築き上げる必要があった。そのためには、反実仮想にしっかり取り組めるよう、情報を得る必要があった。そこでイスラエル諜報機関「モサド」の諜報員はパリへ飛び、すでに解放された人質たちに聞き取りをおこなった。ターミナルに関する情報が決定的に重要だったのだ。幸運にも、このターミナルはイスラエルの建設会社が作ったものであったため、設計図が届けられた。

兵士たちが訓練している基地に、テントに使うようなポールとタープでターミナルのスケールモデルが作られた。部隊は行動の演習をおこない、メモを取り、話し合い、また行動の確認を繰り返した。

「最初のリハーサルはうまくいかなかった。全体がバラバラすぎて、スムーズな流れではなかった」と、部隊の一員だったノーム・タミルは振り返る。作戦のすべての細部――すべての行動と所要時間――が設定、分析、再検討、調整、そして最適化された。

「奇襲」という要件があるため、作戦に制約がかかる面もあったが、そうした制約は創造性を招き入れるものでもある。たとえば、部隊は環境に溶け込めるよう、ウガンダの国旗をボンネットに掲げた黒のベンツやランドローバーなど、ウガンダの将軍たちが好んで使用する車を輸送機に乗せていった。また、ウガンダの軍服も作ってもらい、同国の軍人に見えるようにした。こうして起こりうる事態を洗いざらい点検してから、作戦が開始されたのだった。

七月三日午前０時になろうというとき、ビクトリア湖にかかった雲が晴れ、エンテベ空港の滑走路の視界が開けた。輸送機「ハーキュリーズ」四機のうち最初の機体が静かに着陸した。二九名の襲撃部隊はタラップを降りると、リハーサル通り一マイル先のターミナルへ車で向かった。しかしながら、あらかじめ予測できない物事も存在する。このときは入口の警備員が予期せずライフルを持ち上げた。彼は通り過ぎる車の列に手を振っているだけなのか。それとも止まれと命じているのか。状況が読めないなか、イスラエル軍は発砲し、夜の静寂を破った。すると、建物の電気が灯った。部隊はさらにスピードを上げ、ターミナルへと急いだ。

先頭の兵には銃弾の雨が降り注ぎ、車両前方の窓ガラスが割れた。それでもなんとか狙撃を免れた兵は、敵を見つけ、猛然と撃ち返した。銃声が建物内にこだまする。部隊が建物に突入していくと、そこには予想通りテロリストたちがいた。ショムロンは、これらすべてを輸送機からの無線で指揮していた。

この「サンダーボルト作戦」は、わずか九〇分で完了した。一〇分でテロリストたちを殲滅し、残りの時間で人質を輸送機へと移し、人数を数え（数が合わなければ数え直し）、それから出発して翌朝イスラエルに到着した。救出された人質は一〇二名。戦闘中に命を奪われた人質は三名。負傷した兵士は五名のみだったが、ヨナタン・「ヨニ」・ネタニヤフ中佐が命を落とした（彼の弟ベンヤミン・ネタニヤフは、のちにイスラエル国首相となる）。

タミルは当時のことを振り返り、作戦の成功は計画立案者たちのおかげだと語る。「彼らこそヒーローだった。私たちの役割は現場で動くことだ。任務を遂行できるよう訓練されてきたからね」。ショムロンや計画立案者たちは、そうした任務が確実に成功するよう、すべての要素を調整したのだった——それは、計画の実行ではなく、計画を創造する行為だ。

「チェスのようなものだね」とタミルは言う。「やみくもに駒を動かすのと計画して動かす違いだよ」

しかしチェスのマスターたちは、ただ自由に想像力を働かせているわけではない。可能な動きを絞り込んで制限したうえで、次なる打ち手を考えるのだ。同じように、サンダーボルト作戦の立案者たちにとって重要だったのは、多様なアイデアを持つことだけではなかった。作戦にとって最も大切な奇襲という要件を踏まえ、アイデアを削っていくことも重要だった。ここでの鍵は反実仮想的な思考だけでなく、状況に応じて選択肢に制限を加えたり緩めたりしたことだった。

無限の想像に制限を設ける

「制約」は、因果関係と反実仮想に次いで、フレーミングが機能するために必要な三つめの材料だ。制約を設けないと、想像の幅が広すぎて因果関係のメンタルモデルとはまったく関係のない反実仮想をおこない、行動に必要な情報を引き出せない可能性がある。行動可能な選択肢を考え出すためには、想像を適切な範囲に限定する必要がある。

制約とは、反実仮想的な思考を一定の形に留めるためのルールや縛りのことだ。そうした制約は自由に変更を加えることができる。制約を緩めたり厳しくしたり、別の制約を加えたり、過去の制約を取り除いたり。制約を設けることで、フレーミングは認知の範囲を意味するだけでなく、実のある行動の基盤となる。イスラエル軍がエンテベ空港旧ターミナルのモデルを建てて兵士の訓練をおこなったのも、その一例だ。アメリカの連邦準備制度理事会のベン・バーナンキ議長の例を振り返ってみてもいい。二〇〇八年の九月、彼は「政府は市場に介入しない」という思想上の制約を緩め、反実仮想的な思考を用いて「ヘリコプターマネー」という景気対策を考案し、実行に移した。制約は、いま起きていることを説明するのに役立つだけでなく、どのように対応すべきか適切な方向を指し示してくれるものでもある。

フレーミングの力に優れた人々は、想像の範囲を限定する必要性を理解している。そうした認知的な抑制、意識の枷《かせ》は、ビジョンを妨げるものではなく、導くものだ。制約はリスクを取れる範囲を設定することにより、創造性を狭めるどころか解き放つのである。

イノベーターのなかにも、創造性を発揮するべく積極的に制約を歓迎している者たちがいる。一九六〇年に言葉遊びにあふれた巧みでシュールな物語『Green Eggs and Ham』（未邦訳／緑のたまごとハム）を生み出した人気絵本作家セオドア・スース・ガイゼル（通称ドクター・スース）もそうだ。スースの友人でもあった出版人ベネット・サーフは、一音節の単語五〇個だけで一冊の本を書くことなど不可能だと主張し、五〇ドルを賭けた。小さな子供たちの言語学習を手助けするような種類の本において、限られた語彙で作られていることはセールスポイントになる……とはいえ、この人為的な制約は極端なものだった。それでも、作家としてのプライドをもったスースは、そうした本が可能であることを証明せずにはいられなかった（そして一音節の単語四九個と、五〇個目の単語「anywhere」を使って賭けに勝利した）。『緑のたまごとハム』は、歴代屈指のベストセラー絵本となっている。その本の一節にあるように、船《ボート》でヤギ《ゴート》と読むことだってできる。

アメリカの振付師マーサ・グラハムは、彼女のダンスに魅了された観客たちには気づかれないような形で、従来の制約を取り払い、新しい制約を設けることでモダンダンスを発展させた。彼女が振り付けを始めた一九二〇年代には、女性のダンスといえばたいていバレエのようなクラシカルなものだった。身につけたコルセットによって、女性は動作や、とりわけ呼吸を制限されていた。ダンサーの胴体から窮屈な衣装を取り去ることで、グラハムは女性たちの運動能力を解放し、それまで以上のスタミナとスタイルを与えた。その解放には、象徴的な価値もあった――当時の女性たちに押し付けられていた息の詰まるような社会的制約からの解放だ。

一方で、完全なる自由となってしまうことを避けるために、彼女は新しい制約を設ける必要もあった。そこで用いられた「グラハム・テクニック」は、モダンダンスの基礎となっている。それは、弛緩と収縮という対立する呼吸サイクルに依拠したものだ。また、その他の制約としては、一九三〇年に発表された彼女の代表的な作品「ラメンテーション」がある。ダンサーは、チューブ状の布をまとい、まさに文字通り拘束されたような形で踊る。さらにグラハム・テクニックは、他のダンスカンパニーが想像もしないような制約も設けている。「グラハム・テクニック」という言葉は、商標登録されているのである。

ドクター・スースやマーサ・グラハムの例のように、制約は力を限定するものではなく、新しい可能性が生まれる機会として機能するものでなければならない。建築家のフランク・ゲーリーも、自身がクリエイティブな面で成功をおさめた真の鍵は、制約を乗り越えていく必要があった点にあると言う。「アーティストとして、私には制約が課されていた。重力もそのひとつだ」。そして彼は笑い声を上げながら、こう付け加えた。「でも、そうしたあらゆる制約のなかにも、自分のアートを生み出せる一五パーセントの自由がある」。ゲーリーは、裕福なパトロンに向けて何の制約もなしに邸宅を作る仕事こそ、何より難しいものだったと語っている。彼は途方に暮れてしまったのだった。完全に開かれていると、何も詰め込めなかったのである。

まさにこの点において、制約——私たちが夢を描くオープンなキャンバスに枠を設けること——は、やはり力を限定するというより解放するためのものだと言える。しかしながら、重要なのは制約自体ではなく、制約をどう生かすかだ。制約を変えていくことで、想像する仮想現実も変化する。つまり重要なのは、自分の想像に制約を設けるという行為だ。制約を緩めたり厳しくしたりする行為は、複雑な機械のバルブを操作するのに似ている。価値ある成果を生み出すためには、適切な組み合わせで調整をする必要がある。

写真を例にあげよう。写真を撮るとき、たいていの人がカメラに求めるのは、輪郭がシャープでくっきりとした写りになることだ。しかしながら、どのような写真になるかは、フォーカス、露光時間、レンズ口径、感度など数多くの制約要素が存在する。現代のカメラはオートモードへの切替えも可能であるため、これらの要素はカメラが自力で選ぶことになる。しかしプロのカメラマンは、どの要素を生かし、どの要素を抑えるか――たとえば、どこにクッキリとフォーカスを合わせ、どこはあえてボカすかなど――を自分で選択し、最終的な仕上がりを自覚的に作り上げていく。

制約をきめ細かに調整して、適切な反実仮想をおこなうことがポイントだ。しかし、どの制約を緩めていくのが適切なのだろう？　重要な制約は限られている。マーサ・グラハムはダンサーの胴部を解放したが、チュチュスカートの廃止などはおこなわなかった。同じように、ドクター・スースは絵本に使う単語の数という制約は受け入れたが、（フランスの小説家ジョルジュ・ペレックが一九六〇年代に実践したように）「e」という文字抜きで本を書こうとはしなかった。間違った制約にこだわっていては、必要な想像をすることができない。かといってすべての制約に注意を払うこともできない。制約が少なすぎると重要な部分に焦点を絞り切ることができない。そして制約が多すぎても、重要な何かを見落としてしまう可能性がある。

そのため最初のステップとして、各フレームのなかには柔らかい制約と固い制約の両方が存在していることを理解しなければならない。柔らかい制約は訂正や修正が可能であり、大きな労力がかかったとしても調整や変更ができる。固い制約は固定的で、不変で、不可侵なものだ。固い制約は、当該のメンタルモデルの中心となる考えを捉えたものだ。つまり、この種の制約を無視することは、そのメンタルモデル自体を手放すことに等しい。財務会計のフレームを用いているときに、二＋二＝四といった基本的な計算の制約を受け入れなかったときなどが固い制約の放棄に該当する。固い制約を放棄することは、フレームを放棄することと同義なのである。同じように、キリスト教の神学者が反実仮想的な思考で聖書の新しい解釈について考える場合、「神という存在への信仰」は固い制約だと言える。その制約を放棄することは、自分が用いているフレームを手放すことに等しい。

反実仮想をおこなう際の制約を選んでいくときは、最も不可欠である固い制約は手放さないよう注意する必要がある。そのうえで、そのほかの柔らかい制約を加え、その結果を確かめていきながら、柔らかな制約の調整を繰り返す。このようにして柔らかな制約を賢く選んでいく作業は、科学というよりアートだ。しかしそうは言うものの、選択のガイドとなる三つの原則が存在する。それが可変性、最小限の変化、一貫性だ。可変性とは、いつでも修正可能な制約を用いること。最小限の変化とは、柔らかい制約の変更は劇的にではなく緩やかにおこなうべきだという意味である。一貫性とは、調整した制約が別の制約と矛盾してはならないという意味である。一つずつ見ていこう。

可変性の原則

人は現実とは別の選択肢を想像するとき、自分が変えられると思っている部分に想像を集中させる。たとえば、外にいてミーティングに遅れそうになっているとき、行き先へ向かう別の選択肢を想像することだろう。駅で待つリスクはあるものの、地下鉄に乗るべきだろうか。地下鉄は乗りさえすればダウンタウンへと早く向かえる。あるいは目的地付近で渋滞につかまるリスクはあるものの、タクシーに飛び乗るべきだろうか。そうすれば待たずにすぐ移動ができる。あるいは交通機関そのものを放棄して――自分でコントロールできないものに運命を託すのをやめて――迅速に歩いて向かうべきか。

意思決定には、無数の可能性やトレードオフが絡んでいる。複数の選択肢を検討し、一番早く着くであろう方法を選択するにあたっては、意識のなかで時間を進め、シミュレーションをおこなうことになる。しかしシミュレーションのなかで、瞬間移動をしたり、すべての信号が青になっている状況を想像したりはしない。そういう状況を期待はするかもしれないが、この現実に即した世界を想像する。ここで自分が変えられるのは交通手段だけだ。

この可変性の原則をうまく取り入れている企業が、イーロン・マスクの創設したスペースX社だ。「再使用型ロケット」の開発を牽引してきた企業である。こうしたロケットは航空技術者たちの長きにわたる夢であり、SFの世界の定番だった。しかしNASAの研究者たちが一九六〇年代や七〇年代に再使用型ロケットについて検討を重ねて考案したのは、地球に戻ってきたときに飛行機のように着陸できる翼のついたロケットだった。ここで想定されていたのは「地球に帰ってきたロケットが元の場所へ戻っていくには揚力が必要だ」という制約だった。こうして、飛行機のような形の「スペースシャトル」が誕生した（この制約からは、ハンググライダーも生まれた。一九六〇年ごろ、地球へ帰還するスペースカプセルの回収方法を探っていたNASAの技術者フランシス・ロガロが考案した）。

しかし翼は重くて分厚いため、生み出す揚力は翼のサイズによって変わる。翼が大きいと揚力も大きくなるが、より重たく分厚くなり、打ち上げ時の空気抵抗も強くなってしまう。こうした諸々の制約を踏まえると、出来上がったシャトルシステムは妥協点の多い問題含みのものだった。シャトルの外側には毎回燃え尽きる巨大なタンクが取り付けられ、本体部分も滑空性能が非常に低かった。揚力に関する制約を設けたが、NASAは翼とパラシュートしか選択肢を想像できず、しかもこれらの選択肢にはさまざまな欠点があった。

対照的に、とりわけセンサーや演算能力における革新的なブレイクスルーの数々のおかげで、スペースX社は揚力に関する制約を緩めることができた。スペースXもNASAと同様に地球に帰還したロケットの回収を目指して落下速度を落とす方法を考えていたが、ロケットの一段目部分のモーターを再点火して直立の姿勢で着陸させる方法に焦点を絞ることができたのだった。その狙いは、着陸に空気力学的な揚力ではなくロケットの力を頼ることだった。それは大胆な試みだった。なぜなら、離陸時に使用したエンジンを再点火せねばならず、ロケットの落下速度を緩めるために燃料を十分な量（しかし燃料は重いため適切な量だけ）確保しておく必要があったからだ。それに、エンジンの逆噴射による着陸時の姿勢制御システムも作らねばならなかった。スペースシャトルは複雑な物理構造を必要とする一方で、スペースXの多段式ロケット「ファルコン」の一段目は物理構造としてはかなりシンプルではあったが、はるかに複雑な姿勢制御システムを備えていた。テクノロジーが進化したことで、そうした複雑な制御が可能になっていたのだった。

ポイントは、どの制約が変更可能かを理解することだ。スペースXは、地上に着陸するロケットのスピードを落とす必要があるという制約は受け入れたが、翼を使うのではなくロケットに搭載されたエンジンを使って減速するという方法を選択した。翼を使うという制約を変更可能なものと捉えて緩めることができたおかげで、スペースXの技術者たちは新たな可能性に目を向け、再使用型のロケットを開発することができた。

スペースXのロケット制御システムのように、技術の変化に合わせて、どの制約が変更可能かも変わってくる（テクノロジー自体もフレーミングの結果ではある）。変更する制約を選択するときは、どの要素なら自分たちが影響を与えられるかを見極める必要がある。それが可変性の原則の考え方だ。反実仮想を実効的なものにするためには、想像を広げるにしても守らねばならない部分――マネジャーなら予算、シェフなら調理時間など——の制約は緩めてはいけない。その代わり、人間の行動や選択をめぐる制約の変更を検討してみるべきだ。そちらの方が、有益な想像が広がる可能性がはるかに高い。

この原則は完全なものではない。本当は変更不可能なものを変えられると思ったり、その逆が起きたりもするだろう。しかし、この考え方には大きなメリットがある。自分たちが影響や変化を与え、形を変えられる物事に焦点を絞って推論をおこなうことが可能になるのだ。たとえば街にいてミーティングに遅れている場合であれば、空を飛ぶというSF的な空想ではなく、地下鉄かタクシーかの選択に絞ることができる。スペースXの例で言えば、ロケットの落下に対する別の解決策に目を向けることができた。エンテベの救出作戦においては、ショムロン准将はウガンダの兵たちと戦う準備をしたのであって、戦いのさなかに相手の忠誠心を変えようとしたわけではなかった。

私たちはたいてい、人間の行動は変更可能なものだと考えているが、それは人のなかにある因果的認知レンズが人間の主体的な行動選択を信頼するようにできているからであり、主体的に選択できるからこそ自分や周りをコントロールできるという感覚があるからだ。だからこそ人間の行動も変えられると信じており、他人の振る舞いや行動も変えていけると信じている。こうして行動に目を向けることは、フレーミングにとって欠点ではなく利点である。同様に、ある程度人間がコントロール可能な制約に目を向けることは、(可変性の原則が示しているように) どの制約を変更して代替案を考えていくことが最も効果的かを特定するのに役立つ。

実験では、ある興味深いささやかな欠点が特定されている。人間の行動はたいてい修正可能なものだと信じているかもしれないが、反実仮想を用いて異なる行動を想像しようとするとき、私たちは広く一般に受け入れられている社会規範の範囲内で考えてしまう傾向にあるのだ。たとえば、ミーティングに遅れているのにタクシーの列に並んでいるとき、慌てて電話を取り出してウーバータクシーを呼ぼうとすることはあっても、列を抜かしてタクシーに乗り込もうと考えることは少ない。

もちろん、社会規範も原理的には変更可能で、時と共に変化を遂げるものだ。しかしながら、頭のなかで反実仮想に制約を設けようと考えるとき、そうした規範は固定的で変更不可能なものだとみなしてしまいがちなのである。これはおそらく、人間が社会的な生き物であるからだ。社会に同化するためには、仲間はずれにならない範囲に自分の行動を留めるよう想像力を制限しておく必要があることを理解しているのである。だからこそ、タクシーの列を抜かすようなことはしないのだ。

最小限の変更の原則

制約を緩めたり厳しくしたりする際は、最大限ではなく最小限の修正に留めることを目指すべきである。変更は最小限に留めねばならない。仮想の現実に思いを馳せるとしても、その想像は今の現実とかけ離れたものよりも、現実に近いものである必要がある。そうすることで、実用的でない選択肢を考え出すリスクが減る。私たちが描く想像には、現実が透けて見える必要があるのだ。

最小限の変更の原則は「オッカムの剃刀」という考え方に沿ったものだ。問題解決における経験則のことを指したもので、よりシンプルな方を選ぶことが推奨されている。ある問題に対する複数の説明や解決策のなかから一つを選ぶときは、複雑でない方を選ぶといい。そちらの回答の方が、多くの要素からなる複雑で綿密な答えよりも、おそらく正確だ。この考え方は、(少し違った形ではあるものの)一四世紀にイギリスの修道士ウィリアム・オブ・オッカムが提唱したものだ。「剃刀」とは、不必要なものを削ぎ落とし、本当に必要な部分に焦点を絞ることとの比喩である。

最小限の変更の原則がどのように機能するかについては、一九八〇年代にヨーロッパで起きたスキャンダルを見てみよう。ワイン商たちが、ボトルに「不凍液」を混入していると告発されたのだ。何十年にもわたって、オーストリア南部のドナウ川沿いにあるブドウ畑では比較的質の低いワインが大量に作られていた。フルボディの濃厚なワインを作り、より高い値段で売るために、ワインに甘味を加えようと少数の商人たちがジエチレングリコールを入れ始めた(たしかに多量に摂取すると有毒だが、ジエチレングリコールは不凍液の主成分ではない。主成分はエチレングリコールだが、メディアは「不凍液」というインパクトの強い言葉を使わずにはいられなかったようだ)。

それが発覚したとき、ヨーロッパとアメリカの各機関はただちにオーストリア産ワインの販売を禁止した。西ドイツだけでも、三六〇〇万本ものワインが廃棄されることとなった。このスキャンダルに関わった有名なワイン醸造家は、みずから命を絶ってしまった。オーストリア産ワインの輸出量は九〇パーセントも減少してしまった。アニメ「シンプソンズ」には、この事件を題材にした回さえある。

発覚から二ヶ月も経たないうちに、オーストリアには新しい法律が制定され、厳密な管理、表示の透明性、厳しい罰金が求められるようになった。すべてのワインボトルがナンバリングされることとなった。この新しい現実を前にして、大量生産・低品質という従来のビジネスを続けることは経済的に不可能だった。この危機を脱する道を見いだすことができず、商売を諦める醸造業者もいた。しかし諦めなかった人々、特に若い世代の生産者たちは、新たな道を見いだした。

そうした生産者たちの解決策とは、ワイン作りをやめてリンゴやアプリコットを育て始める、といったことではなかった。自分たちのビジネスモデルに対して、ほんのわずかだが決定的な修正を加えたのである。彼らはブドウを育ててワインを作ることは継続したが、量ではなく質を売りにする製品に変えたのだ。これには、従来の伝統を打ち破るような行動が必要だった。ブドウは採れたもの全部を使うのではなく最高品質のものしか使用せず、ブランドの確立に多額の投資をおこない、ブドウ畑のそばに建築的にも美しいワインテイスティングセンターを作り、ワインツーリズムという新しいビジネスを促進した。

それは痛みを伴う移行だったが、成功をおさめた。はじめのうち生産量は大きく減ったが、品質が向上したおかげで価格も大きく上がった。二〇年後、この地域のワインは世界的なワインテイスターのロバート・パーカーから最高品質の評価が与えられた。この変化は、数字としても報われた。二〇一九年までに、輸出量はスキャンダル以前の倍となっただけでなく、輸出額は六倍にも跳ね上がった。ごく最小限の変化を加えただけ——育てる作物を変えるのではなく、製品を高級化するだけ——で、成功がもたらされたのだ。この新しい世代の生産者のひとりエーリッヒ・ポルツは言う。

「心の底から、この変化はオーストリアのワインに訪れた最高の出来事だったと思うね」

最小限の変更の原則は、反実仮想をおこなう際に私たちを一定の方向へと引っ張っていく。制約を加えるよりも省こうとするのだ。現実における何らかの特徴が抜け落ちた世界を想像する方が、まだこの世に存在しない特徴を組み込むよりも簡単だからである。これまでに見たことがない色を想像しろと言われても、きっとうまくいかないだろう。

最小変更の原則と可変性の原則を合わせると、ある行動が起きた場合よりも起きていない場合の方が反実仮想で想像しやすい理由が分かる。たとえば、殺人を犯していなかったら。運転手が車をぶつけていなかったら。関係が終わっていなかったら。ダブリン大学トリニティ・カレッジのルース・バーンは、「認知的労力」が原因だと指摘している。実験では、反実仮想をおこなって別の選択肢を考える際に、可変性のある行動を選択肢から一つ省く方が、取りうる無数の行動から一つを選んで加えるよりも、認知面での労力が少ないことが示されている。バーンは端的に、こう述べている。「何かをしないときより、するときの方が考えるべき物事が多いのです」

人はフレームを適用するとき、エネルギーや時間を消費するものよりも、効率的に処理できるものを好む。それによって道を誤ることもあるかもしれないが、人間の「怠惰」を利用することには、認知面での負荷を減らすことに加えて、物事が達成しやすくなるという利点もある。やる気のない相手に行動を起こさせるよりも、なんらかの行動をやめさせる方が簡単であることが多い。

一貫性の原則

柔らかい制約を選ぶ際の三つめの原則は「一貫性」だ。おそらく三つのなかで最も分かりやすい原則だろう。各制約は相矛盾するものであってはならない。別の現実を想像する際に、ある制約が別の制約に反していてはいけない。それらが矛盾していると、反実仮想も矛盾した内容となってしまう。つまり、たとえば物理法則を保ったまま人間だけがいなくなった世界を想像したいのなら、物理を無視した神の介入に依存するような制約を同時に持つことはできない。それは一貫性の原則に反するからである。あわれな弁護士が、依頼人は事件現場にいなかったのに、正当防衛のためにやったのだと主張するようなものだ。

可変性と最小変更の原則が「個々の制約をどう変化させ、繰り返し使っていくか」に焦点を当てたものだとするならば、一貫性の原則は、各制約間の関係性に目を向けたものだ。特に制約の数が多い場合、この原則を守っていくのが難しくなる。制約の数が多いほど、各制約同士が矛盾しない一貫した仮想の世界を想像することが難しくなるからだ。

制約間の一貫性に対する配慮については、二〇〇二年の映画『マイノリティ・リポート』でスティーブン・スピルバーグが描いた想像の世界が参考になるだろう。この映画は、フィリップ・K・ディックによる一九五六年の短編小説に基づくものだが、短編自体は短すぎて時代や場所などに関する設定がない。それらを作り上げる必要があったスピルバーグは、幼い頃からの知り合いであり、テクノロジーと未来予測の分野で第一線の思想家であるピーター・シュワルツに協力を求めた。

シュワルツは一九八〇年代にシェル社の名高い「シナリオ・プランニング」部門を率い、同社が地球温暖化といった長期的なトレンドに対して備えていくことに貢献した。彼のチームは、原油価格の暴落やソビエト連邦の崩壊を、実際に起こる数年前から予見していたことで知られている。このシナリオ・プランニングという手法を使って南アフリカの指導者たちもアパルトヘイト後の安定した未来を思い描き、それがアパルトヘイト解体につながったという情報が漏れ伝わってくると、シュワルツの力を借りようと世界中の政府から声がかかった。そんなシュワルツがスピルバーグから、テクノロジー業界で誰より優れた人間たちを集め、他の仕事と同じくらい知力を注いで二〇五〇年の世界を想像するよう頼まれたのだった。「スティーブンの目標は、何年もあとに『まさにマイノリティ・リポートで描かれていたような世界だ』と人々が口にするような仕上がりにすることだった」とシュワルツは振り返っている。

ハリウッドの映画制作では、長らく「コンティニュイティ・エディター（一貫性調整）」の係を設けてきた。ショットから補助的なサブプロットに至るまで、映画のすべての要素を完璧に一貫させるためだ。しかしスピルバーグは、そのレベルをもう一段階引き上げた。一九九九年、カリフォルニア州サンタモニカのビーチ沿いにある高級ホテル「シャッターズ」の会議室で三日間の「アイデア・サミット」が開催され、十数人の専門家が集められた。仮想現実（VR）のパイオニアであるジャロン・ラニアーも参加していて、装着すればジェスチャーでコンピュータを操作できる手袋のプロトタイプについての説明をおこなった。これは映画の冒頭でトム・クルーズが指揮者のように優雅な動作でバーチャル・スクリーンを操作するシーンにつながっている。同じく参加したX世代の作家ダグラス・クープランドは、制作陣が使えるようにアイデアを本にまとめ、のちにその本は「聖書《バイブル》」と呼ばれるようになった。映画の美術担当や脚本家たちも同席して話に耳を傾け、時おり意見を交わし合った。

「スティーブンからはいくつかの要件が課されていて、私たちはそれを工夫して乗り越えねばならなかったんだ」とシュワルツは語る。「たとえば彼は言うんだ。『僕の描く未来の世界には渋滞など存在させたくない。そこは人類が交通問題を解決している未来だからね』。だから、解決策を考えて言ったんだ。『もう横に進んだりはできないね、上空を進むしかない』。映画を観た人なら分かると思うけど、作品内では建物と道路が一体になっていて、頭上を走る道路から直接マンションの部屋の外に乗り付けることができる」

乗り物をトム・クルーズのマンションの部屋に外から直接乗り付ける形にしたのは、ミュージシャンのピーター・ガブリエルのアイデアだった（彼はアイデア・サミットの参加者ではなかったが、このイベントの数日前に彼と出くわしたシュワルツは、映画について議論していたのだった。シナリオ・プランナーは生活すべてが仕事なのだ……）。

しかしながら、この世界作りを成功に導いたのは、彼らがひねりだした未来像ではなく、彼らが課した制約の方だったと言える。たとえば、この作品の美術デザイナーたちが舞台となったワシントンDCの風景として、壁のようにそびえたつ黒御影石でできた六〇階建ての建物群を詳細に描いて持ってきたとき、専門家たちは叫ぶように声を上げた。

「建築制限にひっかかる！」。MITの建築学部の学長はからかうように言った。

「それが何か問題でも？　これは未来の話です」とデザイナーたちが悪びれず尋ねた。

「建築基準法は決して変わらない」し、「首都は保存されるものであり、モダン化されるものではない」と専門家たちは声を揃えて反論した。

「都市には『時間的奥行き（time-depth）』というものが存在するんだ」とシュワルツは忍耐強く説明した。「都市全体は一斉に生まれるわけではない。百年の歴史を持つ部分もあれば、生まれて二年しか経っていない部分もある。さまざまな時代の建物が共存しているんだ」

それでも、まだ不満げな脚本家たちもいた。

「そういう背景にするとドラマチックでなくなり、より現実っぽくなるからね。でもスティーブンは、いつもリアリズムを求めていた」とシュワルツは振り返る。しかし大きな例外が二つあった。

一つめは、トム・クルーズが乗る流線型の空飛ぶ車だ。

スピルバーグは、この車にはダッシュボードが必要だと主張した。

その車は音声で起動する自動運転車なんです、と専門家たちは反論した。しかしスピルバーグの意志は固かった。キャラクターにはどこか視線を向ける場所が必要で、カメラにはどこかレンズを向ける場所が必要だ――我々は映画を作っているのである。

二つめの例外は、背中に背負って噴射し空を飛ぶジェットパックに関するもので、これもすぐに決着がついた。

シュワルツは、満面の笑みで語る。「私は言ったんだ。『スティーブン、物理学的にはジェットパックは必要ないんだ』。すると彼は『僕の警官たちはジェットパックを着用する』と答えた。スティーブン・スピルバーグだったら、警官にはジェットパックを着用させるというわけさ」

『マイノリティ・リポート』の設定を築き上げる作業は、想像した別世界の一貫性にこだわり抜いた極端な例だ。映画が二〇〇二年に公開されて高い評判を得たのは、作品が未来的でありながらもどこか親しみを感じさせるものであったことが大きい。ガジェット、建物、車のダッシュボード、そして網膜スキャンによるパーソナライズされた広告などの設定が決まると、それらが書き込まれた八〇ページのバイブルは脚本家、編集担当、セットデザイナーらによって何度も読み返され、一貫性が保たれたのだった。

この作品の想像世界は、制約を設けるだけでなく、制約同士が矛盾せず一貫していたことで機能した。現在、『マイノリティ・リポート』でプロダクションデザインを手掛けたアレックス・マクダウェルは、「世界構築」と呼ぶこの手法を他のプロジェクトに導入していく手助けをするビジネスをおこなっている。この手法を採ることで、企業に妥当性の高い未来のシナリオを想像させるのだ。クライアントには、ナイキ、フォード、ボーイングなどが名を連ねている。「一貫性」こそ、制約の中心にあるものだ。

シンプルなモデルとシミュレーション

可変性、最小変更、そして一貫性は、反復して反実仮想に制約を設けていく際の原則だ。これは巨大な試行錯誤のプロセスだと考えてしまいがちだ。ある制約を緩め、それに合わせて仮想の世界を想像したら、その世界を検証し、それからまた別の制約を緩めてみて別の世界を想像し、ふたたび検証する。そうやって数々の異なる世界が作られ、それゆえに数々の選択肢が生まれる——そして、そのうち一つでも優れたものがあることを願う、というわけだ。しかし、この捉え方は間違っている。

制約を設けることの要点は、想像する代替現実の数を最大化することではない。要点は、効果的な選択肢を自分が扱えるほどの数だけ迅速に特定することだ。目的は、探索空間を絞り込むことにある。第二章で紹介したデネットのロボットにはそれができず、爆発という結果に終わってしまった。

どのようなフレームにも、その核にはトレードオフがある。制約が少ないほど、一つのフレームから生み出せる代替現実の数は増える。これにより、意思決定者が持てる選択肢の数は増えるが、選択肢が多いとはつまり、実行不可能なものも多く含まれるということであり、それらを取り除く必要もある。一方、制約が多いほど、一つのフレームから引き出される選択肢の数は少なくなる。これにより、意思決定者は焦点を絞ることができるが、よりよい選択肢を見逃すリスクも抱えることになる。

どの制約を調整するかを特定するとはつまり、自分たちが思い描く代替世界のある側面を選択し、別の側面を切り捨てることを意味する。ショートカットの一種であり、有益で効果的な種類のものだ。制約は、私たちの選択にとってのフィルターとなる。人間の脳はあらゆる点できわめて優れた能力を持ち合わせているとはいえ、自由に思い浮かべた選択肢すべてを効率的に検討することはできないため、制約が活用されるのである。それを使わないと、時間と労力がかかりすぎるのだ。

制約は、言うなれば効果的に代替現実を築き上げるにあたっての「建築基準法」である。その建築は、頭のなかだけでなく現実の空間でおこなわれることもある。メンタルモデルの補助として、実際にモデルを作ってみることがあるのだ。エンテベ空港の救出作戦時に作った訓練用の現場モデルと同じように、こうしたモデルの物理的な制約は、頭のなかで想像する際に守るべき認知的な制約と等しい。たとえば建築モデルや、児童交通公園、あるいはロッククライミングを考えてみるといい。それらは、ユーザーを特定の代替現実に置くために、制約を意図的に選んで「具現化」したものだ。

モデルの利点は、周りにほとんど影響を与えないまま、意識的にも物理的にも試し、備え、可能性を探ることができることだ。子供が「ごっこ遊び」をして因果関係を理解したり反実仮想的な思考の経験を積んだりするのと同じように、大人はモデルとシミュレーションを使って特定のタスクに対する思考を磨いていく。メンタルモデルが複雑になりすぎたときや、そのモデルを見失わないようにしたいとき、モデルの一部を外部化するのである。

意識のなかでの制約は、（気軽ではないものの）打ち破ることができる。しかし物理的にシミュレーションされたモデルのなかでは、制約が形として組み込まれているため、柔軟性がかなり低くなる。飛行機のフライトシミュレーターは、まさに完璧な例だ。このシミュレーターには、パソコンや携帯で遊ぶようなものから、プロが訓練するような洗練された機械まで、さまざまな種類が存在する。だがそれらはどれも空気力学の法則に則ったものであり、操縦装置も実際の航空機のように機能する。シミュレーターは、すべての行動を逐一再現するのではなく、まさに制限を設けたなかで再現するからこそ、現実的なものになりうるのだ。制約があるおかげで、限られた数のインプットと、それに対して起こりうる反応に焦点を絞ることができる。最も重要だと思われる部分に意識を絞ることで、飛行技術を教え、パイロットの意思決定を向上させることに役立つのだ。

「最も重要だと思われる部分」という点に注目しよう。こうした意識の集中には欠点もある。「地図は土地ではない」という言葉があるように、フライトシミュレーターは表象であり、現実ではない。飛行のある側面に焦点を絞るものであるため、つまりは別の側面を無視することになる。たとえば初歩的なフライトシミュレーターであれば、自機以外の飛行機の存在は想定されていないため、飛行機で混み合うニューヨーク近郊の空を飛ぶ訓練にはならない。それを訓練するためには航空交通の制約を踏まえた洗練されたシステムが必要となる。

フライトシミュレーターよりもさらに制約が多いのが、現実に作った物理的なモデルだ。そうしたモデルはソフトウェアで作られたものより修正が容易ではないものの、物理的に存在するため、侵すことのできない固い制約が強調される。すべてのモデルと同じように、こうしたモデルの目的も、重要な部分に意識を集中しやすくすることだ。あるモデルの価値は、含まれる情報と同じくらい、無視される情報にも宿っている。

その例として、あまり知られていない驚くべき史実が存在する。一九五二年、カナダのオンタリオ州にある原子炉で電力サージが起こって燃料棒が過熱され、部分的なメルトダウンが発生した。この原子炉はニューヨーク州との境から車でわずか数時間の場所にあり、アメリカの兵器に使うプルトニウムの濃縮にも利用されていた。そのため、アメリカ海軍の原子力潜水艦のチームが、この緊急事態を迅速かつ内密に処理するよう命じられた。それを率いていたのがジミー・カーターという名の二八歳の中尉だった。のちに第三九代アメリカ合衆国大統領となる男だ。

チームは、原子炉を安定化させるべく内部深くに侵入していく必要があった。しかし放射線量が高すぎるため、九〇秒間しか炉内に入れない。そのためチームはまず、近くのテニス場に原子炉の物理モデルを作り、演習をおこなうことにしたのだった。カーターは、この任務について「仕事の時間になると、私たちチーム三人は、この実物大の模型で何度も訓練し、道具が正しいものであることや、その使い方を間違いなく理解しているかを確かめた」と記している。

「ついに、白い防護服を着て原子炉に入っていき、制限時間内に決死の作業をおこなった」と彼は言う。「チームのメンバーがボルトや部品を取り外すたびに、模型の対応箇所も同じように外された」。その物理モデルは厳密なレプリカではなかった。訓練をおこない、何をすべきか意識のなかで想像するのに必要な特徴さえ備わっていれば十分だったのである。

より高度で繊細な作業を必要とする医療の分野でも、同様のモデルが導入されつつある。ボストン小児病院とハーバード大学医学大学院の小児シミュレータプログラムでは、ピーター・ワインストック博士がシミュレーションという考え方を、主に珍しい手術や複雑な手術に取り入れようと試みている。ワインストックは、医師、看護師、コンピュータ・デザイナー、そしてハリウッドの特殊効果アーティストたちとさえ手を組んで、生体解剖学的に正確なマネキンを作り上げた。

これにより、外科医は現実に近い状況で何十回も手術の練習をしてから実践に挑み、たった一度の本番でも成功をおさめられるようになる。「切るのは一度。でも手術は二度」が、この取り組みにおけるワインストックの非公式のモットーだ。このモデルと手術シミュレーションを効果的なものにしているのも制約である。このマネキンは、人間の全身や、生物学的・生理学的な条件および反応を全面的に再現しているわけではない。外科のチームが実際の手術へ挑む前に意識に留めておくべき重要な部分だけが再現されている。このシステムの偉大さは、何を残すかと同じくらい、何を省くかにある。どこに焦点を絞るかに強みが現れるのだ。

力を制限するのではなく、力を与えるもの

制約を適切に導入すると、意思決定に向けた現実的な選択肢を特定することができる。それは私たち一人ひとりにとって役立つことだが、広く社会全体にもメリットがある。個人が選択肢をうまく揃えられるようになると、各自が目標を達成して世界に影響を与えられるようになり、周りの人々にとっての現実も変えていくことになる。たとえばトーマス・エジソンは、たんに電球のフィラメントを発明し、自分を照らす光を生み出したのではない。彼の発明が実を結んだとき、全人類が恩恵を受けることとなったのである。フレームを向上させるために各自がうまく制約を設けられるようになればなるほど、私たち全員の生活が向上していく。

フレームは(因果推論を用いて)理解し、(反実仮想を通して)行動する力を与えてくれるだけでなく、(制約のおかげで)そうした行動を実際に役立つものにしてくれる。制約を設けながら今ある現実とは別の選択肢を想像することで、私たちは影響を与える行動へと、そして効果的な行動へと向かっていく。そうして達成したことは、他の人もたどることができる足跡となる。私たちが残すフレームは誰でも導入や適応や活用が可能なものなのだ。

これは、機械による意思決定には当てはまらない。コンピュータは、因果関係を考えたり、反実仮想をおこなったりすることはできない。また、自分で制約を考え出すこともできない。アルゴリ

ズムは、自分自身に限界や制約を設けることができないのだ。これは実に驚くべきことである。コンピュータには膨大な処理能力があるのだから、人間よりもはるかに大きな意思決定空間を、はるかに効率的かつ迅速に探索できるはずだからだ。

しかし機械の問題は、情報処理能力がもっと必要であるとか、選択肢を作り出す能力がさらに必要だということではない。はるかに多くの選択肢を持っているがために、機械の方がさらなる拘束条件を必要とするのだ。つまり、時間の都合上、機械が検討すべきでない選択肢を定める必要がある。そうした拘束条件がなければ、機械は際限のない意思決定空間と向き合わねばならず、時間内に最適な解決策を導き出すことに失敗してしまうだろう。一方、人間のフレームはこうした難題に対処できる。その事実は、この機械の時代における人間の優位性を浮き彫りにするものだ。

音楽を例に挙げよう。研究者たちは何十年にもわたりコンピュータに作曲させようと試みてきた。最近ではＡＩが作った音楽も向上をみせ、人間が作ったメロディと区別がつかないことも多い。しかし詳しく見てみると、こうした音楽生成システムは、人間のフレームや、人間が課す制約に依存したものであることが分かる。たとえば、グーグルのチョンチー・アナ・フアンら研究者が開発したＡＩ音楽生成システム「Coconet」は、ヨハン・ゼバスティアン・バッハの四声コラール三〇六曲のデータをもとに訓練したものだ。

Coconetは美しい音楽を生み出す。しかしそれはＡＩのおかげというより、バッハのおかげだ。

彼のメロディラインの簡潔な構造と豊かなハーモニーが理想の訓練データだったのである。このシステムは、楽譜データベースからランダムに音符を削除し、そこに最も合うであろう音をモデルが予測することで楽曲が生成される。しかしながら、このＡＩシステムは三〇六の楽譜に基づくという制限を持たせることで機能している。しかもそのデータ自体、一七〇〇年代にバッハが作った音楽だ。その音楽は彼のメンタルモデルが表現されたものであり、意図的な「よく調律された」制約が体現されたものである。

コンピュータは計算する。一方で、人間の意識は想像する。人は現実を踏まえながら、自分たちが設けた制約の範囲内で仮想の現実を思い描くことができる。そんな風にして、今の現実をただ受け入れるのではなく、何が可能であるかを想像して実現させていくことで、世界を向上させることができるのだ。

因果関係、反実仮想、制約

反実仮想と制約を組み合わせたときにこそ、フレームが磨かれる。私たちが想像する代替現実は、その状況に最も合うように制約を厳しくしたり緩めたりすることによってのみ実際に役立つものとなる。制約を調整することで、その状況にとって重要な新しい選択肢を考え出すことができるのだ。

インドのインターネットスタートアップ企業「フリップカート」は、その一例だ。アマゾンにとってインド最大の競合相手である。同社のシェアは、インドのＥコマース市場の四〇パーセント近くにも上っている。目覚ましい成功をおさめているため、二〇一八年にはウォルマート社が過半数の株式を取得し、経営支配権を獲得したほどだ。フリップカートの成功要因は、ネットでの商品販売のまったく新しいフレームを生み出したからではなく、標準的なＥコマースのフレームに含まれる制約を一つ周到に緩めたからだった。フリップカートは、商品を代引きで発送することにしたのだ。それはインドのようにデビットカードを持つ人が少ない国にはうってつけだった。

このように制約をうまく調節して見事に新しい選択肢を想像したのが、バンド「ブラック・アイド・ピーズ」でフロントマンを務めるウィル・アイ・アムだ。音楽業界の慣行では、アーティストに多少の前払金を支払うことで、企業が音楽の権利の大半を確保する。ミュージシャンは金銭的に余裕がなくてすぐに金が欲しいだろうし、音楽会社はリスクを負っており、投資額を回収できない可能性があるのだから、という考え方だ。

「レコードを売ったときと、幸運にもドクターペッパーのＣＭ用に曲を作ったとき、それぞれどれだけ儲かるかを知った。自分は三〇秒の曲で母をスラム街から引っ越させることができた。その一方で、それまでに作った二枚のアルバムは、だいたい二時間分の音楽だったが、それで口座に入ったのは二万ドルだけだった。そのとき、まったく別の世界があることに気づいたんだ」

ウィル・アイ・アムは、ビジネスモデルの制約を変えることができると気づいたのだった。会社には今後作る予定の楽曲をマーケティングに使用する権利を売り、その楽曲に関する他のすべての権利は、自分で保持してマネタイズするのだ。レコーディングスタジオに入る前に資金を持てると、可能な限り最高の曲を作るためにその資金を投入することができ、それゆえにヒットする確率が高まるんだ、と彼は大きな笑みを浮かべながら語る。それは音楽制作ビジネスを再想像する前例のない試みだったが、彼は見事に成し遂げた。

インドのEコマースサイトであれ、「Don't Phunk with My Heart」のようなシングル曲のマネタイズであれ、これらのケースは反実仮想と制約の組み合わせによってどれほど多様なものが生まれるかを示している。どんなフレームからも、制約を設けて形を変えていけば、革新的で効果的な新しい選択肢は生まれうるのだ。

制約を適用する力は伸ばしていける。最初のステップは、制約がすべてのメンタルモデルに必要なものであり、制約には一かゼロかではなくグラデーションがあるものだと理解することだ。可変性、最小変更、そして一貫性の原則は、自分のアイデアや想像の範囲を限定してくれるものだ。また、自分が思い描くシミュレーションの精度を上げるためには、物理的なモデルを作ったり、デジタルソフトウェアに落とし込んだりして制約を外部化することもできる。建築家、外科医、そして兵士たちは、それを実践している。学生も、ビジネスパーソンも、政策決定者たちも、もっと活用できるはずだ。

フレームは人生をどう生きるかにも影響を与える。因果関係に目を向けることで理解が生まれ、反実仮想をおこなうことで選択の自由を手にし、フレームに制約を設けることで現実に即した行動につなげることができる。でも、フレーム自体が不十分である場合はどうすればいいだろう？　ときには、いわゆる「リフレーミング」をおこなう必要がある。

第6章
リフレーミング
時にはフレーム自体を入れ替えたり、新しく発明することが必要

ペーター・ハーベラーは空気を欲して喘《あえ》いでいた。数分前まで、四つん這いになりながら進んでいたのだ。地面の勾配が緩やかになった今、彼は立ち上がって慎重に前進していた。強い風が吹き、雲が押し流され、チラホラとわずかに視界が開ける。彼の数メートル前に立っているのはラインホルト・メスナー。そして彼の右側に立っているのは、山頂を示すアルミ製の三脚。それは一九七八年五月八日午後一時過ぎのこと。ハーベラーとメスナーは世界最高峰のエベレスト山頂へとたどり着いたのだった。しかも、酸素ボンベを使用せずに成し遂げたのだ。

これは重大な瞬間だった。当時考えられていた人間の能力の限界を塗り替えたのだ。一九五三年、

エドモンド・ヒラリー卿とテンジン・ノルゲイが史上初めてエベレストの山頂に到達した。それから二五年のあいだ山頂へとたどり着いたのはわずか数名で、その誰もが酸素ボンベを携行し、いわゆる「極地法」で登頂していた。海抜二万七〇〇〇フィート以上の高所に通常の酸素なしでいると死の危険がある、あるいは少なくとも脳への深刻なダメージがある、というのが医学の一般的な見解だった。空気が薄すぎて命を維持できないというわけだ。エベレストの山頂は二万九〇〇〇フィートを超えている。

そのため、エベレストを登る唯一の方法は酸素ボンベを携行し、ベースキャンプを設営しながら進むことだ、という思考になる。そのためには、大規模な物資補給活動が必要で、何十人もの参加者がピラミッドのように連なって、登頂する小チームを頂上へと押し上げていく。一九五三年のヒラリーの登頂には、およそ四百人が参加し、その大半が荷物を運搬する係だった。

ハーベラーとメスナーが持っていたのは、それとはまったく異なる考えだった。メスナーは南チロル出身のイタリア人、ハーベラーはオーストリア出身で、二人とも東アルプスで育っていた。一〇代や二〇代の頃には、「アルパインスタイル」と呼ばれるスピード重視の新しい登山法に進んで取り組んだ。素早く登るのであれば、装備を軽くすることができる。テントも、寝袋も、食料も、余分な衣服も、その他の物資も必要ない。彼らはその四年前に、この登山法が優れたアプローチであることを証明していた。彼らは、険しいことで有名なアイガー北壁の登頂時間を競うレースに参加した。およそ六〇〇〇フィートの岩壁であり、経験豊富な優れた登山家たちでさえ山頂まで（たどり着けたとしても）三日以上かかる。ハーベラーとメスナーは、それを一〇時間で登り切り、道中では三つの登山隊を追い抜いた。これは新記録だったが、より重要なのは、アルパインスタイルというフレームの妥当性が証明されたことだった。

そして三〇代の経験豊富な登山家となったハーベラーとメスナーは、地球上で最も高いエベレストに照準を定めた。多くの登山者がさまざまな山を登頂するにつれ、医療の専門家たちはかなりの高度でも人間が短期間なら生きていられることに気づきつつあった。ポイントはどれほど高いかではなく、そうした高度にいる時間だったのだ。ハーベラーとメスナーは、この点に挑戦のチャンスを見いだした。従来の極地法は酸素や食料の供給が必要であるために動きが遅くなっている。だがアルパインスタイルなら、重い荷物はすべて置き去り、山頂まで迅速に登っていくことができる。「速く登る必要があることは分かっていた。それに挑戦してみたいと思ったんだ」とハーベラーは語っている。

一九七八年の春に、二人は挑戦のチャンスを得た。

山頂へ向けた最終アタックの前日、二人は標高二万六〇〇〇フィートの凍えるようなキャンプ4に到着した。そして翌朝早くに出発した二人は、すぐに酸素不足を感じた。意識が薄れていく。一歩一歩が苦しい。雪は深く、霧は厚い。そうやって雲の高さにたどり着くと、風が強く吹き始めた。

嵐が来ている。彼らは進みつづけた。四つん這いになって。息を切らしながら。すると、もう先に道はない。彼らは世界の頂上に立っていたのだった。

あまりの喜びに抱き合い涙を流しながら、二人はその瞬間を噛み締め、写真を撮った。それから、ふたたびアルパインスタイルのフレームを持ち出して、キャンプ4へと急いで戻った。山頂へ行き、戻ってくるまでは、わずか九時間しかかからなかった。酸素ボンベを持っていたとしても、登頂は大変な偉業だった。

登山界は騒然となった。もちろん、二人は一九五〇年代の「極地法」での登頂以降の技術発展による恩恵は受けていた。ロープは軽くなり、用具はコンパクトになり、服は温かくなっていた。何より重要な装備であるブーツも進化していた。従来のブーツは革でできていたため水分を吸って凍り、固く、冷たく、重くなる。ハーベラーとメスナーが使用したブーツはカスタムメイドで、より暖かく軽いだけでなく、より動きやすいプラスチック製だった。

現在七〇代でオーストリア・アルプスの渓谷に暮らしているハーベラーは、自身の達成を振り返り、装備も心の準備も役には立ったが、それが最も重要なポイントではないと言う。何より重要だったのは、マインドセットを変えたことだった。

「私たちが追い求めていたのは、成功というよりは『新しいこと』だった」と、彼は自宅からのインタビューで語り、ドイツ語で「新しいこと《ダス・ノイエ》」を大きく強調していた。

それまでの登山隊は極地法というフレームを唯一有効なものだと考えていた。そして人は一つのフレームを適用すると、なかなかそれを手放せない。実際、多数の登山家チームは極地法のフレームを一度も疑わなかったばかりか、そのフレームにみずからを最適化していったため、より一層そこから抜け出せなくなり、それゆえにフレームが強化され永続していくのだった。

しかしハーベラーとメスナーは、別のフレームをもってエベレストに臨んだ。彼らにとってエベレストは東アルプスの山の一つにすぎなかった。ただ他よりも高いだけだ。その山をアルパインスタイルで登ることで、登山の新しいフレームの妥当性を裏付け、このスタイルが薄い空気のなかでさえ実行可能であることを証明した。彼らは、頂上を目指すことが組織的な計画の遂行というよりも、（もちろん、エクストリームな）スポーツや、個人的な達成の証となりうることを示したのだ。世界最高レベルの登山家たちのあいだでは、極地法のフレームは姿を消していった。人間に何が可能であるかを人々が目にし、新しいフレームを取り入れてからは、高度の高いところでの登山も冒険家や紳士の探検家たちの余暇だけには止《とど》まらないものとなっていった。

素晴らしい新フレーム

ときに、使っているメンタルモデルが正しくない場合がある。一つのフレームにこだわると、そのフレームでは重要な部分を捉えきれず、最適な選択肢を見逃してしまう可能性がある。そういうケースでは、前進するためにリフレーミングをおこなう必要がある。つまり、現在のフレームを新しいものと取り替えなければならないのだ。それは、頻繁に起こることではない。しかしうまくリフレーミングができると、新たな理解と、新たなタイプの選択肢がもたらされる。

リフレーミングは特殊な行為だ。人は通常、一つのフレームのなかにとどまり続けるからだ。それは私たちの欲求に沿ったことである。因果に基づく一つのフレームのなかで制約を調整していくことで、反実仮想を用いて有用な選択肢を想像でき、直面している難題を解決していくことができる。一つのフレームで過ごせば、それまでに培われたテンプレートに頼ることができ、すべてを一から考える必要がなくなるため認知面での効率が向上する。よく磨き上げられたメンタルモデルに固執することは、成功のための標準戦略であることも多く、認知における惰性の結果というわけではない。欠陥ではなく、人間の認知の特徴である。

ある面では、リフレーミングは制約の修正のように思えるが、実際はそうではない。あるフレーム内で、制約は不可侵なものであり、従来とは異なる新しい選択肢を排除するようなものに見えるときがある。そのため一つのフレームに留まると、不要な思い込みを生むことになる。対照的に、違うフレームへの切り替えは、新しくスタートする機会をもたらしてくれる。それはリスキーだが、うまくいけば大きな効果を発揮する。

ハーベラーとメスナーのリフレーミングは、ただ制約を調整しただけに見えるかもしれないが、それ以上のことだと言える。彼らが成功をおさめたのは、登山というものに対して「スピード重視」という新しいフレームを導入したからに他ならない。彼らが動きの遅い極地法のフレームに浸かりきっていたとしたら、そびえ立つエベレストを酸素ボンベなしで登ろうなどとは想像できなかっただろう。既存のフレームに抵抗していかない限り、新たな突破口（と新たな制約）を見いだす認知的自由は得られないのだ（リフレーミングと制約の関係については、本章の最後で触れる）。

私たちはリフレームに成功した人たちを讃えることが多いが、それはそうした達成がとても稀なことだからである。しかし達成は難しいものの、誰もが為しうる力を備えている。フレームを自覚的に活用するのと同じように、リフレーミングも自覚的なプロセスなのだ。しかしフレーミングと違い、頻繁におこなってスキルを高めることはできない。特にフレーム内での推論に比べて、フレームの切り替えは秩序だったプロセスというよりも、ふとした洞察から生まれると言える。けれども、うまくリフレーミングをおこなう手助けとなる要素はいくつか存在する。

レパートリー、転用、再発明

一般的に、リフレームには三つの方法がある。まず、すでに持っているさまざまなフレームのなかから、差し替え用のフレームを選ぶことができる。それから、別の文脈で使っていたフレームを転用することもできる。そして、それらが機能しなければ新しいフレームを生み出していくことになる。それぞれ「レパートリー」「転用」「再発明」とでも名付けられるフレーミングの三つの方法は、基本的にこの順番で発生頻度が高い。数ある手持ちのフレームから差し替えるフレームを選ぶことはときどきあるが、ある分野のフレームを別の分野へと転用することはめったになく、フレームを新しく生み出すことは真に例外的なことだ。

それぞれの区別は厳密なものではない。まったく新しいフレームを発明したと思っていても、実は意識の奥底に眠っていたものかもしれない。あるいは、フレームを転用したと思っていても、実は過去にも実践したことがあり、レパートリーを活用しただけだった場合もあるだろう。ポイントは、各戦略を言葉で完璧に説明することではなく、リフレームには複数の方法が存在するのだと理解することだ。そして、一つの戦略が使いにくい場合に、別の戦略を試すということを知っておくといい。

最も難易度の低い解決策である「レパートリーの活用」とは、意識のなかで検索をかけ、手持ちのフレームのなかに現在の状況に合った別のフレームがないか確認する作業だ。たとえば第二章で紹介したような、地下鉄で行くか、ブロードウェイの渋滞をかわしていくかという二種類の交通手段の切り替えを考えてみてもいい。あるいはベン・バーナンキの例だ。ウォールストリートで起こっていることがメインストリートに大きな影響を与えることはないと考えていた人もいるなかで、彼は自身が持つ数あるテンプレートのなかから、大恐慌時のメンタルモデルを取り出して適用したのだった。

手持ちのレパートリーから適したフレームを選ぶ際は、各フレームの特徴を把握しておくことが決定的に重要だ。しかしそれだけでなく、多数のレパートリーを揃えておくことも重要になる。品揃え豊富なビュッフェ、蔵書の充実した図書館、幅広い音楽コレクションなどと同じように、メンタルモデルもバリエーションが多いほど、よりよいフレームに切り替えられる可能性が高まる。名高い投資家ウォーレン・バフェットのビジネスパートナーであるチャーリー・マンガーも、まさにそうした理由から、頭のなかに「モデルを格子状に張り巡らす」ことの必要性に言及している。まずは手持ちのレパートリーを覗いてみるといいだろう。適切なフレームを探すにあたって認知的負荷が少ないものであるため、賢明な戦略だと言える。

次に、二つめの戦略を見てみよう。別の文脈で使用していたフレームを「転用」するという戦略だ。この戦略は、リフレームが必要なのに手持ちのレパートリーに使えるものがないときに実行する。別の領域で使っている既存のフレームに目を向け、転用できるものはないかと探すのだ。その既存フレームはすぐに使えるテンプレートにはなっていないため、適切な形に調整するのにかなり認知的な労力を要するが、ベースとなるフレームがあるという点でとりあえずの取っかかりにはなる。このタイプのリフレーミングは、巨大家具メーカー「イケア」の誕生にも関係している。

　イングヴァル・カンプラードが一九五〇年代にスウェーデンで家具を「フラットパック」手法で売り始めたとき、家具は一般的に「何世代にもわたって」使うために購入されるものであり、次の世代へと受け渡していく高価な投資だった。しかしながら、カンプラードは戦後の大量消費主義という別の波に気づいていた。大量生産すると家具は安くなり、一定の期間しか使われない衣服と同じような扱いになる。そして製品が高くないものであれば、これは祖父から受け継いだものだと言って使い続けるのではなく、新しい家具に買い替えていく。現在、世界中の消費者たちは、自分で組み立てる気持ちさえあれば（そしてダ・ヴィンチのような器用さを持ち合わせていれば）、イケアの家具を使って手頃な値段で何度も家の模様替えをすることができる。

　イケアの初期の成功の鍵は、「家具とは何か」という考え方に対して従来とは異なるフレームを用いたことだった。家具とは時代を超えたタイムレスなものではなく、タイムリーに使うものだというフレームである。しかしこのフレームは、完全に新しいものではなかった。こうした雰囲気はすでに世間に満ちていたのである。他の業界では恒久的な使用から使い捨てへの移行が始まっていた。だがイケアの創業者にとって幸運なことに家具業界ではまだ始まっていなかったため、そのフレームを転用したイケアが優位に立てたのだった。

　最近では経済学の世界でも、転用という形のリフレーミングが起きた。古典的な「需要と供給」のモデルや価格弾力性といったモデルは「均衡」という概念に基づいている。経済学の基礎は、まだ「サイエンティスト」や「エコノミスト」といった言葉がなかった一七〇〇年代後半から一八〇〇年代初頭の哲学者たちによって発展を遂げてきた。貨幣供給量がいかに増加するかや、交易条件をいかに計算するかといった理論は空想から生まれたのではなく、収集されたデータに基づくものだった。だが知っての通り、データというものは単独で存在するわけではない。データはモデルのなかに（メンタルモデルのなかに）のみ存在する。

経済学は、あまり深い検討もなく（第三章で見たニュートンや重農主義者たちの流れを汲んで）古典物理学からフレームを援用していた。実際、「動的平衡」や「流動性」といった用語は物理学を直接の起源としており、需要と供給という現象、資本移動、価格が変動して落ち着いていく過程などを説明するために用いられている。しかし古典物理学に基づくフレームは、特に現代の経済環境において適切なモデルとは言えないだろう。このフレームが用いられていた時代よりも、はるかに世界が複雑になってきているからだ。

MITの経済学教授アンドリュー・ローは、今こそ経済学が物理学のフレームや「均衡」の重視から脱却し、進化や成長に目を向けた生物学のフレームへと移行する時だと考えている。経済は、密度や熱拡散といった予測可能な特性を持つ鉄の板などよりも、変化に対応する複雑な自己適応型の有機体に似ている。そのため物理学由来のフレームを変えると、さまざまな新しい可能性が開かれることになる。進化していく主体に対応する場合と、常に固定的な特性を持つ主体に対応する場合とでは、金融、企業、そして市場の規制も変わってくるからだ。

自身のレパートリーの外にあるフレーム（つまり別のどこかで効果が証明されているフレーム）に切り替えることは、他人の肩に乗せてもらうような行為だ。手持ちのフレームを活用するよりは難しいが、ゼロからフレームを作り上げるよりは簡単だ。転用には技術や能力が求められるが、とりわけ自分とはかけ離れた人や場所や経験に対するオープンマインドと好奇心が必要になる。

こうした転用は効率的なものでもある。あらゆるモデルを手元に揃え、それぞれの長所や欠点を熟知し、いつどういう状況で使うかに精通していることが理想の状態ではある。しかしながら、どんな事態にも対応できるようにあらゆるフレームを備えておくことなど不可能だ。そのため、転用こそ次善の策なのである。

手持ちのレパートリーの活用や、離れた分野からの転用は、新しく別の既存のフレームに切り替える行為だ。しかしながら、それでは効果が発揮されない場合もある。状況が新しくなると、独自の観点から眺めて理解する新しい方法の必要性が高まる。レパートリーや転用を通したリフレーミングが通用しないときは、まったく新しいフレームを「再発明」する必要がある。

その好例がチャールズ・ダーウィンだ。彼は適者生存という考え方と結びつけて語られることが多い。しかし彼が発明したフレームは、もっと根源的なものだ。「すべての種は、共通の祖先から時と共に分かれていった」というフレームである。この基本的なコンセプト（生命の樹［Tree of life］の文字通り、生命が枝分かれしていく考え方）は、生命の起源と種の進化に対する人間の理解を変えた。こうした点において、このリフレーミングはレパートリーから流用することや、別の文脈からフレームを見つけてきて転用することとは違う。これは、一から新しいフレームを発明する行為だとみなすことができるだろう。再発明によるリフレーミングは、人々によって讃えられ、歴史に刻まれる出来事である。

多くの再発明が、画期的な出来事として歴史になっている。一九〇五年に発表されたアインシュタインの特殊相対性理論は、ニュートンのフレームを補完する物理学の新しいフレームだった。そのフレームを提示された物理学者たちは、それが世界をよりよく説明したものであり、土台として活用していけることを理解した。ルソーの「社会契約」（一七六二年の著書のタイトル）というアイデアも、人民と権力者がそれぞれ自分たちの立場を保障し合う方法を見事に説明したフレームだ。彼によれば、人は他の権利を手放すことによって、ある権利を手に入れる。インターネット・プロトコルもコミュニケーションをリフレームし、回線交換の音声通信からパケット交換のデータ通信に変えた。オープンソースソフトウェア運動も、コードの開発やマネタイズの方法をリフレームした。

どのケースにおいても、公式、法律、ルーター、ソフトウェアといった形をとるまでは、イノベーションは頭のなかで起きる実態のないものだった。そうしたイノベーションを起こすには、自分のメンタルモデル全体を変えることが必要だ。既存の知識を活かすだけでなく、未知へと飛び込んでいかねばならない。

新しいフレームを用いる達人たち

どの戦略を選ぶとしても、リフレーミングは失敗の可能性に満ちた試みだ。その道のりには頼れる案内など何もなく、認知プロセスも単純でなく、たしかな行程表などもない。新しいフレームは、あっという間に芽吹くかもしれないし、何年も耕したすえに生まれるかもしれない。また、成功の保証もまったくない。新しいフレームを思いついても、究極的にはそれが間違っている場合だってある。一九五〇年代には、多くの研究者がＤＮＡの構造を特定しようと試みていた。一九五三年、優れた生化学者のライナス・ポーリングは、同僚らとＤＮＡは「三重らせん」だと発表し、その記念すべき功績が広く讃えられた。しかしその二ヶ月後、ジェームズ・ワトソンとフランシス・クリックが、より現実に即した二重らせんモデルを提唱した。

また、根本的なリフレーミングにつながる記念碑的な発見をしながらも、その重大さに気づかないという場合もある。一九三八年、ドイツのオットー・ハーンとフリッツ・シュトラスマンは、世界最高峰の化学者だとみなされていた。彼らは放射性崩壊の研究に取り組んでいた。実験でウランに中性子を照射すると、バリウムとエネルギーが生じているようだった。しかし傑出した彼ら二人の学者には、この現象が不可思議なものに感じられた。化学反応に対して彼らが持っているフレームでは捉えきれない現象だったのだ。

ハーンは、この戸惑うような結果について、長らく共同研究をおこなっていた物理学者のリーゼ・マイトナーへ手紙を送った。マイトナーは当時としてはかなり珍しい女性科学者であり、ユダヤ人でもあったため、ナチスから逃れてスウェーデンにいた。はじめはマイトナーも、彼女と共に研究する甥の生化学者オットー・フリッシュも困惑した。しかしその後、二人はデータと既知の物理学をもとに、異なるメンタルモデルを築き上げた。それにより、ハーンとシュトラスマンは原子核を砕くに至っていたことが分かった。『ネイチャー』誌に発表した論文のなかで、マイトナーとフリッシュは、その現象を「核分裂」と名付けたのだった。

リフレーミングをすることによって、マイトナーはベルリンのハーンの研究室で何が起きたか説明できただけでなく、核エネルギーに対する人類の理解に革命をもたらした。マイトナーの説明を読んで、ハーンは自身が発見・観測しながらも、概念化に失敗していた物事の重大さを知った。

リフレーマーたちが自分の行動に自覚的であるときでさえ、その達成の大きさを理解できない場合もある。電磁波を発見したハインリヒ・ヘルツだが、「肉眼では見ることができない謎めいた電磁的な波が存在しているが、それだけだ。何らかの用途に活用できるものではない」と言ったことで知られている。しかしそれから程なくしてラジオが誕生した。

それは驚くべきことではない。新しいフレームは革新的なものであるがゆえに、はじめは気づくことが難しい。その革新性が理解できるまで時間がかかることが多い。標準的な考え方とはかけ離れたものであるため、世間も理解してくれないかもしれない。たとえば、二〇一〇年代の半ばまで、従来型の企業の重役たちは、アマゾンのビジネスが利益を出していないことを笑いものにしていた。株価の異様な高騰に支えられた収益性の低い事業だとみなしていたのだ。それは、彼らの従来的な企業業績の理解で言えば、間違ってはいない見方だった。

しかし、別のフレームから見ると、彼らはまったくもって間違っていた。ジェフ・ベゾスはビジネスにおける成長に対するフレームを変えた。株主への年次リターンを生むこと（そして利益のおよそ三分の一を税金という形で政府に手渡すこと）から離れ、Kindleやクラウドサービスなどの隣接事業に純利益は一つ残らず再投資するというフレームに切り替えた。今から振り返れば当然のことに思えるフレームだが、当時は多くの人から理解を得られなかった。

あるいは、新しいフレームが優れたものでありすぎて、他のフレームを実質的に時代遅れのものにしてしまう場合もある。その一方で、新しいフレームが旧来のフレームと平和的に共存する場合もある。運動についての説明に関してはアインシュタイン物理学とニュートン物理学のどちらも利用されているし、私有ソフトウェアもオープンソフトウェアも共存しながら繁栄している。

イギリス、ベルギー、ブータン、タイなどでは、民主主義と君主制を融合することができている。中央銀行が不換紙幣を管理しているものの、同時に人々は物々交換をしたりビットコインを使ったりしている。

だがいずれの場合も、リフレーミングをすることで問題を新たな観点から眺めることが可能になる。それにより、それまで想像もできなかったような新しい可能性が見えてくる。それは優れた意思決定やよりよい結果につながる。こうした有益なリフレーミングが実行されたのが、ニュージャージー州南部のカムデン市だ。同市は大半の人が「蛮勇であり不可能だ」と感じるようなことを実行に移した。現職の警官を全員解雇したのち、新しい警察を作ったのだ。この大胆な行動の裏には、警察の役割に対するリフレーミングがあった。市民を犯罪者のようにみなす警察から、コミュニティを大切にする警察へと変わったのだ。

カムデンは荒れた街だった。およそ二三平方キロメートルに七万五〇〇〇人が暮らす同市は、アメリカ国内でも一、二を争うほど犯罪・殺人率が高く、街のあちこちが荒廃していた。「打ち捨てられたり、ボロボロになった住宅が一五〇〇軒以上ある。そして町は、窓も割れて空になったレンガ造りの工場や倉庫、使われなくなったガソリンスタンドなんかに囲まれている。雑草の生い茂る空き地はゴミだらけで（中略）店は閉まって板が打ち付けられている。街頭には百くらいドラッグの青空市場が存在している」。クリス・ヘッジズとジョー・サッコは、二〇一二年に出版された『Days of destruction, Days of Revolt』（未邦訳／破壊の日々、反乱の日々）のなかでそう記している。マウント・エフレイム通りにあるコミュニティ・バプティスト教会のステンドグラスの窓は、銃弾で至るところに穴が空いていた。

犯罪は深刻なものだったが、それを警察が悪化させていたと言っても過言ではない。証拠のでっち上げや報告書の偽造は日常茶飯事で、警察による暴行も非難を浴びていた。裁判所は、不正に有罪とされた判決を数多く覆さねばならなかった。住民たちは、ギャングと同様に警察も恐れていた。こうしたことには警察労働組合も加担していて、変化を拒んでいた。二〇一二年の時点で状況はかなり深刻になっており、まったく改革も進まず、地元のリーダーたちも途方に暮れていた。

郡長官であるルイス・カペリ・ジュニアは、個別の問題を解決していくだけでは充分でないことに気がついた。システム全体を見つめ直す必要があったのだ。でも、どうやって？　コミュニティのリーダーたち、住民、そして志を共にする政治家たちと力を合わせ、彼は従来とは異なるメンタルモデルを描き上げた。その構想は市長のダナ・レッドや署長のスコット・トムソンとも共有された。

カムデン市は創設一四一年の警察署を解体し、二六〇名の警官が職を失った。そして二〇一三年に、まったく新しい雇用契約のもとで新しい警察署が発足した。その警察署は人員や規則や訓練方法が新しくなっただけでなく、何より重要なことに、マインドセットが一新されたのだった。刷新前の警察署から採用されたのは百人にも満たなかった。これを人々は自分たちのメンタルモデルの範囲内で、「警察組織の解体」であるとか「組合の支配からの脱却」と見なしたが、カムデンのリーダーたちのメンタルモデルは、それよりもはるかに広いものだった。

「文化を変えようというよりも文化を作れるか、というところから始まったんです。そして私たちは、戦士ではなく守護者たることが警官のアイデンティティであるような組織を作ることができました」と、この新組織を率いたトムソンは語る。カムデン市は警察の任務をリフレーミングしたのだった。警察は逮捕したり切符を切ったりするだけの存在ではなく、コミュニティに寄り添い、コミュニティを手助けし、支え、守っていくのだ。

「子供たちの放課後支援をおこなうボーイズ・アンド・ガールズ・クラブをもうひとつ作るためなら、警官を一〇人差し出してもいい」とトムソンは言う。

フレームが新しくなり、パトロールも変わった。警官たちは仕事として、住民たちの家を訪ねながら自己紹介をして回り、市民の心配事に耳を傾け、手を貸すようになったのだ。地域のパーティーにも顔を出すようになり、ミスター・ソフティーのアイスクリーム・トラックを連れてきたり、ホットドッグを焼いたり、子供たちと野球をしたりして、住民たちとの交流を図った。

七年後、ミネアポリスの警官がジョージ・フロイドを殺害したことで、アメリカの各都市は文字通り炎上し、「ディファンド・ザ・ポリス（警察予算を打ち切れ）」というデモの声が響き渡っていた。

そんなとき、カムデン市は警察再生の成功例として引き合いに出されていたのだった。同市は殺人が六〇パーセントも減少し、犯罪件数もほぼ半減し、警察の過剰な暴力に対する苦情は驚くべきことに九五パーセントも減っていた。リフレーミングが機能していたのだ。

象徴的な瞬間は二〇二〇年の六月に訪れた。カムデンの新しい警察署長ジョセフ・ワイソッキは、大規模な「ブラック・ライブズ・マター」の街頭デモを許可したのみならず、主催者に頼んでデモ隊の先頭に参加したのだった。それは全国ニュースとなった。テレビカメラのフレームは、警察のあり得べき新しいメンタルモデルを体現した忘れがたいイメージを映し出したのだった。

世界を見る新しい方法

手持ちのレパートリーの活用であれ、どこかからフレームを転用するのであれ、まったく新しいフレームを発明するのであれ、リフレーミングに成功する人には共通項がある。それは、鋭い知性や、すばやく思い出せる記憶力や、濃密な経験などではない。必要なのは、リスクをとって新しい思考に身を晒し、新しい認識の道筋を切り開こうという意志だ。そのためには、未知の状況にも動じず、先入観や思い込みを軽やかに手放し、新しい可能性に目を向けて掴みとるマインドがなくてはならない。

他の人間たちが、絵に何だか分からない影があるとか、測定器からおかしな数値が出たと思うようなときに、リフレーミングに成功する人間は別のものを見いだす。そして何かを見いだすとき、ハッとひらめくような瞬間を心から体験する。この瞬間は、このうえなく記念すべきものであるため、言葉にならないほどの感情を湧き起こすこともある。

その一例が、遺伝子編集だ。フランスのエマニュエル・シャルパンティエとアメリカのジェニファー・ダウドナという卓越した科学者の研究に基づくものである。

一九八〇年代には、バクテリアのような単細胞が分子サイズの免疫システムを持ち合わせていることが明らかになっていた。実際そうした免疫システムは、遺伝情報を記憶し、自身の一部ではないものを特定し、破壊することができる。研究者たちは、このシステムをCRISPR（Clustered Regularly Interspaced Short Palindromic Repeats［規則的な間隔をもってクラスター化された短鎖反復回文配列］）と名づけている。

二〇一二年、シャルパンティエとダウドナ（男性ホルモンの充満した分野で活躍する二人の女性研究者）は、細胞のCRISPR内の特定領域に関する調査をおこなっていた。すると、研究所の調査員のひとりがDNAの特定領域を切断する方法があることを突き止めた。シャルパンティエとダウドナは、分子をハサミのように切断できる技術は遺伝子情報の編集にあたって幅広く使える強力なツールになりうることに気がついた。のちにダウドナは、それに思い至った瞬間について、文字通り毛が逆立ったと語っている。すぐに彼女には、新しいメンタルモデルが意識にのぼった。「こういうひらめきの舞い降りる瞬間は滅多に訪れない」と彼女は言う。「だからこそ、私たちはそういう瞬間を科学者として大切にしている」

何世紀も証明されていなかった「フェルマーの最終定理」という数学の命題をリフレーミングによって解いたイギリスの数学者アンドリュー・ワイルズは、リフレーミングのプロセスについて比喩を用いて説明している。「明かりがついていない家に入っていくと家具にぶつかってしまう。そんなとき電気のスイッチを見つけたら、ようやく自分の居場所が把握できるようになる」。彼にとってリフレーミングの瞬間はとてつもなく大きなことだった。数年後、テレビのインタビューで当時のことを振り返った際、普段はストイックなワイルズも高ぶる感情に顔を赤らめ、インタビューの一時中断を申し出たほどだった。

新しく、より有益な観点から世界を見る方法を提示してくれるリフレーマーたちのことを、私たちは大切な存在として扱うようになってきている。たとえばゼンメルワイスが手指消毒というアイデアを提示したときのウィーン医学界のように、新しいフレームに対して初めのうち抵抗感を抱いたとしてもだ。また、そうした認知面での先駆者はきわめて例外的な存在であるため、崇拝の対象ともなっている。フレーミングは自然と身につくものだが、リフレーミングは難しく、稀なことだ。それが訪れると、特別な感慨に襲われる。そして、私たちは誰もが特別な存在に、次なるエマニュエル・シャルパンティエとジェニファー・ダウドナになりたいと願っている。二人は二〇二〇年にノーベル賞を受賞した。

しかしながら、リスクも存在する。一度リフレーミングに成功すると、別の場面でもリフレーミングを繰り返せると思い込んでしまいがちなのだ。リフレーマーには強いうぬぼれが芽生える場合がある。黄金の王冠を身につけるように自身の功績を掲げ、相応しくない場面にも新しいフレームを導入しようとしてしまうのである。優れたイノベーターたちは、この点を自覚し、そうしたうぬぼれを最小限に抑えようと努めている。アップルのスティーブ・ジョブズ、アマゾンのジェフ・ベゾス、グーグルのラリー・ペイジらは、揃ってブレない意志があることで知られているが、同時に彼らは自分とは異なる意見も積極的に探し求めてきた。一つのフレームにこだわることの欠点や、異なるフレームと接することの価値を理解していたのである。

リフレーマーとして成功をおさめながら、そのフレームにこだわりすぎてしまった悪例として知られているのが、アルバート・アインシュタインだ。一九〇五年、二六歳にして彼は特殊相対性理論を発表し、現代科学に新たなフレームをもたらした。「未知なる自然現象に説明を加える」という考えも一つのフレームだ。宇宙というのは秩序だっていて、すべての物理的現実が原理、性質、量によって説明できるという考え方である。量子力学が本格的な理論として台頭し始めたとき、彼はその理論に抵抗を示した。ランダム性を根本とした世界観を持つこのフレームは、彼にとってあまりにも違和感があり、あまりにも論理性に欠いたものだった。「神はサイコロを振らない」と彼はよく皮肉り、この理論への反対を口にしていた。

しかし、彼は間違っていた。量子力学の根底にある考え方は物理学の世界で支持された。私たちはリフレーミングの功績からアインシュタインを尊ぶ一方で、彼の過ちも忘れてはならない。一度リフレーミングを実行することだって難しいのに、二度となるとさらに困難だ。最初の成功体験が頭にこびりつき、そのフレームが相応しくない場面で手放せなかったり、別の新しいフレームを受け入れにくくなったりすることがある。アインシュタインですらそんな過ちを犯しうるのだから、私たちが犯さないなどと言い切ることはできるだろうか？

ここには大切な教訓がある。リフレーミングにおいては、株式目論見書の有名な免責事項が当てはまる。「過去の株価パフォーマンスは将来のリターンを保証するものではありません」。私たちはジェニファー・ダウドナやイーロン・マスクといった成功者に畏敬の念を抱く一方で、次なるひらめきを彼らだけに期待する必要はない、という点も重要だ。次なる重大なリフレーミングは、私たちの誰からも生まれうるのだ。

認識面での準備とタイミング

私たちは誰もがリフレーミングの力を伸ばしていける。まずは、フレームを切り替える際の難しさがどこにあるのか理解することから始めよう。フレームの切り替えには特に四つの難しさがある。その四つとは、新しいフレームを作るには認知的なエネルギーが必要になること、慣れ親しんだフレームから離れねばならないこと、状況に合ったフレームを特定せねばならないこと、リフレーミングに適したタイミングを見極めねばならないこと、である。

最初の難しさは、新しいメンタルモデルを利用していくために必要な労力だ。私たちはフレーマーとしての訓練を積んできているため、フレームを使うことには長けている。しかしながら、それを選ぶことに熟達しているわけではない。適切なものを選ぶ作業は認知面でかなりの負荷がかかるうえ、それが成功するかも不透明だ。リフレーマーとなるためには、「認知的な未開の地」とでも言うべき手探りの状態を精神的に受け入れる必要がある。そうした「想像外の状況」は、初めて出会う状況と同じくらい私たちを怯《ひる》ませる。既知の領域から踏み出していこうという考えは、多くの人が抱くものではないのだ。

この困難は、二つめの難題である「慣れ親しんだフレームからの離れがたさ」によって強化されている。リフレーミングをするときは、既存のフレームを自覚的に取り払い、新しいものが入ってくる認知的スペースを空けなければならない。それは、親しみのある道に固執しないよう、それまでに何度も踏み慣らされた道を元に戻してから新しい道を作る造園師の作業にも似ている。それまでと違うことを考え出すには、すでにある知識をいったん取り払うことが必要なのである。

そうした「アンラーニング（unlearning［既存の知識を取り払うこと］）」は、あまり方法が知られたものではない。一般に人間の忘却プロセスは自動的なものであり、自覚的なコントロールが容易にできるものではない。だがリフレーミングを目指すなら、アンラーニングは必須である。新しいフレームが既存のフレームと相反するものに感じられるときや、新しいフレームにある認知的な違和感を乗り越える必要があるとき、特に必要になる。

認知的な違和感は個人のなかだけでなく、コミュニティ単位でも生じる可能性があるため、新しいフレームは導入に困難が伴う。そういう状況でフレームを切り替えていくためには、新しいフレームに改めて焦点を合わせることが求められる。そのためには、議論、交渉、説得など、時間をかけた取り組みが必要になるだろう。たとえばハーベラーとメスナーは、自分たちの意識のなかから極地法と呼ばれる登山法を取り払う必要はなかったかもしれない。そもそもその登山法は、彼らの意識になかったからである。しかしながら、彼らは「アルパインスタイル」というフレームで登頂したことを、極地法に馴染んだ登山コミュニティに納得してもらう必要があった。そして、それこそ労力を要することだった。リフレーマーとは敵に立ち向かう先兵隊であり、それを実感させられることも多い。

　三つめの要素は、フレームが状況に（つまり、達成したい目標に）どれほど合ったものか見極めることだ。状況に適したフレームを特定するといっても、用途が限定されているほど優れたフレームだとは限らない。用途を絞ったものが必要か、間口の広いフレームが必要かは状況によって変わる。フレームが狭いと、制約の多くがかなり透明性を持ち、それゆえに覚えておきやすい。しかしそうした狭いフレームは、いくつかの条件が変化するとうまく機能しなくなる。それに対して広いフレームはもっと長く利用できるかもしれないが、より丁寧な制約の調整が必要になる。洋服のことを考えてみるといい。タイトな服は磨いた体型を最大限に引き出すが、ゆったりとした服なら体型が変わっても自由に動きやすい。

　ポイントは、フレームの狭さや広さを決めるにあたって重要なのは状況だけではない点だ。制約が変更可能かも重要になってくる。制約を効果的に緩めることができなければ、思い描く選択肢や、取りうる意思決定の数が減る。ほとんど変更可能な制約がないフレームは、ある状況にぴったりフィットするだろうが、それ以外の有益な使い道がたくさんあるわけではない。そうすると私たちの選択肢が減るばかりか、主体的な選択の感覚まで薄くなってしまう。こうしたフレームは、特定の状況を理解することには役立つが、選択肢の少なさから、あまり効果的な手が打てない。そのため、他の条件がすべて同じなら、たとえ緩いフィットであったとしても、より制約を変更しやすいフレームを選ぶ方がいい。フレームが緩いことに伴うデメリットは、緩いがゆえに選択肢を多く持てることや、そこからエンパワーメントや主体的な選択の感覚が得られるという点で補うことができる。

最後に、リフレーミングをおこなう適切なタイミングを見極めることも難しい。概念的に言えば、答えは単純だ。状況が大きく変わったとき、既存のフレームは取り替える必要がある。そんな場面では、いくら既存のフレームの制約を調整して新しい反実仮想を引き出そうと試みても不十分だ。もともとの目標が変わったときや、既存のフレームでは新しい目標を達成できないときなどが、それに該当するだろう。あるいは目標は変わらぬままであっても、条件や背景が根本的に変わってしまったときもそうだ。つまりリフレーミングとは、状況の変化に応じて、早すぎず、そしてもちろん遅すぎないタイミングでフレームを切り替えていくことである。しかし、そうした適切なタイミングは、一つのメンタルモデルに深く浸かっている場合は見極めることが難しい。

グリーン・イノベーションの歴史は、一つの教訓だ。一九〇〇年には、すべての自動車のうち三分の一が電気自動車だった。しかし内燃機関の急速な進化により、電気自動車はあっという間に廃れてしまった。それから一世紀のあいだ、車といえばガソリンエンジンというメンタルモデルになっていたと言っても過言ではない。さまざまな発明家や企業が電気自動車を復活させようと試みては失敗に終わった。加速もスピードも走行可能距離も足りなかった。遊園地のバンパーカーやゴルフのカートにはいいが公道には向かない、と考えられていた。

そんなとき、テスラ社が電気自動車というフレームを復活させた。今回はタイミングが適切だった。電気自動車用モーターは高効率化され、バッテリーに関する技術も向上し、コンピュータも電気自動車を制御するのに十分なほど進化していた。さらに、ガソリン車に対する人々の見方も変わっていた。二〇世紀後半は自動車が個人の自由の象徴とされていたが、二一世紀が始まると、環境悪化の要因だとみなされるようになっていた。こうした背景の変化が、「石炭で動く必要はない。環境に優しい、見た目のクールな車もありうるのだ」というイーロン・マスクのリフレーミングにとって完璧な環境を作り上げていたのだった。

しかしドイツでは、ダイムラー、BMW、VWといった同国の名だたる自動車メーカーが、このリフレーミングに抵抗を示した。従来のフレームが深く染み込んでいた彼らは、ガソリン車だけが真の車であると主張し、電気自動車の短所を嬉々として指摘していた。各社のCEOはガソリンエンジンが将来にわたって長く繁栄を続けると断言していた。世界各地ではその他の伝統的な自動車会社がリフレーミングを進める一方で、ヴォルフスブルク、シュトゥットガルト、ミュンヘンの自動車会社は慣れ親しんだフレームに固執していたのだった。ドイツの技術は、内燃機関の美しさと効率性にこそ最もよく現れているではないか。ガソリン車のフレームは、何十年にもわたって繁栄をもたらしてきたではないか。そう考えていたのだ。

ところが、それは幻想だった。こうした会社がついに意見を変え、電気自動車のフレームを受け入れた頃には、もはや手遅れだった。大切な時間を無駄にしてしまっていた。彼らは、いまや時代遅れとなったフレームにこだわるあまり、現在では好ましくないものだと思われるようになったガソリン車に長く注意を向けすぎていたのだ。そのためビジネスを再想像し、車をデザインし直し、体制を組み直し、技術者を入れ替えていくのに大きなコストがかかった。このように、タイミングが重要だ。既存のフレームに入れ込んでいる場合、リフレーミングはより難しくなる。

うまくリフレーミングするためにはこうしたハードルを乗り越える必要があるが、さいわいなことに、その難易度を下げるための効果的な戦略がある。たとえば、状況が根本的に変わったときなどに新しいフレームへ切り替える必要があるが、実際に状況が変わったのかどうかを確かめるためには、既存フレームの背景や目標や性質を理解しておかねばならない。自分のメンタルモデルや状況を振り返る時間を持つことは、よりよいリフレーマーになるのに役立つ。

私たちはまた、別のフレームへの切り替えは、手持ちのレパートリーから選ぶのが最も簡単であり、その次に簡単なのは他分野から既存フレームを転用することだと知っている。そのため、ゼロから新しいフレームを作ろうとするのではなく、手持ちのレパートリーの活用や、別のメンタルモデルの転用から始めてみるといいだろう。そちらの方が認知的な負荷が減り、成功の可能性が高まる。

さらに、意外かもしれないが、リフレーミングはあまり頻繁におこなわない方がいい。リフレーミングは迅速に、しかも何度も繰り返しおこないたくなるものだ。何かのフレーミングがうまくいかなかったときは、ふたたびリフレーミングをおこない、適切なものが見つかるまで続けることで問題を迅速に解決するという考え方である。しかし、その考え方は間違っている。リフレーミングという行為の一つ一つにはコストがかかる。自分の慣れ親しんだ知識を手放し、新しい何かを考え出し、その新しいフレームをうまく導入するために深く理解しなければならず、普段以上に認知的なエネルギーを要する。だからこそ、フレームを切り替え続けることはできない。リフレーミングとは方向転換のようなものであり、何度も繰り返しすぎると方向感覚を失ってしまう。

リフレーミングをリフレーミングする

フレームの切り替えは労力を要するうえにリスキーだ。しかし別の視点がもたらされ、それまで考えもしなかったような選択肢に導いてくれる。ブレイクスルーの可能性を与えてくれるものでもあるが、人間はフレームの切り替えに熟達しているわけではないため、そこで生まれる可能性を十分に実現できないかもしれない。反対に、既存のフレームにとどまりながら、慎重に制約を調整して反実仮想を展開すると、意思決定に向けた適切な選択肢を迅速かつ効率的に特定することができる。それはタイミングに遅れることなく行動する助けになるうえ、訓練を重ねることで上手くなっていけるものでもある。

つまり、フレーミングには明確に異なる二つの側面があるということだ。効率が重要であるなら、既存フレーム内で反実仮想的な推論を活用すればよい。そして根本的な見直しが必要な場合はフレームの切り替えをすればいいのだ。

しかし現実には、この二つの違いが明確に分かるとは限らない。たとえば、フレームが広いと制約を動かして調整する余地が生まれ、さまざまな代替現実を思い浮かべることができる。これは、比較的似たフレームへの切り替えとあまり変わらない。十分に広いフレームであれば、状況が変わってもリフレーミングする必要がないこともある。柔軟に制約を緩めるなどして、より適切な代替案を考え出すだけで十分なこともあるのだ。

その実例として、ここ四〇年ほどのシンガポール経済の奇跡的な変貌を見てみよう。一九八〇年代、このアジアの都市国家はヨーロッパとアジアをつなぐ主要な港湾となった。それは大きな成功だったが、状況が変わって新しいプランが必要となり、一九九〇年代にはエレクトロニクス産業の製造拠点となった。それから二〇〇〇年代の前半には注力する分野を変え、金融、専門サービス、情報経済に関する仕事のハブになっていった。そして近年では再び姿を変えて観光やギャンブルを目的とした人が集まる場所となり、世界最大級のカジノリゾートを二つ抱え、近隣の中国やインドネシアの裕福な観光客たちから利益を得ている。

シンガポールの度重なる変貌は、国家経済に対するフレームを切り替え続けた結果だと見ることもできる。各時代の戦略はそれぞれ異なるメンタルモデルを反映したものであり、具体的な目標と特定の時代条件にタイトにフィットしたものだ。しかし、別の観点から見ると、シンガポールの戦略的フレームは決して変わっていないと言うこともできる。一つの広いフレーム内で、政策立案者が反実仮想や制約を変化させていただけとも考えられるからだ。

つまりシンガポールは一つのフレームにこだわり、そのフレーム内の要素であらゆる手を打っていたとも言える。シンガポールのフレームは間口の広い柔軟なものであり、そのおかげで国の地理的な位置、教育水準の高い労働力、政治的安定性、自由市場の精神など、少ないリソースのうえに競争優位性が築かれていったのだ。常に青写真は同じで、新しい現実に合わせた調整がなされていたのである。

シンガポールの変遷は、既存のフレームが十分に広いものである場合、状況が変わってもそのフレーム内で選択肢が持てることを示している。既存のフレーム内で取り組むか、別のフレームに切り替えるかを選べるのだ。広いフレームに留まる方が認知面ではシンプルかもしれないが、フレームが広いと探索領域が広いことを意味するため、適切な代替案を思いつくまでには多くの時間がかかる。一方で別のフレームへの切り替えの方が迅速かもしれないが、はるかにリスクが高い。間違ったフレームに切り替えて、適切な選択肢が生まれない可能性がある。

重要なのは、もちろんすべてとは言わないものの多くの場面で、文脈（どれくらい早く意思決定すべきかや、既存のフレームがどれほど広いかなど）や個人の好み（どれほどリスクを許容できるかなど）に合わせて、どんな戦略を導入するかは選択可能だと認識しておくことだ。

それは、ビジネスにおいて大きな効果を発揮する。二〇〇八年、スウェーデンのスタートアップ企業がオンラインの音楽ストリーミングプラットフォームを立ち上げた。そのときまで、オンラインの音楽市場はアップルのiTunesの独占状態で、楽曲を個別に販売していた。しかし、このスタートアップ企業「スポティファイ」は、少額の月額料金を支払うか、短い音声広告を我慢することで、ユーザーが好きな曲を何でも聴けるようにした。二〇二〇年には世界で三億人以上ものユーザーを集める企業へと成長している。同社を見ると、音楽は所有するものだという考えから、ストリーミングするものだという考え方にリフレーミングしたのだと言うことができる。

しかし、スポティファイの取り組みは「広いフレーム」というレンズで見ても理解することができる。その場合、スポティファイとアップルは、共に「体験としての音楽」というフレーム内で取り組みを続けてきたと言える。スポティファイは、体験という幅のあるフレームのなかで、アップルとは別の代替案を思いついたというわけだ。この観点で言えば、スポティファイは音楽へのアクセスをリフレームしたのではなく、音楽は自分で所持し、自分のデバイスのなかでコントロールし管理するものだという制約を緩め、皆で共有し、通信回線を介してどこからでも利用できる、制限のないものに変えたのだった。

スポティファイをリフレーマーと見るのではなく、「体験としての音楽」という広いフレームを調整して適用するエキスパートだとみなすと、同社はリフレーミングというリスクある道を選ぶのではなく、既存の広いフレームにこだわったということになる。その選択は、より革新的な代替案が生まれる可能性に目をつむることではあるが、未知の状況を手探りで進むわけではないため、怯《ひる》まずフレーミングに取り組むことができたのだろう。革新的なリフレーミングか、広いフレーム内での限定された調整か、という戦略的な選択肢を持つことは、フレーミングをおこなう際のツールの一つとなる。言うなれば、リフレーミングという概念さえもリフレーミングできるのだ。しかし、この選択肢は万能薬ではない。広いフレームがすでに使用されている場合や、そのフレームが状況に合った革新的な新しい代替案を引き出せるほどの柔軟性を備えている場合に限り、この選択肢が有効になる。「リフレーミングをリフレーミングする」という考えは魅力的かもしれないが、特定の場面においてしか実行することはできない。

フレームであれリフレームであれ、上達に向けて学んでいく手段は存在する。それは朗報だ。私たちは上達していく必要がある。社会の深い問題に対処していくには、新しい思考が求められるのだ。さまざまな可能性に思いを馳せ、できるだけ多様な代替案を検討するために周りのアイデアも歓迎し、最適な意思決定を下さねばならない。それこそが、私たちの生活や、国の生活、そして文明世界の安全や持続可能性にとって欠かせないフレーミングという活動の質を高めることになる。その活動を得意になる必要がある。そして、そのミッションに生涯を捧げた男がシリコンバレーにいる。

第7章　学ぶ

進歩には多様なフレームが欠かせない

スティーブ・ジョブズは問題を抱えていて、ジョエル・ポドルニーがそれを解決した。一九六〇年代に生まれてシンシナティで育ったポドルニーは、人並外れたものとしか言いようのないキャリアを歩んできた。ハーバード大学で三つの学位を取得し、スタンフォードで教授職を得て、ハーバードビジネススクールで研究部門のトップを務め、その後イェール大学経営大学院の学部長に任命された――すべて四〇歳になる前の話である。もちろんジョブズは、こうした立派な経歴など微塵も気にしていなかった。アップル社を率いる彼が感銘を受けたのは、ポドルニーがイェール大学で実行したことだった。

ポドルニーは鋭い知性とカリスマ性、そして行動への強い意志を持っていた。二〇〇五年にイェール大学へ赴任するなり、彼はカリキュラムを根こそぎ変えた。一世紀ものあいだ、ビジネススクールは学生たちに有能なマネジャーになるよう説いてきた。その大半の期間において、有能であるとは計画を立てて揺るぎなく実行できる力のことを意味していた。たとえば会計や戦略など、各活動は機能別に分けられていた。ビジネス教育は「実現すべきインパクト」という観点からは考えられてこなかった。ビジネススクールの伝統的な教育法では、学生にメンタルモデルを与えて現実世界の問題に対する回答を考えさせているが、この方法には欠点がある。一つのフレームが他よりも優れているという考えが前提となっているのだ。

ポドルニーは、こうした単純化に抵抗したのだった。彼は現代のビジネススクールの目標が「パッケージ化された知識を学ぶこと」であるべきではないと考えていたのだ。目標はもっと大きなものでなければならない。彼の狙いは、ＭＢＡのマインドセットを「画一性」から「多様性」へと変えることだった。宣伝のパンフレットに書いてあるような漠然とした多様性ではない。ポドルニーは社会学者として教育を受けており、異質性の価値を理解していた。フレームは人々がよりよい意思決定をおこなうためのツールだ。カリキュラムを通して幅広いタイプのフレームを伝えてこそ、イェールは学生たちをより良いマネジャーへと、そしておそらくはより良い個人へと仕立て上げることができる。

マーケティングや財務といった伝統的なコースが取り除かれ、「国家と社会」や「従業員」といった領域横断的なコースが新設された。そうしたコースは、現代ビジネスという複雑な世界により見合ったものだった。

「専門ごとに縦割りで教えるというのは、人々に機能別の役割を演じろと伝えているようなものだ」と当時ポドルニーは指摘した。彼は実際のビジネスのニーズを反映したさまざまなフレームを花開かせるために、学びのあらゆる部分に領域横断的な要素を盛り込んだ。教え方も、認知的な多様性を踏まえたものに変えた。彼が「チーム・ティーチング」と呼ぶように、授業は一人ではなく複数の講師が担当し、学生がさまざまな意見に触れられるようにした。教室さえもデザインし直され、相互に交流できるよう円形になった。さらに、騎士たちがアーサー王と並んで円卓に座るのと同じで、上下関係を見えにくくした。

改革は注目を集めた。組織内での地位についての研究者であるポドルニーは、ゆくゆく自身もそうした地位につき、大学の学長になるのではないかと噂されていた。しかし二〇〇八年、イェールに着任してわずか三年後、彼は突然辞職し、自身のキャリアのフレームを取り替えた。

それは、スティーブ・ジョブズから密かに誘いを受けていたからだった。がんの再発と、自身抜きでアップル社を繁栄させる必要性に迫られ、ジョブズはポドルニーを説得して同社に引き抜いたのだった。ジョブズは自身のレガシーとして、会社の象徴的な広告キャンペーンで言われるような

「Think Different（異なる視点を持て）」を体現する役員チームを残したかったのだ。ジョブズはアップルのトレーニングプログラム「Apple University（アップル大学）」のトップとしてポドルニーを雇った。ポドルニーに求められていたのは、意識を柔軟に保つことや、強い信念は持ちつつも新しい見方が出てきたら自分の信念を手放せることの重要性を浸透させることだった。

ポドルニーは、イェールで提唱したように、多様なフレームというビジョンを導入した。大組織でそれを実行するには、慎重にバランスを取る必要があった。従業員たちは会社の核となる信念を忠実に守りながら各自の役割を見事に果たすと同時に、ジョブズが促進を目指した認知的多様性も追い求めなければならない。反対意見や摩擦が起きるだろう。それらへの対処を考えると頭が痛い。しかし、そうした困難に比べても、多様性から得られる利益の方が大きい。

ポドルニーが取り組み始めて三年後にジョブズはこの世を去り、副社長のティム・クックがCEOを引き継いだ。クックは長らく、あらゆる形で多様性を提唱してきた。彼という人間個人の物語も、そうした姿勢に影響を及ぼしているのだろう。彼はゲイを公表している数少ない大企業のリーダーのひとりだ。彼のリーダーシップのもと、アップルは「多様性がよりよいフレーマーと、さらなる成功をおさめる企業を生む」というジョブズの信念を大切にしていくだろう。

メソッドではなく、マインドセット

認知面での多様性は大工道具に例えて考えるといいだろう。どれほど試みても、ハンマーでネジを回すことはできない。ネジを回すにはドライバーが必要だ。もしもハンマーしか持っていない場合、ドライバーという概念を聞いただけでは異質に感じられるかもしれない。しかし実際にドライバーを見て、その背後にある考え方を理解したあとは、もうネジをハンマーで打とうとはしなくなる。多様なフレームがあると、単に「たくさんのこと」が知れるのではない。「異なるもの」を知り、「より良いもの」を知ることができるのだ。

世界は複雑な場所であり、一つのフレームですべての問題への適切な解決策を生み出すことなどできない。異なる複数の視点から判断をすることで、より良い結論にたどり着く確率が高まる。一方、手持ちからフレームを一つ選ぶ際、レパートリーが少ないほど逆の結果となってしまう。想像可能な選択肢の数が減り、最適な判断ができなくなってしまうのだ。だが、それはフレームの数が多ければいいという話ではない。適用するフレームは、うまく選択しなければならない。

フレームを選ぶという行為は、心理学者たちの言う「洞察問題」と似ている。なかなか思いつきにくいフレームに切り替えることでしか解決できない問題のことである。有名なのは、心理学者のクレイグ・カプランと、人工知能分野のパイオニアでノーベル経済学賞の受賞歴も持つ博識な学者ハーバート・サイモンが一九八〇年代におこなった実験だ。彼らは「多重チェスボード問題」と呼ばれる洞察問題を人々がいかにして解くか観察することにした。

二人は被験者に一般的な8×8の白黒マスのチェス盤を渡す――しかし、この盤には手が加えられており、左上の角にある白マスと、右下の角にある白マスの合計二マスが塞がれている。被験者たちは、その盤面にドミノを重ならずに敷き詰めることは可能かと問題を出されたのだ（各ドミノは、どれも二マス分の長さとする）。

その結果、ほとんど全員が「試行錯誤」という従来の問題解決フレームから取りかかった。六二マスに三一枚のドミノをどうすれば敷き詰められるか、被験者たちは「総当たり」式に、考えうる限りの並べ方を試していく。彼らはそのフレームを手放さず、反実仮想を用いてさまざまな別の方法を試みる。なんと言っても「試行錯誤」は行動に向いたものであり、馴染みのあるアプローチだからだ。しかしこのアプローチは実用的でない。この問題の探索空間は有限ではあるものの、すべてを試そうとすれば組み合わせは何十万通りにもおよび、そこまで根気強く続ける被験者はほとんどいない。一八時間ノートに向かい、さまざまな組み合わせを六一ページにもわたって描いた被験者もいたが、それでも解答には至らなかった。この問題の性質が複雑すぎて、試行錯誤のアプローチが機能しないのだ。

この最初のフレームを脇へやり、別のメンタルモデルを探し始めると、初めて何かがおかしいことに気が付くことになる。

見方を変えると、この問題に対する解決策は実はとてもシンプルだ。ドミノは二マス分の長さであるため、どこに置いても白マス一つと黒マス一つを埋めることになる。そのため、黒マスの数に対して白マスの数が足りない状態では、すべての盤面にドミノを敷き詰めることは不可能だ。こうして考えると、答えは簡単明瞭に感じる。しかしそう感じるには「試行錯誤」という実践／忍耐のフレームから概念の飛躍が必要になる。

この洞察問題のような状況は至るところに存在する。そういう場面に出会ったときは、直線的に推論していくことはできない。フレームの選択という場面では、フレームを適用する能力を向上させるツール（つまり、反実仮想の反復実践）はほとんど役に立たない。そのため、大きな難題が生じる。実践へのフレームの「適用」がうまくなったとしても、そもそもフレームの「選択」が上達できなければ、フレーミングの力は伸びないままだ。頭だけあって柄がないハンマーのように、不完全なツールのまま行き詰まってしまう。反実仮想の実践とは異なる戦略が必要だ。

出発点は、フレームを選ぶ作業と実際に適用する作業の違いを思い出すことだ。フレームの適用とは、因果推論（causality）、反実仮想（counterfactuals）、そして制約（constraints）（「３つのＣ」）の助けを借りて、探索空間を劇的に絞り込み、限られた数のきわめて有効な選択肢を特定していくプロセスである。その目的はプロセスの高速化と状況にフィットした選択肢の特定だ。そこでは基本的に、行動に移るための効率性が大切にされている。３つのＣが認知面での複雑さを減らしてくれるため、範囲を絞って直接的な実験が可能であり、いわば合理化された試行錯誤がおこなえる。だからこそ、フレームの適用は時間と共に上達できる行為であり、たいていの人がうまくなっていくものだ。

反対に、フレームの意識的な選択とは、勝手を知っている領域から離れ、未知へと身を投じることを意味する。それは本質的にリスキーなことだ。見返りもあるだろうが、常に失敗が隣り合わせだ。成功への道には、信頼できるガードレールも標識も存在しない。そこでは「挑戦、失敗、再挑戦」という考え方をしていても、望む結果を得る確率が大きく高まることはない。未知の状況における学習は直線的で構造的なプロセスではなく、破壊的であり二律背反的だ。見方を切り替えられるようにならなければならない。必要なのは、プロセスというよりもマインドセットだ。つまり異なる見方を知り、それらから生まれる力を利用するべく、世界を複数の視点から見ることが必要になる。

こうした意識面での多様性は、たくさんのアイデア、意見、見方に触れることだと考えてしまいがちだ。しかし、それは間違っている。多様性のアドバンテージは、量ではなくバリエーションにある。似たようなアイデアを七〇〇個持っていたところで、タイプの大きく異なるアイデア七個の価値には及ばない。ハンマーが七〇〇種類入っている道具箱よりも、ハンマー、ドライバー、レンチなど七つの異なる工具が入った道具箱の方が役に立つのと同じだ。

フレームを選択するためには、今使っているのとは異なる認知的な筋肉を鍛える必要がある。それはシンプルに聞こえるかもしれないが、実際は違う。私たちは、原則としては多様性を歓迎すると口にするが、実際は慣れ親しんだものから離れられない傾向にあるからだ。しかし長い目で見れば、多様なフレームを持つことは、それを手に入れる労力に見合った価値がある。研究でも、意識のコンフォートゾーンから踏み出して、新たな知識の世界に足を踏み入れる積極性を持つことには見返りがあると示されている。

例として、文字通り生まれた瞬間から多様なフレームが入り乱れる環境で生きてきた人々について考えてみよう。一つの文化に浸かりながらも、別の文化圏にも属しているような人々だ。経済学者のスーザン・ポゾは、その意欲的な研究のなかで、アメリカ国内で生まれた人よりも国外で生まれたアメリカ市民の方が収入が多いかどうかを調査した。結果は、その通りだった。国外で生まれた人の方が男性で二・五パーセント、女性で五パーセントほど収入が高かった。概念的思考力が重宝される管理職や専門職などでは、さらに高い数値となった。

ポゾは、この賃金の高さを「国際的な人的資本を得たことによるリターン」だと指摘した。こうした人々はあらゆる習慣、言語、そして問題解決法に触れてきたことによって視野が広がっているというわけだ。ハンマーもドライバーも両方うまく使える人に育ち、道具を切り替えるタイミングも心得ているのである。

フレームのバリエーションを広げる

自分が持っているものとは大きく異なるタイプのメンタルモデルを手にするために最初にできる最も簡単な戦略は、他人のフレームを見てみることだ。新しいメンタルモデルに出くわすと、それを自分の武器として手元に加えることができる。

これは、ビジネススクールにおける学習プロセスに見られる大きな特徴だ。第四章で紹介した「ケーススタディ」の学習法を思い出してみよう。あるレベルで言えば、この学習法は学生たちに反実仮想的な思考能力を浸透させるためのものだ。学生たちは特定の状況へと投げ込まれる。その状況には硬軟さまざまな制約があり、学生たちは代替となる選択肢を想像し、それらの選択肢を評価した上で意思決定に至らねばならない。このメソッドでは、フレーム内での思考が鍛えられる。

しかし別のレベルでは、学生たちは一つのビジネスケースごとに毎回異なるフレームに接しているとも言える。さまざまなケースについて読んで議論するうちに、幅広いバリエーションのメンタルモデルをレパートリーに揃えることができる。そして自身の仕事で似たような状況に遭遇したとき、学生時代に触れたフレームを引っ張り出し、目の前の問題に適用することができるのだ。

こうした目的は、ハーバードのビジネススクールが初めて学生に「The General Shoe Company」の事例を渡した一九二一年当初から明白だった。その事例のなかで紹介される工場労働者たちは、作業着を洗うための長い列を避けるべく、自分のシフトが終わるずいぶん前から担当の機械を離れていた。これでは生産性が損なわれてしまう。一ページにまとめられたこのビジネスケースは、次の問いで締めくくられている。「経営陣は調査にあたり、どのような要素を明らかにしていくべきだろう?」、そして「修正すべき基本方針は?」。これらの問いが、単に何をすべきか解答を求めるものでないことに注目しよう。この問いはまず、問題をどうフレーミングするか学生に考えさせるところから始まっている。

このようにして自身のストックに新しいフレームを増やしていくことは、有効だが限界がある。ビジネススクールで検討される事例の数は比較的少ないため、このメソッドによって学生に提供されるフレームの数は限られている。また、これくらいの数のフレームで大半の問題を解決するのに事足りるという誤解を生みかねず、そうなると学生たちはより根本的なリフレーミングに備えることができない。

こうした懸念は新しいことではない。ケーススタディ・メソッドを開始したハーバード・ビジネス・スクールの学長ウォレス・ドナムも、それを理解していた。一九三三年、大恐慌のただなかで、ドナムはケーススタディ・メソッドに関し、対象範囲が狭すぎて、「広い関係性から物事を見る」ことができないビジネスリーダーを生み出しているのではないかと『ハーバード・ビジネス・レビュー』誌の記事で懸念を示している。もちろん、これは致命的な欠陥ではない。何も知らないよりは、いくつかの大いに有用なフレームに慣れ親しんでいる方がいい。

認知面での多様性を増やすためのもう一つの戦略は、新しいアイデアへの欲望をかき立てることだ。「認知的探索収集」とでも呼べる戦略だ。フレームを手に入れようという具体的な目的を抜きにして、新しい考え方や世界の見方を探求するのである。新しいアイデア、経験、世界の見方を求めてあちこちに顔を出す。好奇心を真剣に探求するものだと考えるといい。目的は、自分の領域の外にある大量の視点、多様な見方、多種多彩な概念に触れることだ。これをすることで、必要が生じたときによりオープンに新しいメンタルモデルを探し求めることができる。アイデアの狩猟採集民になるという作業に慣れることができ、探究心が鍛えられるのである。絶えず別の見方を探し求めることで、状況をよりうまく眺められるようになる。

認知的探索収集とは、たとえばオープンで探究的なマインドを育むべく、普段あまりしない経験（新しい人に会ったり、幅広いジャンルの本を貪り読んだり、いつもは行かないような場所に行ったりなど）を求める行動を指す。その行動には、自分の分野を超えた多様な人々との関係構築も含まれる。何か具体的な手助けを求めた関係構築ではなく、新しいインプットから来る認知的な刺激を求めた関係構築だ。しわのないシャツを着たビジネスリーダーが、タトゥーの入った人や顔にアクセサリーをつけた人たちと楽しそうにしゃべっているのを見ると、どうしてそんな奇妙な友人関係が生まれるのだろうと戸惑うことがある。だが実はこうした友情によって、見えやすく、即効性のある、直接的な形ではないものの、共に知恵を深めているのだ。

ソーシャル・ネットワークにまつわる研究も、これを裏付けている。シカゴ大学ブース・スクール・オブ・ビジネスの社会学者ロナルド・バートは、情報がパフォーマンスに果たす役割を理解するべく、組織内の個人についての研究をおこなってきた。重役のなかには、周りより創造的で、より優れた意思決定をおこない、昇進も早い者たちがいる。バートの研究では、そうした人々の成功要因はそれぞれが持つソーシャル・ネットワークや、一番近い同僚たち以外の意見と向き合う積極性と関連していることが示されている。彼は組織にいる二人の典型的な人物を対比し、それぞれ「ジェームス」と「ロバート」と呼んでいる。

世のジェームスたちは内向的だ。ルールに固執し、効率を重視する。「ジェームス」のソーシャル・ネットワークは、かなり重複した情報で満たされている。一方、ロバートたちは、他の領域とつながり、多様な情報を糧にして成功し、新しい視点を探し求める。ロバートたちはバートが言うところの「構造的な穴」、つまり各組織や分野間の分断をつなぐ存在だ。認知的探索収集家として多様な考え方に触れているので、物事を新しい角度から眺めることができる。この人たちは特定の問題を解決するためではなく、異なる意見や視点に触れること自体に価値を見いだし、人との関係を築いて維持する。

必要とあらば、ロバートたちは自身の限られたレパートリーとはかけ離れたメンタルモデルを探し求めることができる。認知的探索収集は、自分が知っていることや、簡単に手に入る視点を乗り越えるべき状況が生じたときの準備になるのだ。そうした探索収集は多彩なレパートリーを手に入れようとする意識的な試みに比べるとはるかに具体性に欠ける行動だが、はるかに多様だ。唯一、この探索収集でも準備できない例外的な状況が存在する。自分が知っているものすべてを手放し、まったく新しいフレームを考え出さねばならない場面だ。こうした例外に備えるには、さらに別の方法が必要になる。

最も根本的なアプローチは、「白紙」戦略だ。慣れ親しんだ考えを手放し、根本的に新しいものが入ってくるよう自覚的に意識を整えるのだ。満たすことができる空白を自分のなかに設けるのである。そうした空白のなかにこそ、物事をまったく新しい形で眺めていける可能性が潜んでいる。

もちろん、実際には完全に白紙の状態から始めることはできない。経験や知識は常に私たちの概念形成や難題への対処法に影響を与えている。しかし脳に（直接コントロールはできないものの）忘れる能力が備わっているのと同じで、このアプローチでは、状況を自分の知っているカテゴリーに分類したくなる誘惑から意識的に逃れる訓練をしなければならない。この白紙戦略は、慣れ親しんだ物事の捉え方を意識的に取り払い（Unlearn／アンラーンし）、いつもの道から脱する試みだ。手持ちのツールには飛びつかず、意識的に道具箱を脇にどかし、直面している課題の解決へ向けて実行可能な最善策を考えだそうという意思決定である。白紙のアプローチは、そうした意思決定の準備となる。

それは、自転車に乗る練習をしている子供が初めて両足を地面から離す瞬間や、プールの高い飛び込み台から初めてジャンプする瞬間に似ている。一歩を踏み出した瞬間、実際に体験せず読むか見るか聞くかしただけの人とは一線を画すようなステップだ。それは、意識のなかで一歩を踏み出す勇気であり、認知面での覚悟だと言える。

コンピュータ・サイエンスのパイオニアであるアラン・ケイと彼の「オブジェクト指向」プログラミングをめぐる話は、このアプローチがどのようなものかを教えてくれる。一九七〇年代の初頭、ケイはパソコン革命の発信源となったシリコンバレーにあるゼロックス社の伝説的なパロアルト研究所（PARC）に勤めていた。当時は、「手続き型」のコンピュータ・プログラミングが主流だった。プログラマーが何を実行すべきか綿密に設計し、コンピュータに従ってもらうよう、命令を手順ごとに根気強く変換していく形だ。人間のユーザーは情報を入力するだけであり、プログラムの目的を決めるのはユーザーではなく、あらかじめコードが埋め込まれている。メインフレーム・コンピューティング時代のメンタルモデルだ。

ケイは、このモデルをひどく嫌っていた。ユーザーこそがコンピューティングの中心であり、コンピュータは人間に知能を拡張する力を与えるものであるべきだと考えていたのだ。工具の作り手が、その工具を人がどんな目的でどんなふうに使うか予測できないのと同じで、プログラマーだってユーザーが何を実行するか予測することは決してできない。しかしそうなると、大きく異なる方法論のプログラミングが必要になる。

幸運にも、当時ケイは五年前の一九六六年一一月一一日にひらめきを得ていた。プログラミングの既存のパラダイムを超えようと試みる周りの人間たちの書くコードを眺めながら、彼は気づいたのだ。コンピュータは、指示すれば自身のなかに大量の小さな仮想コンピュータを作ることができるのではないか。各仮想コンピュータはそれぞれ一つの「オブジェクト」を扱いながら、メッセージを送り合うことで互いに交流することができる。「そういう可能性が、まったく新しいコンピュータの使い方として私の心を奪った」と、ケイは何年ものちに語っている。

ゼロックス社のパロアルト研究所で、ケイは「Smalltalk」というプログラミング言語を用い、この大胆なアイデアを実装した。それは、デジタル時代のソフトウェア開発の概念的な礎となる決定的な瞬間だった。スティーブ・ジョブズは一九七九年に同研究所を訪れたことで知られているが、そのときに見たSmalltalkが初期のアップルのパソコンに影響を与えたという。現在も、オブジェクト指向のプログラミングは、ほとんどのソフトウェアの開発手法となっている。

ケイは、「The best way to predict the future is to invent it（未来を予測する最善の方法は、その未来を作り出すことだ）」という言葉で知られているが、彼の「tyranny of the present（現在という独裁）」という言葉はあまり知られていない。機関や学校は目の前のことばかりに捉われ、新しい思考を促すことができていない、と彼は考えているのだった。あらゆる面で、ケイの生涯におけるプロジェクトは、人々が適切なメンタルモデルや文脈で新しい思考をおこなう手助けをすることだ。「ほとんどの創造性は、ある文脈から別の文脈への移行だ」と彼は言う。「今いる文脈――私たちが現実だと思っている文脈以外にも、たくさんの文脈が存在しているんだ」。フレーミングや白紙戦略の力を理解するのに、これ以上適した言葉はないかもしれない。

「葡萄酒色の海」へと航海に出たオデュッセウスから、二〇世紀前半に各大洋を飛び回った女性飛行士アメリア・イアハートに至るまで、未知へと足を踏み入れていったヒーローたちの物語は、実際のものであれ架空のものであれ、無数に存在している。ジェームス・モリスは一九五三年にエベレストの登山隊に同行し人類初の登頂を報じた記者だったが、その後多くの人に先駆けて一九七二年に性転換手術を受け、著名な作家ジャン・モリスとなった。こうした人々の達成は外見上のものだけでなく、メンタル上のものでもある。そうした達成の実現には、すでに持っているものを手放すことが必要だった。

優れたフレーマーは、同じく意識の面でもすでに持っているものを手放し、新しい視点やフレームに対してオープンなマインドを準備しなければならない。これは簡単なことでもなければ、特に心地よいことでもない。白紙の状態は、静かな海でも荒れ狂う海でもいいが、あてどなく漂っているような感覚だ。しかしこの意識の空白状態においてこそ、新しいフレームを築くことができる。

レパートリーを増やす、認知的な探索収集に勤しむ、白紙戦略を実践するという三つのアプローチは役立つツールだが、効果を発揮する状況はそれぞれ異なる。その違いは次のようなものだ。レパートリーの多様性を増やすことは関連書を手に入れること、探索収集はジャンルを超えてさまざまな本を貪り読むこと、白紙戦略は知識を得ようと情熱を燃やすことに似ている。

さまざまな視点を探求するべく複数のフレームを用いていると、各フレームは対立関係をはらんでいる場合もあると分かってくる。あるフレームは特定の要素を重視し、別のフレームはそれを軽視するということが起こりうる。こうした対立関係は、現実の複雑性や多面性を示すサインとなる。

そうした対立関係は珍しいものではない。物理学においては、光は「波でもあり粒子でもある」とされている。この二つのフレームは衝突するものだが、どちらか一方だけでは光を理解することができない。数学でも、フレームは至るところでぶつかり合っている。ユークリッド幾何学は点と角度に基づくものだが、デカルトは数字や代数を使ってリフレーミングをおこなった。そして、私たちはその両方を必要としている。ユークリッド幾何学は直感的に理解するために、デカルト式の「解析」幾何学は、そうした直感を計算で証明するために必要だ。国連は人類の連帯とグローバリズムを土台としているが、加盟できるのは国民国家に限られている。

重要なのは、「こうした対立関係を仲裁することはできないが、それは問題ではない」ということだ。対立関係を認識して初めて、個別のフレームを超えた包括的な絵を描くことができる。フレーム間の対立関係を積極的に見て回ることで、よりよいフレームの選択や、感情面での安定性の強化につながる。

フレーム間の対立関係の理解にとって欠かせないのが、認知的複雑性（cognitive complexity）という考え方だ。ある人の思考パターンがどの程度複雑で細やかであるか、あるいは簡易的でシンプルであるかを表現する心理学の用語である。あらゆる研究から、傑出したリーダーたちは認知的複雑性がはるかに高いことが分かっている。そうした特徴を本人たちも認識し、注目し、大切にしている。さらに仲間たちへも、そうした複雑性を伸ばしていくようコーチングしている。こうした特徴を持つのは優れたリーダーだけではない。バイリンガルとして育った子供たちも、他と比べて認知的複雑性を持って思考している。

たとえ対立を生むものであっても、異なる新しいメンタルモデルに触れることの価値を知っている人々は、積極的に異なる意見を求めていく。一九七〇年代にＩＢＭのチーフサイエンティストを務め、長年ハーバードの技術・政策プログラムを率いてきたルイス・ブランズカムは、新しく入ってきた同僚たちから彼の前でプレゼンすることを恐れられていた。「私がもう知っていることについて話すんじゃないぞ――私がまだ知らないことを教えてくれ」。彼はそんなふうに呼びかけるのだった。誰もが、ブランズカムの賢明なる原則に従うべきだ。

組織がやるべきこと

多様なフレームを持つことで利益を得るのは個人だけではない。メンバーのフレーム選択が向上することによって組織全体にも利益がもたらされる。組織としても、直面した課題に対するよりよい解決策を見つけられるようになる。こうしたフレームの「多様性による配当（diversity dividend）」はフレーマーだけでなく組織規模で共有され、グループ全体の成功の手助けとなる。

どうすれば組織は、メンバーたちの認知的多様性を守るだけでなく、広げていくことができるだろう？　そんなことは不可能にも思える。別の人間のマインドを覗くことなどできない。だが人の意識における多様性を直接計測することはできずとも、組織は代替となるさまざまな指標を確認することができる。そして認知面での多様性の最も分かりやすい代理指標となるのが社会的多様性だ。

育ちや学歴や職業経験が似ている人々は、おのずと思考も似たものになる傾向がある。対照的に、民族や社会階層や学歴が大きく異なる人々は、人生経験も大きく異なるため、世界を眺めるメンタルモデルも異なる。多様なグループから人を集めると、組織の認知的リソースを最大限に活かすことができる。

しかし多様性のある環境を育み、そこで仕事をしていくというのは、ここ数十年にわたり社会科学の研究でもメリットが強調されてきたことだが、得意な人が多いわけではない。強い力が私たちを阻んでいる。研究によると、ソーシャルネットワークには同類選好（homophily）という「類は友を呼ぶ」傾向が強い。自分と似たような外見の人に引き寄せられるだけでなく、自分と似たような思考を持つ人といる方が心地よさを感じるのだ。自身のあり方から離れ、自分とは違う視点に触れるには強い意志が求められる。

自分と違う視点に触れる努力が足りないように見えるのは、少なくとも部分的には、人間のフレーミングに原因がある。フレームを適用すると、最適な選択の特定に向けて選択肢をたちまち絞ることができる。それはスピードの重視へとつながる。だがそれゆえに、（第四章で紹介した集団浅慮《グループ・シンク》の被害者たちのように）有用な反実仮想すべてに思いを巡らせられない可能性がある。ショートカットできるがゆえに、未知の新しい考えよりも、馴染みある考えを好んで選んでしまいがちなのだ。

組織単位でのリフレーミングが必要な場合、決定的に重要なのはメンタルモデルの多様性を促進する環境を作ることだ。そうした環境は、異なる思考や新鮮な想像をおこなうための空間を提供してくれる。このような効果的なマインドセット（およびそれを手に入れる難しさ）を理解するために、取締役会の多様性に関するノルウェーの事例を見てみよう。

二〇〇三年、ノルウェーは二〇〇六年までに企業の取締役会の四〇パーセントを女性とする法律を可決した。当時の平均は九パーセントだったため、大幅な増加となる。しかし数年後、女性取締役の割合を他より大きく増やした企業は、市場価値の大幅な下落に直面し、ＲＯＥ（自己資本利益率）

も二〇パーセントほど低下した。取締役会に女性を増やすと業績に支障が出るように見えた。どうして多様性が効果を生まなかったのだろう？　どうして取締役会にどこよりも女性を増やした企業が、これほど業績を悪化させたのだろう？

その原因の一つは、おそらくそれほど女性の役員を増やす必要があった企業は、ジェンダーの多様性という点だけでなく、ビジネスにおいても後れをとっていたからだろう。つまり、業績の悪化は現実が実態に追いついただけのことだ。石油、ガス、鉱業、漁業といったノルウェーの主要産業においては、消費財やサービス業界に比べると、ジェンダーの多様性が経済的な成功に与える影響は少ないかもしれない。法律を手っ取り早く遵守するため創業家の女性を役員に招き入れた企業もあったが、そうした行為が多様性の効果をもたらさないのは当然だった。

しかし、より深い原因は、組織が異なる新しいフレームで問題を捉えていくためにはジェンダーのような見た目上の多様性だけでは足りないという点だ（もちろんそうした多様性自体は間違いなく良いことだ）。必要なのは認知的多様性である。この点で、ノルウェーは間違いを犯したのだろう。同国で役員に就くような女性人材は限られていて、しかもそうした女性たちは男性役員と同じコミュニティや学校や企業の出身であることが多かった。こうした男女は、性別こそ違えど、頭のなかはほとんど同じなのだった。この事例は、たとえ多様性を追い求めても、結局は画一的になる可能性があることをしみじみと思い知らされる。

『サイエンス』誌に掲載された研究では、さまざまなタスクにおいて、ジェンダーの面で多様なグループの方が均一なグループよりもパフォーマンスが優れていることが示されている。しかし、決定的要因はジェンダー自体にあるのではない。チームのパフォーマンスに貢献した女性たちは社会的感受性テストのスコアが高かった。グループ内での社会的相互作用を見極める力を測るテストだ。ジェンダーではなく、違った視点で考えられる能力、つまり今回の場合は、社会的感受性を持って考えられる力が決定的な要因だったのだ。

組織がリフレーミングという難題に直面しているとき、バックグラウンドも見た目も視点も多様なチームを集めることは利点になる。そうしたチームを集めると、実にさまざまなバリエーションのメンタルモデルを思いつく可能性が高まるからだ。それを裏付ける証拠は長年にわたって積み重なっており、二〇一五年頃には研究者もチームメンバーの多様性がタスクの成果を向上させると断言できるようになっている。

しかし、落とし穴もある。その研究では、多様なチームであっても、リフレーミングのような認知面での難題の解決を求められると、グループ内にあるさまざまな視点を深く検討して利用するのではなく、たちまち大多数の意見に迎合するようになることも示されている。これはおかしな結果だ。まるでそのチームは、多様性が持つ力を意図的に手放しているかのようだ。けれどもチームでの活動の前に、各自で個人的に難題解決の方法について考えてもらうだけで、こうした落とし穴も回避できる。

その理由は納得のゆくものだ。まず、その難題について各自で考えてもらうことで、メンバーたちはそれぞれ自分の多様なフレームを活かすことができ、それを持ってグループで議論することができる。反対に、最初からグループで議論してしまうと、メンバー同士が影響を受け合い、すぐに大多数の意見へと向かってしまう。そのため、リフレーミングという難題に直面している組織は、多様なチームメンバーたちにまずは個別に意見を考えてもらってからグループで集まる、というアプローチの方が優れていると言える。

ポドルニーによれば、アップルはまた別の手段を使ってメンバーの多様性を活かしているという。同社のマネジャーたちは、多くの大企業のように万能型の「ゼネラル・マネジャー」というよりも、特定分野の専門家である。こうしたマネジャーたちは、各自のフレームに基づいて確固とした、しかし多様な意見を持っている。集まって議論をするときも、すぐに多数派の意見に飛びついて話を切り上げ、互いを労《ねぎら》いながら役員専用の食堂へ向かったりはしない。そのため、先に述べたようなメリットのあるグループミーティングができるのである。アップルがマネジャーに求める重要な三つの要素は、知識、細部の遂行、そして「集団的な意思決定において、他の部門と協力的に議論しようという態度」だとポドルニーは言う。

グループの構成や、どのように力を合わせて働くかが、実のあるフレーミングができる環境を形作っていく。その他のテクニックには、多数決の原理は守りながら、チームメンバーにだいたい同じくらいの時間を与えて主張をしてもらう、といったものがある。これは直感的に正しいものだと聞こえるかもしれないが、あまりビジネスにおいて実践されていない。研究では、このテクニックだとグループの集合知を活用できるため、最もよく機能する方法だと示されている。

近年、組織や企業は組織の枠を超えて多様な視点を取り入れる試みを始めており、そうした動きが出てくることも理解できる。「どんな人であれ、誰より賢明な人間たちのほとんどは、自分以外の誰かのために仕事をしている」と、シリコンバレーの名技術者であるビル・ジョイは一九九〇年代に語っている。たとえ組織が多様なメンバーを集めたとしても、特にリフレーミングという厳しい難題においては、その場面に最も適したメンタルモデルを持った人がチームの外部にいる可能性もある。インターネットは、外部の人を招き入れたり、オープンイノベーションを支えたり、InnoCentive や Kaggle のようなプラットフォームでクラウドソーシングをおこなったりする際のコストを下げている。そうした取り組みで集められているのは多様な人というよりも、多様なフレームである。

このアプローチは、ときに非常に大きな効果を発揮する。日本の企業「Cuusoo」は、ファンたちがレゴのアイデアを共有できるサイトを作った。すると世界各地から（レゴ社の認定プロビルダーたちよりも）かなりクリエイティブな作品が集まったため、二〇〇八年にレゴ社はこのファンコミュニティと提携し、ファンたちの作品を販売することにしたのだった。その一つが一九八五年公開のカルト的な人気映画『バック・トゥ・ザ・フューチャー』に登場する車型タイムマシン「デロリアン」のレゴ版だ。折りたたみ式のタイヤも（そして、次元転移装置も）再現されている。Cuusooで発表されていたデザインは、現在「Lego Ideas」というブランドとなった。これらのデザインは通常のレゴのブロックや部品から作られているが、そのデザインの成立経緯は、私たちにどんなことが可能か新しい視点をもたらしてくれる例だ。

道化を讃える

多様性はコストがかからないわけではない。組織においては、どのフレームを適用するのが適切かをめぐり、激しい議論が巻き起こるかもしれない。そうなると余分なエネルギーが消費され、対立関係が高まりすぎると組織のパフォーマンスが損なわれる。とはいえ多くの場合、多様性を持つと結果は向上する。いい結果を求めてフレームを選択していくわけであるため、意見の対立は歓迎されるべきだ。多様性がある方がよりよい結果がもたらされるからである。問題に対する最善の解決策を探ろうというとき、多様性は有利に働く。

多様性の利点に関しては、数学者でありミシガン大学で意思決定について研究するスコット・ペイジが見事に説明してくれている。彼は連峰のなかで最も高い峰に登ろうとする試みをたとえに出している。自分の今いる場所から、どの道が「上」に向かっているかを判断するのは簡単だが、その道を登って高いところにたどり着いても、そこが「一番高い」とは限らないというリスクがある。「大域的最適解《グローバル・オプティマム》」（全体のなかで最適）ではなく、「局所的最適解《ローカル・オプティマム》」（特定範囲内で最適）で行き詰まってしまうのである。全体をすみずみまで見渡すことなどできない。「問題空間」のすべてを調査することなどできないのだ。

このような状況でほとんどの人がとる選択肢は、局所的最適解にとどまって成功を宣言するか、せいぜい近くの峰にいくつか上り、そこがより高いところであるとか、より高い場所を見渡せるところであることを願うかだ。時間も資金も意志も際限なく割くことはできないリソース上の制約がある世界においては、「満足すること」（登ったいくつかの峰のなかで一番高い場所を頂上だと受け入れること）が常識となっている。しかしながら、よりよい解決策は、異なるフレームを持つ人間を連れてくることだ。その人はまったく違う場所から登りだすかもしれないし、登り方も違うかもしれない。異なる出発点やアプローチを複数持つと、そのうちのどれかは大域的最適解にたどり着く可能性が高まる。

これは実践することが難しい。組織が多様性に抵抗を感じていると、その価値を制度に落とし込むことはなかなかできない。異なるフレームを持つ人たちを抱えておき、そうした人々の（たいてい組織としては聞きたくないような種類の）声を聞くためには特別なタイプの組織が求められる。ビジネスの世界では、こうした認知面でのアウトサイダーや凶事の予言者を育てる必要があるが、そうした存在は実に少ない。

古代ギリシャ神話のなかで、プリアム王の美しい娘であるカサンドラにアポロン神が恋をする。彼女の愛を勝ち取るために、アポロンはカサンドラに予言の力を贈る。しかし求愛を断られたアポロンは、（贈った神の力は取り消せないため）カサンドラに呪いをかける。カサンドラは未来を予言できるものの、呪いによってその予言を誰からも信じてもらえなくなってしまったのだ。そのためカサンドラは未来に何が起きるか分かるのに、その情報をひとり孤独に持ち続けねばならない。トロイが滅亡する！　風に向かって叫ぶものの、誰にも聞き届けられない。周りは彼女の気が触れてしまったのだと考え、耳を貸さなかった。

それは「フォーチュン500」に名を連ねる企業には日常茶飯事のことに聞こえる。だが現代の私たちが注意を払うべきなのは贈り物をしてくるギリシャの神ではなく、最適でない決定へとつながる体制順応的な思考だ。官僚制組織は、だいたい「企業のカサンドラ」に耳を傾けることができない。災難を予知して是正案を提案する従業員を無視してしまうのだ。インテルの伝説的な共同創業者であるアンディ・グローブは、こうした従業員をビジネスの成功に欠かせない存在だと考えていたため、自伝『パラノイアだけが生き残る』（日経ＢＰ社）のなかで「頼もしいカサンドラ」と題して丸ごと一節を費やし、「新しいものの見方」をもたらしてくれる従業員たちを讃えている。カサンドラの神話の結末は、良いものではない。トロイは実際に滅亡してしまう。しかしアニメ映画スタジオ「ピクサー」の共同設立者および社長のエド・キャットムルは、この神話を異なる形で解釈している。「いつも思うんだが、どうしてカサンドラのことを呪われた人物だと考えてしまうのだろう？」と彼は言う。「本当に呪われているのは、彼女以外の人間たちの方に思えるよ。彼女の語る真実を受け止められなかったすべての人間たちだ」

キャットムルはビジネスリーダーとして、この話の教訓を肝に銘じている。「認識の限界という点について、ずいぶん長いあいだ考えている。特にマネジメントの文脈では、常に自問する必要がある。我々はどれくらい見えているだろう？　視界に入っていない部分はどれほどあるだろう？我々が聞き逃しているカサンドラはいないだろうか？　心は善良であるとはいえ、我々も呪われていないだろうか？」

呪いは、自分には何かが見えているのに周りには見えない状態を指すのではない。本当の呪いとは、多くの異なるモデルを受け入れる認知的な賢さを周りの人間が持ち合わせてないことだ。問題は自分が周りに伝えられないことではなく、周りが耳を傾けないことなのだ。公衆衛生の専門家たちは、動物から人に感染するコロナウイルスが世界的なパンデミックを引き起こす危険性を何年も前から警告していたが、そんなフレームはあまりに大げさで異質のものに感じられ、ほとんどの人が注意を払わなかった。ユーニス・フットは一八五六年に、イネス・フォンは一九八八年に、大気中の炭素が地球温暖化につながると警告していたが、大衆はもっと後になるまでその警告を受け入れようとしなかった。

この呪いを乗り越えるためには、異なるフレームを招き入れる専用スペースを作り出し、そこで組織の人間たちに多様なメンタルモデルと触れさせる必要がある。政治の世界では、一八〇〇年代にイギリスで作られた「女王陛下に忠実な野党（Her Majesty's loyal opposition）」という考え方がある。個別の政策において他の政党と衝突したとしても、国に仕えるという高次の目標は周りと共有していることを示した表現である。同じように、軍事計画、企業戦略、コンピュータセキュリティなどにおいては「レッドチーム」という考え方がよく用いられる。組織内部に作られたグループで、計画やセキュリティの脆弱性を試すために敵対的な立場を取って攻撃を仕掛けるチームだ。このチームは外部の人間を招き、取り組みの脆弱な部分を探らせる。さまざまなフレームを衝突させることで（あるいは反実仮想をおこなうことで）自分たちへの攻撃を促し、取り組みに対する異なる視点を得ていくのだった。

中世の宮廷道化師も似たような機能を果たしていた。戦争を開始したり、税を徴収したり、法を執行したりする真剣な男たちのなかで、宮廷道化師は三角帽の先に付いた鈴を鳴らし、手に杖を携えて、愚かないたずら者のような雰囲気だ。だが道化師が愚かだという認識は、まったくもって間違っている。吟遊詩人や喜劇俳優など、他にも宮廷でおどける者たちはいたものの、道化師だけは王に向かって真実をぶつけることができた（王が面目を失わないように、冗談の形を取ってはいるが）。

一三八六年、オーストリア公レオポルト三世は、将軍たちとスイスに侵攻する計画を立てていた。そんなとき宮廷道化師が状況を分析して意見を述べた。「愚か者たちめ、どうやって攻め入るかばかり話し合っているが、そこからどうやって帰ってくるか、誰も考えていないじゃないか！」

フランスの道化師トリブレは、ルイ一二世とフランソワ一世に仕えた。トリブレが廷臣から殺すと脅されたことをフランソワ王に報告しに行くと、王は「もしそんなことを実行したら、その一五分後にはそいつを絞首刑にしてやる」と言ったとされている。それに対してトリブレは、こう返したという。「あの、陛下、そいつが実行する一五分前に絞首刑にすることはできませんか？」

こうした「道化」の役割は、有益な機能を果たし続けている。たとえば最近NASAがおこなった長期の宇宙滞在に関する調査では、緊迫感を和らげ、必要なときに新しい思考を呼び込むために、クルーのなかにひとりは道化師、いたずら好き、あるいはおどけたタイプの人物を入れることが必要だとされている。

適切な環境を築く

個人は、レパートリーを増やし、認知的な探求をおこない、白紙のメンタリティを作って認知的な未知の領域に飛び込んでいくことで、フレーム選択の能力を向上させることができる。組織もまた、さまざまなフレームを育てていくにあたって決定的に重要な役割を担っている。組織は多様な環境を作って維持していくことができるし、フレーミングの利用に向けてチームが適切な基本原則を確実に導入するよう後押しすることができる。

しかし組織がそれを実践するのは難しい場合が多く、どんなに素晴らしい意志を持った組織でさえ失敗することがある。その一例が『ニューヨーク・タイムズ』紙だ。多様性や独自の思考の砦であることを長年誇りとしてきた組織である。二〇二〇年七月一四日、同紙でコラムニストを務めるバリ・ワイスは、ある問題についてはは左寄りの記事を書いたかと思えば、また別の問題についてはは右寄りの記事を書いてあらゆる批判を展開していたが、そんな彼女が怒りと共に職を辞した。

彼女は、『ニューヨーク・タイムズ』が論説欄に右から左まで幅広く意見を揃えていく目的で、三年前に保守系の『ウォール・ストリート・ジャーナル』紙からタイムズへと雇われていたのだった。ドナルド・トランプが驚くべきことに大統領選で勝利したことを受け（この結果はもっぱら東海岸のメディアエリートにとってサプライズだった）、同紙の経営陣は自分たちが報道をおこなっている国と自社の物の見方がズレだしていると感じたのだ。中道右派の論説委員の登用は、読者に多様な意見を提示する手段だったのである。それは、オピニオン欄の編集長ジェームズ・ベネットと、同紙のオーナー一族からの提案による崇高な意志によるものだった。

しかし牡蠣に砂を含ませても、真珠が生まれるわけではない。論説欄とは異なる報道欄で執筆するジャーナリストの多くは、右寄りの論評を快く思っていなかった。次第に、内部の不満がツイッターへと漏れ出し、記者たちは公然と記事や書き手を批判するようになった。知的な舌鋒鋭い三〇代の著名ジャーナリストで、リベラルの考え方に疑問を投げかけることを厭わなかったワイスは、そうした批判の標的となっていたのだった。

ワイスはトランプ大統領就任の翌日におこなわれた「女性の行進」を批判した。#MeToo 運動に対しても、行き過ぎではないかと警鐘を鳴らした。「インテレクチュアル・ダークウェブ」という非メインストリームの論者たちを特集したり、検閲、マイクロアグレッション、そして保守と自由主義のあいだの文化戦争でよく議論される「セーフスペース〔差別や批判のない安全な環境〕」などを批判した。彼女が書くものは左右どちらの陣営からも反感を呼んだ。ユダヤ人である彼女は、ネットでナチスと揶揄された。

二〇二〇年六月、ブラック・ライブズ・マターのデモにともなって起きていた略奪や暴動を鎮圧するために軍隊の出動を呼びかける記事が論説欄に掲載されると、同紙のスタッフたちによる反発が起き、ワイスを雇った論説欄の編集者であるベネットが解雇されることとなった。ワイスへの非難は増えるばかりで、五週間後には彼女もタイムズ紙を去った。「私は『間違った考え方《ロングシンク》』の会社に立ち入ったことで、私の意見に反対する同僚たちからの日常的ないじめの対象となった」と彼女はウェブサイトに公開した辞表のなかで記している。

「新聞社で原理原則を守るために立ち上がっても賞賛されることはない。背中から撃たれるだけだ」と彼女は言う。「報道機関のなかで新しいコンセンサスが生まれつつあるが、この新聞社では特にその傾向が強いように思う。真実とは集団的発見のプロセスではなく、賢明なる少数の人間たちがすでに知っている『正しい考え』を、仕事として他の人間たちに伝えている、という考え方だ」

あるレベルでは、この論争は美徳シグナリング、アイデンティティ・ポリティクス、キャンセル・カルチャーが暴走する時代における言論の自由をめぐる戦いのように見える。しかしながら、ここにはもっと深い意味合いがある。認知的多様性は、フレームという材料によって左右される。そして組織は、フレームを育んでいくという点で決定的に重要な役割を担っているが、実行していく難易度は高い。「灰色の貴婦人」と呼ばれるタイムズ紙でさえ、その試みに失敗した。このように組織単位でも成功には困難が伴うが、最も重要な社会という単位となるとなおさら難しい。ここからは、社会という単位でのリフレーミングについて見ていこう。

第8章 多元的共存
人類の生存にはフレームの共存が欠かせない

ゲシュタポの将校は彼女のことを気に入っていた。将校は何日もかけ、向かいに座る小柄な若い女性を尋問した。多様な世界観を持つはずの組織、制度、そして個人が、ナチスのプロパガンダをモノトーンに繰り返す反ユダヤ的な世界観へと変わっていく様子を時系列に沿って描いたこと。それが彼女の容疑だった。捜査官が彼女の部屋を調査すると、謎めいた暗号（古代ギリシャ語で書かれた哲学的引用）が見つかった。

将校は、この暗号を理解できなかった。それまで彼は犯罪捜査官を務めていて、政治犯罪を追う部署には昇進したばかりだった。「君をどう扱えばいいっていうんだ？」と、彼は尋問中に何度も声を上げた。

彼女は、この将校が「誠実な顔」をしていると感じた。彼女がタバコを求めると、彼は何箱も持ってきた。コーヒーの味について文句を言うと、もっと味の良いものを持ってきた。彼女は巧妙に嘘をつきながら彼をおだてた。彼は釈放を約束し、タバコやコーヒーのときと同じように、約束を守った。ベルリンの独房に八日間拘束されたのち、ヨハンナ・シュテルン――のちのハンナ・アーレント――は釈放された。

そして一九三三年。ヒトラーが自身の権力を強固なものにしつつあった。二六歳のアーレントは、次に捕まったら前回のように運よく逃れることはできないだろうと理解していた。そのため彼女はドイツから逃がれ、最終的にパリへと行き着いた。ナチスは異なる意見や信仰を持つ人々を「予防的に」拘留、あるいは単に叩きのめし始めた。オペラに交響曲、画廊に出版社、政治サロンに猥雑なキャバレー。活気あふれる色鮮やかなベルリンが、輝きを失って徐々に単調な灰色へと変わっていった。

それはベルリンだけではなかった。それまでの一〇年間、世界各国の大都市の生活はエネルギーとイマジネーションに満ちたものだった。新しいアイデアや斬新な思考が花を咲かせていた。そうした熱気を、イタリア未来派やドイツ表現主義やフランスのダダイズムが描いてきた。その熱気はまた、ペトログラードでのボルシェビキの演説、フランスの歴代政権を脅かす急進派の政治家、マサチューセッツのイタリア人アナーキスト、サンフランシスコの中国人アナーキストたちの言葉のなかにも聞こえた。

一九二〇年代から三〇年代の初めは、たくさんのフレームに満ちていた――世界に対するさまざまな見方が生まれた。パリの「狂乱の時代《レザネフォール》」には、イーゴリ・ストラヴィンスキーが音楽を、パブロ・ピカソが絵画を、ジェイムズ・ジョイスが文学を、ル・コルビュジエが建築を再定義したが、その誰一人としてフランス人ではない。アメリカの「狂騒の二〇年代」においては、女性の「フラッパー」たちが踊り、酒を飲み、タバコを吸い、意識的に境界を押し広げ、「許容されるふるまい」とされるものを再定義してきた。

「あらゆる場所が、長い乱痴気騒ぎのような雰囲気だった」と、ある文芸評論家は書いている。「オーケストラの演奏はあまりにせわしなかった」。政治的、社会的、経済的、そして芸術的なアイデアが釜のなかでグツグツと沸き立つような時代だった。資本主義、共産主義、ファシズムが混在し、平和主義と軍国主義がぶつかり合う。キュビズムとシュルレアリスム、過激主義とミニマリズム、反ユダヤ主義とナチズム。あらゆる物がぶつかり、結びつき、反発し合い、姿を変えていった。

しかし、そんなアイデアの幅は次第に狭くなっていった。錆《さ》びと同じで、その変化は緩やかに、ほとんど気づかれないうちに進行していった。そうした変化の一部は計画的なものでもあった。過激主義者たちの勢力が大きくなった結果だ。また、人々が最善の結果を望み目指していくなかでの偶発的な、あるいは少なくとも意図せぬ結果だった。かつて花開いた多様なフレームが、飢えたり窒息したりしていた。科学者たちは工場の組み立てラインに追いやられた。「退廃」芸術も美術館の壁から取り除かれた。教師、ジャーナリスト、ビジネスマンは徴兵され、フレームの多元的共存《プルーラリズム》のなかで伸び伸びと生きるのではなく、大多数を支配するメンタルモデルに迎合せねばならなかった。

そうして暗闇が訪れる。軍隊のように組織化した若い男たちが街にあふれ、毎日のように野蛮な行為に明け暮れた。ヒトラー、ムッソリーニ、スターリンは反体制派を牢屋に閉じ込め、政敵やその家族を撃ち殺した。認知面での侵略は物理的なものへと変わっていった。ポーランドの一四歳の少女は、一九四三年に書かれたある日の日記を次のように締めくくっている。「ああ、いちばん大事なことを忘れてた。まだ生後何ヶ月かの赤ちゃんを兵士が母親の手から引き離して、その頭を送電塔に叩きつけるのを見た。赤ちゃんの脳みそが木に飛び散った。母親は発狂してしまった」。そうやって思い出したかのように付け足されているのだ。

工業化というエンジンが、有蓋貨車、ガス室、そして焼却場へと、何百万人も殺戮する機械に姿を変えた。戦争は騎兵隊と馬が引く大砲から始まり、焼夷弾と原子爆弾で終わった。最悪の時期が過ぎ去るまでに、人類は想像もつかないほどの苦しみをみずからに負わせていた。

このフレームこそが真実だ、という考え方

抑圧はさまざまな姿をとる。目に見える暴力、歪んだ制度、憎悪、不正義の背後には、目に見えにくい制約がある。そうした制約は人の自由なフレーミングを、そしてある世界観に別の姿もありえると再想像する自由を阻む。そういう事態は目に見えるわけではなく、そこから生じる影響を見ることによって初めて気づくものだ。認知的な抑圧とは多様なフレームを奪われた「空白」を意味する。何が「あるか」ではなく、何が「ないか」を見ることによって存在を知ることになる。社会がメンタルモデルのバリエーションを制限したり、今とは異なるフレームの正当性や存在を否定したりすると、苦しむのは個人だけではない。人類全体が目に見えない損失を被る。

こうした事態はファシズムや共産主義が台頭する一九三〇年代や四〇年代のヨーロッパで起こった。一九六〇年代や七〇年代の中国の文化革命の特徴でもあった。カンボジアのキリング・フィールドやルワンダの大量虐殺などは、そうした事態の表れだった。しかし抑圧の影響は目に見える暴力だけで終わるとは限らない。現実に対する人々の認識も歪めてしまう。暴力ほど物理的な恐ろしさはないが、問違った行為であることに変わりはない。アメリカの「赤狩り」もそうだ。一九五〇年代、マッカーシー議員らによる公聴会で、大学教授、作家、ハリウッドのプロデューサーらが議会に呼び出され、共産主義を支持しているかどうか証言を迫られた。こうした抑圧は現在、大学の

学生たち（および東欧の政治家たち）が、人の自由な意見の主張を阻んだり、それに耳を傾けなかったり、互いに手を取り合わないといった形で表れている。

私たちは、身の回りの現実について考え、現実と関係していくためにメンタルモデルを活用している。そのため、フレームを選んで活用していくことこそ、何より強力な手段なのである。多様なマインドは、個人をより良いフレーマーにする。また、多様性のあるチームは、よりよい解決策を導く。多様なフレームを受け入れることには、社会や人類一般にも似たような利点がある。個人が多様性から恩恵を受けるのと同じで、社会も多元的共存から恩恵を受ける。これはモラルというよりも実際的な問題だ。たくさんの多様なフレームに対してオープンかつ寛容であることは、社会が前進する確率を高めるのである。

フレームの多元的共存という考え方は、経済の分野においては明確だ。市場経済の本質は、市場参加者それぞれが自分で調整しつつ最適だと考える行動をとりながら相互作用している点だ。各々がそれぞれのフレームを使って意思決定し、競い合い、協力し合い、取引している（道徳哲学者のアダム・スミスは、「オープンで自由な市場」を求めると言った。そこでは、市場を阻む根拠のない税金や利己的な関税や不労所得生活者が得る不当な手数料といった障害物からの自由について語られているわけだが、メンタルモデルに対する制約からの自由という意味にも取れる）。同じように、多元的共存という考え方は政治の分野にも存在している。人々が自分たちのリーダーや法律を決めることができる民主主義では、統治をめぐるオープンな競争や、自由なフレーミングがなされている。

社会という範囲で言えば、多元的共存という考え方は画一化と対照的なものだ。多元的共存とは、一つの均質なものにまとめようとするのではなく、違いを受け入れることだ。虹のそれぞれの色は、一つの光線にまとめるとプレーンな白になってしまう。多元的共存は、色彩をそのまま保つことをよしとするものだ。カラーレスではなく、カラフルであることが目指される。さまざまなフレームにオープンで寛容な社会は、すべての人にとってよりよいものとして機能する。

多元的共存は目的ではなく、目的のための手段だ。目的は、社会を構成する人々を支え、物理的にも認知的にも権利と自由を守っていく社会にすることである。フレーミングの自由は人間の尊厳を高めるものだが、自由なフレーミングから生まれる効果こそ人間にとってのパワーとなる。多様性があると、個人だけでなくコミュニティにとって大切な場面でよりよい意思決定が可能になる。社会レベルでの多元的共存の目的は、豊富な種類のなかから選んだ一つのフレームに社会を集約させることではなく、複数の対立し合うフレームを同時に適用し、花開かせることだ。そうすることで個人と組織がうまくフレーミングできる環境が作り出される。

多元主義的な社会をたえず保っていくことは、突然かつ破壊的な難題に対する備えにもなる。既存のフレームに固執することがリスクとなり速やかにリフレーミングする必要があるような場面で、レジリエンス（困難からの回復力）を与えてくれる。生物が多様性を持つことで適応し進化していくのと同じように、多元的共存が多様なフレームを提供してくれることで社会も進化していく。進化論的な言葉で言えば、重要な局面で社会が織りなすフレームのタペストリーを利用できなければ、社会は自然淘汰されてしまう。だからこそ社会のなかにさまざまなフレームを抱える多元的共存は極めて重要な戦略であり、想像だにしなかったような未知の難題にも立ち向かっていく助けとなる。

多元的共存を手放すと、社会の生存が脅かされる。しかし多元的共存を受け入れると、「多様なメンタルモデルなど障害だ」と考えるようなフレームも必然的に生まれてくる。それが一九三〇年代に起きたことで、ナチス、ファシスト、共産党主義者らが思想の多様性を抑圧することに成功した。これは哲学者のカール・ポパーが「寛容のパラドックス」と呼んで懸念した事態だ。不寛容に寛容でいると、最終的に寛容性が消え去ってしまうことになるのである（詳しくは注参照）。

本書では、悪いフレームというものは存在せず、状況にうまく合わないフレームがあるだけだ、と繰り返し伝えてきた。そしてどんなフレームも共存を許されるべきである。しかしながら、この寛容なルールも条件付きであることは念入りに強調しておかねばならない。その条件とは「他のフレームを否定するフレームだけは、悪いフレームとみなす」というものだ。

フレームの多元的共存を主張しているのは、モラルや倫理、あるいは宗教的な信条や、みぞおち辺りに暖かなものを感じるからといった気分の問題ではなく、現実的な理由からだ。フレームが共存していると、よりよいフレーミングが可能になる。多元的共存は、変化の時代においてフレームの存在を確かに保証する「保険証券」のようなものだ。反対に、社会のフレームを制限してしまうと、各人独自の認知能力が存分に活かされないままとなってしまう。全体の認知のレベルを下げてしまうのだ。

悪いフレームを見極める簡単な方法や、そうしたフレームへのシンプルな対処法は存在しない。自分がすべての答えを持ち合わせていると信じているのは絶対主義者だけだ。悪いフレームと向き合うためには、常にオープンに受け入れる姿勢と、不寛容なフレームの台頭を防ぐ警戒感の両方を現実的に行き来する必要がある。また、そうした課題を認識すること自体、すでに重要なステップだと言える。

それと同じように重要なのが、悪いフレームとはたいてい例外的なものであり、基本的には寛容の姿勢を保つべきだと理解することだ。疑わしいときも、制限するよりは寛容であろう。フレーマーである私たちは、自分と違うフレームのことをとりわけ批判的に見てしまうからだ。そしてまた、例外的な悪いフレームを見定める作業は社会にとってきわめて重要であるため、誰かに委ねたりアウトソースしたりできるものではなく、誰もが責任を持って取り組まねばならない。

一元性と多様性

このフレームこそが真実だ、という考え方に人間はなびきやすいため、現実的な危険が生じる。これまで語ってきたように、人間は過去にうまくいったフレームを何度も使いたくなるものだ。少しでも釘に見えるものがあれば、いつもハンマーに手を伸ばしてしまう。あるフレームをいつも標準として素早く適用するのは役に立つことだがリスクも存在する。

同じフレームばかりを使うといつも同じ反応になり、別の視点に切り替えることが必要なときに失敗する。さらに悪いことに、それまでのフレームがうまくいっていればいるほど、それに固執するようになってしまう。そのフレームがあまりに素晴らしく、替えなど存在しないと考えてしまうことだってある。ある戦略を適用して大儲けしたあと、市場の状況が変わったのに同じ戦略に固執してしまい、なぜうまくいかないのかと首を傾《かし》げる悲惨な株式トレーダーに似ている。

一つのフレームで真実が分かるという考え方は個人にとって脅威であるが、社会全体にも大きな悩みを引き起こす。振り返れば分かるはずだ。何十年も経済や社会が成功を続けると、そこで使われている自分たちのフレームこそ他に勝るものだと信じてしまいたくなる。独裁的な国家では、自国のメンタルモデルを喧伝するために「成功」が叫ばれる。そうした叫びはプロパガンダマシーンに燃料を注ぐだけでなく、「自分たちは正しいのだ」という政権の思いを強化することになる。これは、意識や公共空間に残っている多様なフレームを取り払うことにより、社会を少しずつ知的な空白へと向かわせる危険な力学だ。

ところが、独裁国家の対極と言える自由民主主義も、こうした力学と無縁とは言いがたい。民主主義においては、その進行は遅く、認知的な多様性の縮小は少しずつかもしれない。しかし崩壊は、たとえそれが些細なものであっても、あるいは最初のうちはほとんど見えないものであっても、訪れうる。警戒していないと、次第に多様なフレームは、あからさまにでも法的にでもなく、社会からの圧力によって制限されていく。

ゲシュタポから逃れ、ナチス・ドイツを後にしたハンナ・アーレントは、何度も命を危険にさらしながらもアメリカへとたどり着き、その地で当代随一の知識人となった。政治哲学について力強い論を記した分厚い著書は『全体主義の起源』（みすず書房）や『革命について』（ちくま学芸文庫）など、簡潔で大胆なタイトルを冠している。一九六一年からおこなわれたアドルフ・アイヒマン（ホロコーストの実行に関与したナチスの将校）の戦争犯罪裁判を傍聴したあと、彼女はペンを手に取り、代表作とも言える『エルサレムのアイヒマン』（みすず書房）を執筆。「悪の陳腐さ」という言葉を生み出した。

アーレントは政治に関する思想がよく知られているが、何より興味深い仕事は彼女が「人間の条件」と呼ぶものに関する考え方である。アーレントは人間の本質を、思考し、意思決定し、活動する能力だと語っている。彼女は複数のフレーム、本人の言葉で言えば複数の「立場（standpoint）」の共存を支持している。

「わたしが所与の問題に考えをめぐらしているときに、人びとの立場をわたしの心に現前させればさせるほど（中略）わたしの最終的結論や意見の妥当性は増す」と彼女は記している。

彼女は、個人の思考を集団的に均質化することに抵抗していた。「一般意志」を求めたのはルソーであり、アーレントではない。彼女は立場の「複数性」を主張した。また、『人間の条件』（ちくま学芸文庫）では端的にこうも記している。「地球上に生き世界に住むのが一人の人間 man ではなく、多数の人間 men である」

アーレントは独裁的な社会におけるメンタルモデルの単一性に強い拒否感を抱いていた。彼女がフランスやロシアの革命を批判したのは、国民に多様なメンタルモデルを自由に表現させるのではなく、現実に対する単一のビジョンを押し付けたからだった。

しかし重要なことに、彼女は西洋の独善的な普遍主義についても警戒していた。この、寛容に見える自由主義社会の視点も、唯一の真実のフレームとして世界中に押し付けられる可能性がある。彼女が求めていたのは、さまざまなメンタルモデルが共存することだった。それこそが彼女の人生と仕事をつなぐ赤い糸であり、彼女自身が体現したことであった。彼女はユダヤ人の女性として、当時のドイツ最大の（そして最も物議を醸した）哲学者マルティン・ハイデガーに師事し、その後アメリカの女性として「暗い時代の人々」の行動原理を研究した。どのような建前であれ、国家が人々の認知的能力を制限すると、社会は貧しく脆弱になる。アーレントはフレームの多元的共存の重要性に気づいてもらうことを目指していたが、それが理解されることはほとんどなかった。

一九九〇年代初頭の冷戦終結と共産主義の崩壊は、西洋の多くの人にとって、西洋の価値観だけでなく西洋のフレーム、つまり自分たちが世界を見るときに用いるメンタルモデルこそ周りより優れたものだという確信を深めるばかりだった。アメリカの政治学者フランシス・フクヤマは、一九九二年に自由民主主義の勝利を主張したことで知られている。自由市場民主主義（ソ連崩壊後に残った支配的なフレーム）は政治理念の終着点と考えられるため、人類は「歴史の終わり」を迎えたというのだ。アメリカがその代表例である「自由市場民主主義」のフレームは、首尾一貫した確固たる代替案を突きつけられることがなかった。そのため、世界情勢は「一極時代」へと進んでいったのである。

唯一無二の超大国として、アメリカは自分たちの価値観とメンタルモデルを世界に輸出した——勝利至上主義者と普遍主義者のアイデアと理想の行進だ。ベルリンの壁が崩壊した一年後には、旧東ベルリンの地下鉄に、「ウエスト」という名のタバコを宣伝するポスターが貼られていた。「ウエストをお試しあれ！」。うわついた楽観主義が、その一〇年の特徴だった。ロシアは投資にオープンで、選挙もおこなった。中国はアメリカの後押しにより、二〇〇一年に世界貿易機関（WTO）に加盟した。中国が経済の開放や、人間のより大きな自由の道へと向かっているわけではなかったことなど、ほとんど誰も見抜けなかった。

九・一一の後で、アメリカはイラクとアフガニスタンに侵攻した――そして現地で、民主主義に則った国政選挙の開催に取り組んだ。二〇一〇年に「アラブの春」と呼ばれる民主化運動が起こり始めると、アメリカが独立を宣言した「一七七六年の精神」がついにテヘランやチュニスへと進出した証だと識者たちは考えた。彼らは自分たちがよく知るフレームでこの出来事を見ていたわけだが、その見方は状況自体よりも、そのフレームを用いた人物について多くを物語る。そのフレームを使って見ていた物事よりも、それを使っていた人物の考えがよく分かるのだ。自分たちのフレームだけが正しいと思い込んでしまう過ちは、思い当たる人もいるのではないだろうか。「フレームがうまく機能しているのなら、変える必要なんかどこにある?」と自然にバイアスがかかってしまうものである。

しかし問題は、本当はもう機能してないフレームを使い続けてしまうことだけではない。危険なのは、別のフレームが排除されてしまうことにより、自分たちの常識に対して異議が投げかけられなくなることだ。多様なフレームが共存しながら支持を求めて競い合うことを推奨するような環境でなくなるリスクがある。

フレームのバリエーションが多いと、直面する課題への新しい解決策を見つけることができ、それゆえに課題を乗り越えていける可能性が高まる。フレームの種類が少なかったり単一のフレームしかなかったりすると、支配的なフレームこそが正しいのだと勘違いする罠に陥り、課題への対処に失敗してしまうかもしれない——そして古代の王国や僻地の島国の住民と同じように、自分たちが対応できなかったばかりにみずからの文明が滅びゆくさまを目にすることになる。だが、いつだってこうした事態を回避する手立ては存在する。

意識のモノカルチャー化を回避する

情報化時代が幕を開ける頃、その中心地と言えばアメリカの東海岸だった。通信大手Ａ Ｔ＆Ｔは本社をニュージャージーに構えていた。巨大電機メーカーＧＥの本社はコネチカットにあった。コンピュータ界の巨人ＩＢＭは、写真のコダック、コピー機のゼロックスと同じくニューヨークに拠点を置いていた。そして東海岸のボストンにあるルート一二八号線沿いには、コンピュータ企業がずらりと並んでいた。一九五九年時点では、ルート一二八でテクノロジー関連の仕事に就く者の数はシリコンバレーの三倍もいた。しかし一九九〇年までにシリコンバレーのテクノロジー企業の社員数は飛躍的に増加し、ルート一二八に比べて三倍の雇用を生み出すほどになっていた。シリコンバレーは、どのようにして成功したのだろう？

答えは、東海岸の巨大テクノロジー企業が政府の官僚組織のように運営されていたからだ。画一的で、高度に中央集権的だった。当時はグレーのフランネル生地のスーツを着たサラリーマンの時代だった。ルート一二八にある（ディジタル・イクイップメント・コーポレーション、アポロコンピュータ、ワング・ラボラトリーズなど、今や忘れ去られた企業を含む）各社は、堅苦しい階層型の組織だった。意思決定は上層部に集中し、情報は会社の外に共有されず、外部へ漏らされることがない。この業界の労働市場は転職での出入りにオープンでなく、そうした流動性のなさにより、社員たちは会社が正しいとする一つの考えに従うことで見返りが得られていた。その一方で、社外のアイデアに触れる機会が減る。経営学者のアナリー・サクセニアンは代表的な著作『現代の二都物語』（日経BP社）のなかで、新しい思考よりも安定に価値が置かれたと指摘している。

反対にシリコンバレーでは、小さく敏捷性のある企業のネットワークが花開き、互いに競い合いながら積極的に新しいアイデアを求めていた。支配的な地位を占める企業はおらず、スタートアップは非中央集権型で、リスクを負っての挑戦が重視された。競争とは小さな実験の連続であり、それが全体を賢くしていく。各社の人間たちは会社の外で顔を合わせると意見交換をおこない、労働市場でも職を変えていくことが促され、企業はそうした従業員から豊富な種類のフレームを引き出すことができた。その結果、細分化されたシリコンバレーは体制順応的な東海岸の企業より革新的で効率的になったのだった。

経済史学者のジョエル・モキールや人類学者のジャレド・ダイアモンドによると、およそ二〇〇〇年にわたる中国とヨーロッパの経済競争においても、同様の状況があったという。歴史の大半において、アジアの方が科学的にも経済的にも進んでいて、ヨーロッパの方が原始的で遅れていた。フレームの共存が社会の運命に果たした役割を知るため、紀元前二二一年まで歴史を振り返ってみよう。

諸国間の戦いのあと、中国は秦のもとで初めて統一された。唯一の権力として、秦国はあらゆることを効率化することができた。中央で意思決定がおこなわれ、それが国中へと広められていく。それから千年以上にわたり、中国は世界の科学とイノベーションを牽引してきた。中国で生み出されたものには、鋳鉄、火薬、造船、羅針盤、精巧な時計、紙、印刷などがある。一四〇〇年代初頭、コロンブスが三隻の小さな船で大西洋を横断するよりもずいぶん前に、中国は大型の船を何隻も連ねてインド洋へと送り出し、東アフリカに到着させていた。

しかしながら、一四〇〇年代の半ばに内部で権力闘争が起きたあと、内向きな派閥が権力を握った。中国は船の派遣を止め、造船も停止され、造船所は解体された。外洋航海も、貿易も禁止された。一六六一年、皇帝は中国南部の人々を一七マイル（およそ二七キロ）内陸へと移動させたうえ、ヨーロッパの商人や外交使節団を立ち去らせた。高度に中央集権化されていたために、ほんのいくつかの意思決定だけで、中国の偉大なる航海と発明とグローバル化の時代が終わりを告げてしまったのだ。

一方、ヨーロッパはどうだったのか。一四世紀のヨーロッパは、千にもおよぶ小国が林立し、たがいに競い合っていた。同地域での宗教をめぐる戦いは、基本的に一五〇〇年代の半ばに終わりを迎えた。「Cuius regio, eius religio（領主の宗教が領民の宗教）」という原則が取り入れられ、宗教の多元的共存の道が開かれた。しかしながら、領地や公国や王国は権力と富をめぐって衝突した。その争いは大きな摩擦を引き起こし、数えきれないほどの血みどろの戦いが生じた。だが一方で、こうしたヨーロッパの分裂は、実験の肥沃な土壌でもあった。政治、経済、科学の分野で新しいフレームの実験場となっていたのだ。

中国の政治が統一されていた一方で、ヨーロッパは分散していた。中国は一つの支配的な言語を持っていた一方で、ヨーロッパにはさまざまな言語があり、独自のアルファベットが使われる言語も多かった。中国が中央によるコントロールをおこなっていた一方で、ヨーロッパの土地は各国が独立した思考をできるくらいには広いうえ、意見を交換したり、うまくいったものを共有できるくらいには近くて多孔的だった。イタリアの都市国家やドイツの州制度が隆盛を誇った。シャルルマーニュからナポレオンに至るまで、ヨーロッパ統一の試みは失敗に終わった。全盛期のローマ帝国でも、領土はヨーロッパの半分以下だった。非中央集権の分散型であることは多様性を意味し、そうした多様性からさまざまなフレームが生まれ、問題を精査し解決策を探ることができた。

中国は中央集権型で運営される均質的な国家だった。ヨーロッパは各国がバラバラに存在し、さまざまなフレームに満ちていた。社会的な条件によって、世界のある場所ではフレームの多元的共存が阻まれ、別の場所では促進されたのだった。中国は火薬を発明したものの、絶えず脅威となる敵というものが存在しなかったため、火薬を花火に活用していた。ヨーロッパの人間たちは、経済的な競争や隣国に対する絶え間ない恐怖があり、火薬に別の活用法を見いだした。そのうちの一つが、残念ながら武器の弾薬である。現在、経済に関してはこうした状況が逆転しているようだ。中国は経済的な競争の温床であり、ヨーロッパはビジネスのダイナミズムやイノベーションへの渇望が失われてきているように見える。統治は、個人にも、企業にも、国にも影響を与える。そのため、社会的な条件が大きな問題になる。

皮肉なことに、今度はシリコンバレーがモノカルチャー化している。エンジニア、ソフトウェア開発者、ウェブデザイナーらは外見や思考が似ている傾向にあり、同じ価値観に突き動かされていることが多い。全権力を握ったリーダーが取り仕切る巨大で均質的な企業は、小さなスタートアップ企業の崇拝の対象のようにそびえ立っている。ノルウェーの取締役会と同じように、カリフォルニア工科大学のリサーチ・サイエンティストであれ、高校中退のハッカーであれ、認知的多様性を欠いているように思える。フィンテック企業「ストライプ」の創業者パトリック・コリソンと経済学者のタイラー・コーエンは、「進歩研究（Progress Studies）」という新しい領域を提唱している。狙いは、あるエコシステムが他よりも優れた革新的なものとなる理由や、成功を続けている方法を詳細に理解することだ。おそらくエンジニアなどの技術マニアたちが似通っているのは、誰もがアップル大学でジョエル・ポドルニーの講義を受け、「異なる視点を持つ」ために同じような試みをしているからだろう。

モノカルチャーは決して機能しない。メンタルモデルが均一だと、社会全体と同じように経済の分野でも失敗してしまう。フレームの多元的共存という原則（つまり、他のフレームの否定をおこなうフレーム以外は、どんなフレームでも受け入れるという原則）は、シンプルかつ効果的な解決策をもたらしてくれる。

フレームの多元的共存と言っても、すべてのフレームに等しい有用性や価値があるわけではない。ほとんどの状況において他のフレームより明らかに劣っているフレームもあるため、そうしたフレームの使用を検討するときにはきわめて慎重でなければならない。もちろん、ある状況においては他のフレームの方が劣っているとか、特定の条件下では自分のフレームの方が優れているといった形で、他のフレームに批判的な目を向けることもありうる。しかしそれこそまさに、うまくフレームを活用していくための確固たるギブアンドテイクであり、万人にとってのメリットとなる。

それゆえに、「地球は平らだ」というフレームは欠陥があるものだが、それでも短い距離を簡易的に測る際には役立つと言うことができる。地球の曲率は、局所的な規模では無視できるほど些細なものだからだ。このフレームが現実と一致するものでない理由を説明することはできるが、こうしたフレームが存在すること自体を否定してはならない。同じように「地球温暖化は人間によって引き起こされたものではない」というメンタルモデルも、撲滅するべきではない。科学という観点では不正確であり、誤った意思決定を招きかねないフレームだが、そうした事実はその間違ったフレームを避ける根拠にはなれど、存在自体を否定する根拠にはならない。

フレームの多元的共存が目標としているのは、フレーム同士が競争し、補完し、相反しながら共存することだ。しかし例外として、別のフレームの存在を根本から排除したり否定したりするフレームは受け入れられない。そうしたフレームは、現在のキャンセルカルチャーのように、異なる見解を検閲する非常に有害な社会的なプレッシャーを生んでしまう。それは言論の自由を阻むだけではない。他人の思考を――その人たちの現実理解を――受け入れず拒絶することになる。

フレームの多元的共存はよりよい結果を生むが、私たちが共有しているレパートリーから何らかのフレームを倫理的・道徳的に正当な理由をもって禁じようとすることはありうる。しかしながら、そうした制限がおこなわれる場合は、フレームの多様性が縮小してしまうのだということを認識し、受け入れなければならない。

また、フレームの多元的共存はコストが不要なわけでもない。社会的な摩擦が生じるはずだ。もしもすべての人間が世界を同じように見ていたら、議論や言い争いはほとんど起こらない。しかしそのような場合、社会が崖から飛び降りようとしていても、止める人がひとりもいないかもしれない――つまり、状況を正確に見極めることができず、まずい意思決定を止めることができないのだ。

さまざまに異なる視点が存在できるよう後押しする社会とは、意図的に投資をおこなう社会である。フレーム同士の衝突を受け入れ、そうした摩擦を社会的な特徴に変える方法を探るのだ。

では、どうすれば社会はフレームの多元的共存を存分に享受していけるだろう？　最も基本的な方法は、適切な環境を作り上げることである。互いに異なり、競い合うようなフレームを大切にする環境だ。個人のなかの認知的な多様性が、より広い環境の多様性といかにつながっているかは前の章で紹介した。バラエティ豊富な友人や同僚は、自身のメンタルモデルの幅を広げてくれる肥沃な土壌である。同じことは、社会全体にも言える。

フレームが共存する社会とは自由民主主義と同義であるとは限らない。たとえば、かなり似た意見ばかりでメンバーが構成された民主主義というのも考えうるからだ（一八〇〇年代のイギリスのヴィクトリア朝や、二〇世紀の日本の合意形成型意思決定を思い出してみるといい）。同じように、さまざまなフレームを受け入れながらも、民主主義とは限らない社会も想像することができる（ローマ帝国は文化的に多様だったが、もちろん民主的に統治されていたわけではなかった）。多数派が支配せずとも、数々のフレームが共存していれば、破壊的な変化の時期においても、イノベーションやよりよい社会的な意思決定につなげていける。

認知的な自由を守り、フレームの複数性を促進していく環境は自然に発生するものではない。実際、人間に備わる部族主義的な傾向は、目に見えない引力のように人を認知的な均一性へと向かわせていく（上司とミーティングをしたことがある人なら、誰でもその感覚は分かるだろう）。フレームの共存を促進する環境は、意識的に作り、維持していかねばならない。成功を宣言し、それでおしまいとはいかない。フレームが共存する状態を保つことは、社会の重要な課題だ。しかし、それは人々に力を与えるものでもある。現状に満足したり、受動的になったりすると認知の多様性をむしばむ人間を助けるばかりだが、そうしたことにさえ抵抗できれば、ほんのわずかな努力でも大きな効果がある。

無数のフレームを花咲かせる

社会は、幅広い種類の視点が咲き誇るフレームの多元的共存を作り出すことができる。それを可能にするのは、次の四つの戦略だ。個人レベルでは、多様性を受け入れることと、教育を活用すること。そして社会のレベルでは、人口移動を促進することと、摩擦を受け入れることだ。一つずつ見ていこう。

一つめは多様性だ。異なる意見が出てこないかと受動的に待つのではなく、積極的に求めていく姿勢を持たねばならない。幅広く意見が出てくることは、避けるべき人生の不快な事実ではなく、讃えるべき特徴だと考えよう。「私はそれについて違った捉え方をしています」というシンプルなフレーズは、対立が強調される言葉でもあるが、同時に自分だけでなく相手の意見を尊重した言葉でもある。こうした言葉は、それぞれ異なるフレームを持つ人間同士であっても、実りのある交流が可能であることの証である。世界は認知的に均一な場所ではないこと、そして幅広いメンタルモデルがあることこそ進歩した文明の本領であることを受け入れている言葉だ。

こうした考えを踏まえた取り組みは、アメリカで同性婚の実現を目指す活動家たちが賢くも繊細に実践してきた。一九九五年の時点では、アメリカ国内で同性婚への賛成はわずか四分の一だった。しかし二〇二〇年には、その数が七〇パーセント近くにまで達した。何が起こったのか？　社会人口統計学的な要素の変化も理由の一つだろう。子供を持つ夫婦が減少し、結婚も生殖という側面より安定的な関係に重きが置かれるようになったのだ。しかし、もっと深いところでは別の理由も存在していた。

一九八〇年代以降、結婚は同性愛者たちの権利運動の中心となっていた。彼らはただ結婚できる法的な権利を求めているだけであったが、進展は見られなかった。「神はアダムとイブを作ったのであって、アダムとスティーブは作っていない」と保守派は激しく非難した。活動家の組織「結婚する自由」でコミュニケーション戦略を率いたケビン・ニックスは言う。「合法化を重視するフレームは、法的な『権利』という言葉の使用を含め、機能しませんでした。そうした言葉は無味乾燥としていて無機質で説得力がなかったのです」

二〇〇〇年代の初頭、ニックスらは世論調査やデータを熟読し、フォーカスグループから意見を収集し、同性婚についてアメリカ国民が何を懸念しているのか探った。彼は言う。「国民と——そしてかつての敵たちと——話をする方法を知る必要がありました。それぞれの心の中にあるテンプレートを保ったまま、仲間になってもらうのです。私たちは価値というフレームに重きを置いて主張することにしました。愛や誓いや家族など、多くの人が結婚する理由に訴えたのです」

言い換えると、この組織は同性婚の押し出し方を変えたのだ。自由や権利を主張するのではなく、結婚とは愛の表現であり愛の誓いだと訴えることにしたのである。これが決定的な変化となった。彼らはあらゆる種類の当事者たちに、結婚の価値という側面を訴えてもらった。また、たとえば自分の子供の結婚する権利を守りたいという異性愛者の親などからなる第三者の「検証者」も設けた。それから広告を出し、政治メディアや有名媒体で自分たちの取り組みを語り、テレビでも紹介された。

目標は、「正しい」一つのフレームがあるかのように、相手の世界の見方がいかに間違っていて説得力がないかを指摘することではなかった。彼らが目標としたのは、正当なフレームというものは数多く存在するのだと示すことだった。そのうえ、彼らは同性婚を、異性愛者の多くがすでに持っている「愛」や「誓い」といったフレームのなかに位置づけたのだった。

それは功を奏した。二〇一一年、ついに逆転の時が訪れた。アメリカで同性婚の支持者が反対の数を超えたのだ。特筆すべきは、同性婚を「自由」という観点から表現したのは人口の一四パーセントにすぎなかったが、「愛」や「人間の愛情」といった観点から表現した人は三二パーセントにも及んだことだ。そして二〇一五年六月二六日、最高裁は同性の婚姻の権利は憲法上認められているという判決を下した。その大きな社会的勝利が得られたのは、特定のフレームを人々に無理やり認めさせたからではなかった。さまざまなメンタルモデルが共存可能であるという考え方、そんな多元社会の礎こそが、成功の核にあったのだ。

フレームの共存を促進する二つめの方法は、教育と幼児期の社会化のなかにある。現在の教育と教育学は、一世紀前に比べてどんどんオープンになり、異なる視点を持つことを後押しするものになってきている。この変化は、たとえば田舎と都会の学力差といった、教育分野内の差異よりもはるかに際立った普遍的な変化だ。現代的な学びには、「新しいアイデアにオープンであること」という特徴がある。その結果、近年の若者たちは意見をはっきりと臆することなく自信をもって述べるようになっている。しかし、より重要なのは、そのように個人が教育されることでフレームの多元的共存が維持され、それが社会にとっての利益になっている点だ。

もちろん、後れをとっている地域では特に今以上の取り組みができるはずであり、実行されるべきである。さまざまな異なる視点を受け入れるような体験を教室に生み出すのは、教師にとっては大変な挑戦だ。教師たちはおそらく、今よりも多様性が許容されない環境で育ってきただろうからだ。自分の意見に疑問が投げかけられる教師は返答のために多くのことを知っておかねばならないし、とりわけ自身の意見の強みと弱みを把握しておく必要がある。さらに、議論を取り仕切る技術や、別の見解の方が優れているかもしれないと進んで認める姿勢も必要になる。教える知識や管理業務が増加する一方で人手が減る状況に苦慮している教師という職種にとっては、かなり大変な要求だ。クラス全員がうなずきながらノートを取っていると、ついつい自分の見解こそが正しいのだと考えてしまいたくなる。

アイデアに異議を投げかけ、衝突の正当性を受け入れることは、オープンな社会の核心だ。リベラルアーツ系の学生は学問的背景がしっかりしているため就職に有利だと、長らく採用担当者たちは主張してきた。それはつまり、高等教育の中心的な任務がスキルトレーニングであるとは限らず、むしろ認知的多様性の促進であることを示している。「何」を考えるかではなく、「どう」考えるかが大切なのだ。そうした教育が、個人がよりよいフレーマーになる手助けになる。また、より広い視点で言えば、そうした教育は次の世代にも社会のなかでフレームの多元的共存を確保するようにと伝えていくことでもある。

世界を眺めるレンズは複数ありうることをどうやって教えていくかが重要になるだろう。違いを無視して隠すのではなく、違いを知って讃えるのだ。違いを明らかにすることで、その違いに敬意を払いながら接することができる。違いを尊重し、正当に扱うことができる。目に見えるようになれば、それについて話すことができる。これに関し、社会学の研究で興味深い例がある。アメリカの白人と黒人の親が、子供に人種について語る際の大きな違いについてだ。

善良な白人の親は、人種を指摘したり、人種問題を持ち出したりしない傾向がある。そうした「カラーブラインド」な、色を区別しない行動が人種差別的でない子供を育てると信じているからだ。大事なのは肌の色ではなく、その人の人格だ、というマーティン・ルーサー・キング牧師に由来するメッセージだ。一方、黒人の親は定期的に子供たちと人種や人種問題について話し合っている。「カラーブラインド」は、目の前にあるものを意図的に無視することに等しい。店の通路を歩くときから交通違反で車を止められるときに至るまで、人種が日常生活にどれほど影響を与えているかに目を向けないことになる。黒人の子供たちは、「カラフル」に、つまり人種の違いを鮮明に見るよう教えられている。

社会学者たちは、実はこの「カラーブラインド」のフレームが人種差別の大きな要因だと考えている。色の違いなどすっかり問題でなくなったかのように振る舞うことで、善意の白人たちは日々差別を受ける有色人種の経験を知らぬ間に否定してしまうのである。色に目をつむった「カラーブラインド」のフレームは、虹を見分けのつかない一様の灰色に変えてしまうようなもので、違いを消去し多様性を無視することになる。私たちが生きている現実に目を向けないまま均質性を讃えることになり、フレームの多元的共存とは正反対のものとなってしまう。

反対に「カラフルネス」（人種を研究する社会学者たちの用語）というフレームは、違いを認めるだけでなく、人種の違いによって起きる苦痛、苦難、対立に目を向けることができ、最終的にはそれらを多様性へと変えていくことができる。教育や社会化の目標は、社会に実在する差異を、責任と好機という両面から認識することだ。

フレームの多元的共存を育むための三つめの方法は、移住と移動に関するものだ。人々が自分の文化や考え方をある場所から別の場所へと持ち込めば持ち込むほど――その場所で混ざり合い、姿を変えていくことによって――環境が豊かになり、多様なフレームが繁栄する。歴史を振り返っても、アテネやローマから一七世紀のバイオリンの名産地クレモナといった革新的な地域に至るまで、新鮮でエネルギーに満ちた思考のハブとなるような場所は定期的に生まれてきた。パリのラテン地区《カルチエ・ラタン》は、そこがヨーロッパ中からラテン語を話す学者が集まって交流する交差点であったことが名前の由来となっている。

移動と移住が重要なのは、それらが前提としている開放性だ。二〇〇〇年代の初め、都市理論学者のリチャード・フロリダは地域や都市の経済的な成功および失敗の奥にある要因を検証した。成功の背後にあるものを探り出すべく膨大の量の指標に目を通し、『クリエイティブ・クラスの世紀』（ダイヤモンド社）という本で調査の結果を報告している。そこで際立っていたのがテクノロジー、才能、寛容性という三つの要素だった。

最後の「寛容性」こそが要《かなめ》だ。どこよりもオープンな場所が最もパフォーマンスが高かった。

「そういう場所の人たちは、言うなればより大きなメンタルマップを持っているんだ。人がリスクを取ることができるような場所であり、視点も均質的ではない」とフロリダは言う。クリエイティブ・クラス（創造者階級）は、より寛容でオープンな地域へと移っていく。こうした階級の存在は多様性と多元的共存の先行指標だ。そして、フレームの多元的共存が経済的な配当を生み出す先行指標でもある。

しかしながら、開放性を作り出すには長期的な取り組みが必要になる。ドバイやシンガポールのような比較的寛容（地理上の近隣都市と比べて寛容）な都市から分かるのは、最も優れたクリエイティブ・クラスは移動が激しいということだ。寛容性が保たれなくなると、彼らはすぐにそこを離れる。そうしたクリエイティブ・エリートを追いかけるよりは、その地域に来て長く留まろうという気持ちのある人々に十分な開放性を示す方が賢明かもしれない。

より広い規模で言えば、社会全体におけるフレームの多元的共存も移民によってゆっくりと影響を受ける。先進国の多くでは出生率が低いため、移民は人口を補充する一つの手段となっている。しかしながら、移民に何を期待するかは社会によって異なる。たとえばヨーロッパ大陸では、何十年にもわたって大規模な公共支出プログラムがおこなわれており、新しい移民が迅速に同化できるよう支援がなされている。そこでの目標は、溶け込むことだ。社会がさらなる人手を必要とし、対立関係が増えることをいとわない環境においては、それが正しい戦略である。

二〇一五年頃から、ヨーロッパが主に中東やアフリカから何百万人もの移民を受け入れるようになると、専門家たちはその流入によって多くの国で相対的な均質性が崩れ、社会的な緊張を生むだろうと予想した。その予想は正しく、実際その通りになった。多様性はコストなしとはいかない。

とはいえ、人間のフレーミングという観点から言えば、悪い事のように見えたこの流入も、実はよい事であったと言える。現在、ヨーロッパはここ数十年で一番と言えるほど文化的に多様になっている。文化の多様性が増すほど、フレームの多元的共存も強化される。さまざまな新しい観点を利用することで、ヨーロッパの国々を認知的なモノカルチャーの脅威から遮断してくれる。そうした多様性は、順調に航海が進み、リフレーミングの必要がない安定した時期には不可欠なものでないかもしれない。しかし状況が変化して別のフレームに切り替えることが必要なとき、たとえば恐ろしいパンデミックのような命に関わる環境の変化や、深い経済格差に直面するようなとき、決定的に重要になる。

一方、アメリカは「メルティングポット（人種のるつぼ）」という多様な人種が一つに溶け合うような比喩と、「シチュー」という各材料が独立しながらも溶け合っているような比喩のあいだでバランスが取られている。たとえば韓国人はロサンゼルスのコリアタウンで、中国人はサンフランシスコのチャイナタウンで、ラテン系の人々はテキサス南部で、キューバ人はフロリダで、ブラジル人はボストンで、英語を一言も話さなくても快適に暮らすことができる。それは同化のスピードを遅らせるものではあるが、多様性による恩恵をもたらし続けてもいる。アウトサイダーは、中にいる人が見ていないものを見ていて、その新鮮なフレームを利点として活かすことができる。

振り返ってみると分かる。グーグルの共同設立者であるセルゲイ・ブリンはロシア出身で、保守主義の寵児だった作家のアイン・ランドもロシア出身だ。マイクロソフトのＣＥＯサティア・ナデラやグーグルのＣＥＯスンダー・ピチャイはインド人である。グーグルのＣＦＯルース・ポラットはイギリス人で、テスラやスペースＸで知られるイーロン・マスクは南アフリカ人、航空宇宙分野の企業家で宇宙旅行者となったアニューシャ・アンサリはイラン人だ。メディアの帝王ルパート・マードックはオーストラリア出身。インテルの共同創業者アンディ・グローブはハンガリー出身、エヌビディアの共同創業者ジェンスン・フアンは台湾出身だ。率直な物言いをするベンチャーキャピタリストのピーター・ティールや俳優のブルース・ウィリスはドイツ出身である。スティーブ・ジョブズの父親はシリアからの移民だ。バラク・オバマだけが、生まれも育ちもアメリカである。

ここに挙げたのは、慣習を打ち破り、周りが追随するようなモデルとなった人々だ。そうした人物になることで、アメリカのフレーム多元主義を強化し、豊かで多様なメンタルモデルのレパートリーを活用する力を高めてきたのである。こうした力は、幅広い政治的・社会的アイデンティティを特徴とするアメリカの暮らしのなかで生じる緊張関係に対処していくにあたり、とりわけ役に立つものだ。

多元的共存には代償が伴う。「摩擦」こそ、フレームの多元的共存を育む最後の領域だ。異なるフレーム同士の衝突によって生じる不和は、欠点ではなく利点に変えることができる。

社会のなかに多様なフレームを維持していくと、そこに暮らす人々に不安や対立を引き起こす。自分とは意見の異なる人を目にしたり交流したりすることになるからだ。それは話し合いや議論のきっかけにもなるだろうが、おそらくは対立を悪化させる。異なる視点を持つ人同士が向かい合うと、そうなるのが自然である。（たとえば皇帝、教皇、王のように）フレームの上下関係や優先順位が社会のなかに明確に存在しない場合、（消費者や市民といった）人々が社会の採用すべきフレームを選んでいくことになる。平穏や、予測可能であることや、効率といったものに重きを置く人は、強い社会的な意見対立に恐ろしさを感じるかもしれない。

しかしそうした対立は、社会のこれからを形作るためのエネルギーとモチベーションの表れでもある。そうした摩擦に蓋をしたり、覆い隠したりするのではなく、議論を歓迎し、対立する意見の存在を受け入れることで、適切な道へと向かうチャンスとなる。今とは違う現実を想像したり、異なる意見を表明したりする自由は、何世紀にもわたって理想とされてきたこと――自由主義《リベラリズム》（アメリカ的な意味ではなく古典的な意味）の根本原理だ。おぞましい第二次世界大戦以降は、社会が違いを認めるだけでなく、積極的に推進し守っていくことが優先事項となっていった。

摩擦は、あるフレームが別のフレームと接触したときに生じるが、そうした接触はドイツの哲学者ユルゲン・ハーバーマスの言葉でいう「公共圏」で起きる。そこは個人が集い、社会的な問題について議論する空間だ。オックスフォード大学のような高尚な場ではなく、パブや喫茶店、何かの集まりやクラブでの議論を想像してほしい。そうした場所で起きる摩擦は、生産的なものになりうる。

問題は、そうした社会的な議論が一般の人々から、政治家、メディアの評論家、その他の公共的な声に移ってしまったことだ。直接民主制から、代表民主主義へと変わってしまったのだ。それによって人々は、積極的な個人参加ができなくなっている。政治的議論は国民自身ではなく、国民の意見を代表する代理人によって戦われる劇場型の争いとなっている。アメリカ人は自身の批判能力と政治に関する声を、右派はFOXニュースのタッカー・カールソンに、左派はMSNBCのレイチェル・マドーにアウトソースし、とことん意見をぶつけ合ってもらっている。それはアメリカだけではない。日本では読売新聞と朝日新聞が対立し、フランスでは知識人のベルナール＝アンリ・レヴィとミシェル・ウエルベックが論争をするなど、社会における対立はどこにでも見られる。

私たちは、フレームが隠されず目に見える存在となり、衝突し、ぶつかり合い、結びついていけるような公共圏を復活させる必要がある。公共的な問題へと人々を引き込み、市民的な議論に参加するよう個人にエネルギーを与える活動家やグループ。それが公共圏を復活させる鍵だとハーバマスは主張した。そうした活動が進めば、社会は多様性の力を利用しながら議論し、どの方向へと進んでいくか意思決定することができる。熟議民主主義（合意形成と多数決両方の要素を合わせたもの）は、議論を政治プロセスの中心に置くものだ。熟議民主主義の支持者たちは、「熟議の日」の制定を提唱してきた。祝日にあらゆるコミュニティの人々を集め、公共的な問題について議論するのだ。積極的に参加しに来てくれた見返りとして手当てを与えるという案さえある。目的は、民主的な統治の基礎である論争に、より多くの人を誘うことだ。

もう少し控えめなアイデアとしては、たとえば重要な政策課題について討論するために、多様な個人が集められる。参加者は議論が始まる前と終わったあとにアンケート調査を受ける。その政策課題に関する資料と専門家が用意され、参加者からの質問に答えたり、参加者に情報を与えたりする。参加者同士の意見はぶつかり合うことも許されている。全員での合意形成は求められていないが、真剣に取り組み、互いの見解を検討することが求められる。この熟議型世論調査は数十カ国で実施され、その調査の過程は「パワー・アンド・ザ・ピープル」という番組名で一九九四年にイギリスで放送されもした。

政治参加を促進し、摩擦を利点へと変えていくためのもう一つの方法は、「エンパワード・デモクラシー」と呼ばれる概念だ。提唱しているのは、ハーバード・ロー・スクールで教授を務め、今とは異なる社会秩序について考える精力的で独創的な思想家のロベルト・アンガーである。彼は異なるメンタルモデルを積極的に呼び集めることによって「政治の温度を上げる」ことを呼びかけている。たとえば彼は「国の将来に対する『カウンター・モデル』を作り出す」ために、さらなる地方分権化が必要だと説いている。

彼は言う。「社会がある決まった道を迷いなく進んでいるときは、保険をかけておかなければならない。特定の地方や地区が一般的な案から離れ、国を別方向へと導いていくための実験をできるようにするべきだ」

アンガーは、どのような場面でも摩擦を讃えている。教育に関しても、彼は「弁証法的」であるべきだと考えている。「すべての科目は少なくとも二つの相反する視点から教えられるべきだ」。こうした価値観はアップル大学のポドルニーと同じである。こうした教え方の狙いは社会が「一つのバージョンに縛られることなく、組織化の異なる方法を実験できるようにすること」だ。

フレームの多元的共存に伴う摩擦は脅威とみなす必要はない。互いに未来を共有しているという感覚さえあれば、生産的な社会的利点に変えていくことができる。簡単に絶望を感じてしまいそうになる時代に、伝えたいのは楽観的なことだ。私たちは、自分たちのコントロールのおよばない力によって翻弄されることはない。むしろ、フレーマーである私たちは、目指す社会を構築していくための戦略を数多く備えているのだ。

チャージング・ブル、フィアレスガール

一九七五年、六九歳の誕生日から程なくして、ハンナ・アーレントはマンハッタンで亡くなった。最後まで、彼女は守るべき大切な「立場の複数性」が薄れつつあることを懸念していた。彼女が嫌っていたのは、他人のフレームから学んで恩恵を得るための社会的メカニズムが存在しないことだった。しかし、その基礎は築かれていた。ジュディス・シュクラーは、アーレントの説をもとに論を展開していった。

アーレントと同じように、シュクラーも（二〇歳ほど若くはあったが）戦争から逃れてきたユダヤ人だった。そして彼女も、周りは男ばかりの政治哲学者だった。アーレントの死の四年前、シュクラーは一五年間ハーバードの政治学部で講師を務めたすえ、女性として初めて同学部の終身在職権《テニュア》を得た。シュクラーとアーレントは個人の権利に不満を抱いていたが、それは個人の権利という考えが間違っているからではなく、そうした考えでは不十分であるからだ。個人の権利を守るだけでは、視点の複数性は確保できない。

シュクラーが指摘したように（そして本章でも紹介したように）、フレームの多元的共存のためには適切な社会的条件を作り出し、維持していく必要がある。これこそが、一九八九年に発表された代表的な論考のなかでシュクラーが「すべての成人は、自分の人生のできるだけ多くの側面に関して、恐怖や偏りなしに、できるだけ多くの効果的な意思決定をおこなえるようになるべきだ」と書いたときに意味していたことだった。アーレントは「思考」と「活動」を、シュクラーは「恐怖を抜きにした意思決定」を重んじたのだった。

アーレントとシュクラーには、考えの違う点もあった。シュクラーは特に、自由を実現する具体的な方法を提供しないまま語るアーレントの理論に反感を抱いていた。しかし二人は、多数決よりも多元的共存を尊重し、権利ではなく社会的条件を強調するという点では意見を共にしていた。シュクラーは、社会の進歩が「恐怖の不在」や、「抽象的な権利ではなく、立ち上がるための具体的な能力」や、「恐れなく権力に立ち向かっていく力」と直接的な相関関係にあると考えていた。それらが実現して初めて、フレームの多元的共存が実現される。

シュクラーの言う多元的共存を象徴的に表しているのは、ニューヨークのウォール街に置かれた向き合う二つの像だ。一九八九年以降、この金融街の小さな公園には、高さ約三・四メートル、長さ五メートル、重さ三二〇〇キロほどの巨大な牛のブロンズ像「チャージング・ブル」が立っている。鼻孔を膨らませ、尻尾を振り上げ、角を突き上げようと頭を下げたその像は、勢いのある資本主義の力強いシンボルだ。しかし二〇一七年三月七日、また別のブロンズ像が、その牛の前に設置された。その像の高さはわずか一・二メートルほどで、重さも一一〇キロほどしかない。

向かいから牛を睨みつけているのは、彫刻家クリステン・ヴィスバルが作った「フィアレスガール（恐れを知らぬ少女）」だ。胸を張り、あごを突き上げ、ポニーテールをなびかせ、両手を腰に当てて挑戦的な「パワーポーズ」をとる少女像は、目の前の猛《たけ》り狂う獣と対比をなすようにして象徴的に置かれている。こうして並べ置かれた像が表しているのは、フレームの複数性だった。そこに表現されていたのは力と無力の対置ではなく、共存だった。目に見える上下関係も、地位の違いもない。どちらが強いかは一目瞭然でありながら、どちらも確固として存在していた。

アメリカのロバート・Ｅ・リー将軍からベルギーのレオポルド二世の像に至るまで、世界中の像が汚され、撤去されていった二〇二〇年の夏。チャージング・ブルとフィアレスガールの対峙は、アーレントとシュクラーも喜ぶであろう教訓を提供してくれる存在となっている。人は、強大な力を前にしても無力感を抱く必要はない。恐れを知らぬ気持ちさえ吹き込まれれば、強大な力と並び立つことができるのだ。私たちが目指す多元的共存は、恐れではなく自信を持つことによって初めて成り立つ。しかし、どうすればそうした自信を持てるだろう？

第9章 警戒心

力を手放してしまわぬよう、警戒を続けねばならない

二〇二〇年の春、アメリカで新型コロナウイルス感染症によるロックダウンが本格的に始まった頃、一連のTikTok動画がSNSで大流行した。首尾一貫しない言葉がバラバラとカオスのように連なる話し方や、そのザラザラとした声には聞き覚えがある。「身体に当てるんだ、大量の……紫外線だろうが、とにかく強い光をね」。若くエネルギッシュなコメディアンであるサラ・クーパーの口から発されているように見えた言葉は、実は口パクで、新型コロナウイルスの治療法について語るドナルド・トランプの音声なのだった。「光を体内に取り込んだとしよう。肌を通してであれ、その他の方法を通してであれ取り込める。（中略）面白いだろ？　そして消毒液を入れれば、一分で

ウイルスをやっつけられる」

彼女の動画の効果は驚くべきものだった。それまで他のコメディアンたちは、トランプの体型や、赤い帽子、そしてなでつけた髪など、彼を身体的に真似ようとしてきた。しかしクーパーの芸は、もっとひねりの効いた賢いものだった。トランプの実際の声を使い、それ以外はすべて自分のままで演じたのだ。クーパーは、トランプとは丸きり正反対だ。若く、ほっそりとした、黒人の女性。その彼女が年老いて、ずんぐりとした、白人の男性を真似る。彼女は私たちを立ち止まらせ、前提を見つめ直させてくれたのだった。

このように制約を変え、現実の異なる可能性を想像することで、すべてが変わる。この動画の効果は、本質をむき出しにするものだ。つまり、トランプが話しているという前提を取り除き、内容だけを受け取ると、話されていることが衝撃的に感じられるのだ。この方法は、意識しておこなったものだと彼女は言う。「『もしも、私、サラ・クーパーがあの言葉を喋っていたのだとしたら？』。私がやったのは、基本的にはそういうこと。まるであれを根拠ある正当な治療法だと本気で信じているような素振りでね。スーツも演説台も、彼の後ろで微笑みながらうなずき、彼をサーと呼ぶ人たちも取り除いてみたら、残ったのは彼の空虚な言葉だけだった」

クーパーは、見た目を真似るという制約を完全に放棄することで、コミカルなモノマネをリフレーミングした。そしてそれは、普通にモノマネをするよりも本質をあぶり出す笑いになっている。

突進してくる牛《チャージング・ブル》を睨みつける恐れを知らぬ少女《フィアレスガール》のように、無名のコメディアンがアメリカの大統領に挑んだのだった。彼女はこの職業として最高の成功をおさめた。トランプがツイッターで彼女をブロックしたのである。

それから、ニエ・ユンチュン。

二〇一二年、学校を卒業した一九歳の彼は、中国南部の江門市で世界を変えるようなビジネスのアイデアを探していた。彼は中国の歴史と文化の柱であるお茶が、同年代には人気がないことに気がついた。年上世代に向けた高級すぎるものか、インスタント茶と粉のミルクを混ぜた安くて味の薄いものしかなかった。企業は、誰も好んでいないような製品なのに、かなりの額をかけて宣伝していた。

ニエは、お茶のビジネスも他の事業と同じように、装いを新たに作り直すことができると気づき、さまざまな制約を変更しながら反実仮想をおこなって、まだ現実にはない新たなティービジネスを考え出した。そして数千ドルをかけ、江門市で「喜茶（HEYTEA）」というティードリンクスタンドを開いた。流行に敏感な洒落た中国人たちに向けた店だ。そこで出されるティーは手頃な価格だが、高級な茶葉から作り、本物のミルクを使い、革新的な香りを取り入れた。高価な材料にかかったコストは、慣習的な販促キャンペーンをおこなわず、ソーシャルメディアで口コミを広げることでカバーした。

HEYTEAは人気を博した。店舗数も増えた。店は明るく広々としていて、店のデザインも品質や新鮮さを感じさせるものだった。フレーバーティーを飲むために、人々は何時間も列をなした。二〇二〇年までに中国国内で四〇〇店舗以上に拡大しただけでなく国外にも進出し、ニエは三〇歳手前にして五億ドル以上を稼ぎ出すこととなった。

スターバックスの創業者ハワード・シュルツはコーヒーをグルメ商品とし、店を家庭と職場のあいだにある「第三の場所」としたが、ニエは別のことをおこなった。彼は文化的な誇りと、スタイルに敏感な若者たちのなかにある品質への欲求を利用して、時代に合ったブランドを作ったのだった。ニエは伝統的な中国の茶館というフレームのなかにとどまりつつも、新世代に向けて装いを新たに作り直した。そうすることで、若い中国人たちを古い習慣にふたたび結びつけたのだ。

三人目の優れたフレーマーは、ンタビセン・モシアだ。彼女は南アフリカとガーナにルーツを持つ起業家で、アフリカに電気をもたらした。

ヨハネスブルグ郊外のタウンシップ（黒人居住区）で育ったモシアは、幼い頃から安定した電力供給の大切さを実感していた。「家ではときどき国が供給する電気が落ちて、家族も私も暗闇のなか光を探し求めた」と彼女は言った。「それは突然やってくるし、『ちょっと待ってよ！　やらなきゃいけないことも、やりたいこともできなくなる！』という感じ。高校の頃でテストもあったから、夜にはロウソクの灯りで勉強をすることもあった」

アメリカの大学院を卒業後、彼女は西アフリカのシエラレオネに移った。この地域では、八五パーセントほどの人が電気のない生活をしている。ほとんどが農村部に住んでおり、各農村を電力網につなげることは現実的でない。そのため農村部では危険で有害な灯油を照明に使うしかなく、携帯電話の充電をしにはるばる出かけたりしていた。モシアは、国の電力網を農村へと伸ばしていこうとするのではなく、安価なソーラーパネルで直接電力を得ることもできると思い至ったのだった。

そこで彼女は、共同創業者二人と共に二〇一六年にイージー・ソーラー社を設立した。ソーラーパネルとバッテリーを提供し、照明や家電の電力源とするのだ。しかし、このシステムは安価であるとはいえ、多くの人は一括で購入することができない。だが人々は携帯電話事業者の「ペイ・アズ・ユー・ゴー（使った分だけ支払う方式）」には馴染みがある。そこでモシアらは考えたのだった。顧客がソーラー発電キットを全額支払って買い取るのではなく、時間をかけながら支払っていけるとしたらどうだろう？　イージー・ソーラー社は、賢明な支払いプランのついたビジネスモデルを打ち出した。顧客はキットを使いながら支払いを続け、払い終わったら自分のものとして所有するのだ。

二〇二〇年までに、イージー・ソーラー社は三〇万世帯、およそ五〇万人に電力を供給し、小規模な店が遅くまで営業することを可能にし、家や農地の夜間の安全を向上させ、（かつてのモシアの願いであったような）勉強に打ち込みやすい時間を学生たちに与えることとなった。このイノベーションは技術的なものではなかった。携帯電話業界のビジネスモデルを転用し、太陽光発電を非中央集権型かつ信頼性のあるものにしただけでなく、手の届く値段のものにしたのだ。

アメリカのコメディアンであるサラ・クーパー、中国の事業家ニエ・ユンチュン、そしてアフリカのインパクト起業家ンタビセン・モシア。この人たちは全員がフレーマーだ。メンタルモデルを調整して今とは異なる新しい可能性を思い描き、それによってそれまでとは違った選択肢が浮かび上がり、それゆえによりよい意思決定へとつながり、成功という結果が生まれた。そして、三人とも今の世界の姿に満足するのではなく、世界はどういうものでありうるかを恐れることなく考えていった。

三人は、川の流れを変えたわけでも、新しい物理法則を発見したわけでも、人々が畏怖の眼差しを向けるような凹みを宇宙に残したわけでもなく、大きな影響をもたらす意思決定をしたのだった。本書で何より伝えたいのは、フレーミングは平民であれ王であれ、あらゆるレベルで起きるものだということ、そして今でも私たちの世界を形作っているものだということだ。フレーミングは、私たちが考えているよりも頻繁に起こっている。それまでのパラダイムを打ち砕くようなリフレーマーという例外にばかり目を向けていたら後れをとってしまう。私たちがやるべきは、人類が広く持っているフレーミングの能力を讃えることだ。

フレーミングには技術を必要とする。それは訓練と経験から得られる。しかしフレーミングは認知的多様性と、新しいものに対してオープンなマインドセットも必要とする。成功するフレーマーは、年齢や知識を重ねた人や、大胆な若者だけではない。うまくフレーミングをする能力は、年齢、性別、学歴、収入、職業などの目に見えるカテゴリーを超えたものだ。優れたフレーマーは滅多にいるものではないが、どこにでも存在しうる。

新しい視点、異なる視点

人間の進歩は、主に人間同士の協力関係というレンズを通して測られている。共に力を合わせることで、人類は社会を発展させてきた。都市を作り、海を渡り、空を探究する。ローマの道や中国の壁、裁判所やブロックチェーンの更新。インフラであれ制度であれ発明であれ、社会の成果は組織と人間の協力関係が要因となっていて、それには確かな理由がある。一つだけのマインドでは、人類がやっていることや知っていることの大半を捉えることができない。人類が持つポテンシャルを発揮するためには、村が（現代においては地球村が）必要だ。

私たちが直面しているさまざまな課題に対処する方法は、人間の協力関係を強化していくことだと信じる人もいるだろう。私たちに必要なのは、より多くの機会でよりよく力を合わせることだ。

歴史学者のユヴァル・ノア・ハラリは、人間の協力は過去の頂点であるばかりでなく、未来の万能薬だとしている。フェイスブックを率いるマーク・ザッカーバーグとの二〇一九年の対談のなかで、彼はこう語っている。「私たちは前例のない世界規模の諸問題に直面しているため、世界規模の協力をかつてないほどに必要としている」

しかし、それは必要な要素の半分に過ぎない。どんな達成も、中を覗くとアイデアが含まれている。すべての記念碑にはメンタルモデルが埋め込まれている。経済的、科学的、そして社会的成功は、理解し概念を具体化する力、何が存在し、何が存在しうるかを見通し、アイデアを行動に結びつける力から来ている。それらこそ人間の向上の実質的な基盤であり、ライト兄弟の飛行やニール・アームストロングの偉大な一歩を支えたものだ。

ではなぜ人間は、協力関係ばかりに注目し、その奥にある認知プロセスにはほとんど目を向けてこなかったのだろう？

協力関係に目が向いてしまうのも、ある程度は理解できる。協力関係は目に見え、分かりやすいものだからだ。具体化が容易で、直接影響を及ぼせる。一方、認知プロセスは頭のなかに閉じ込められている。歴史の大半において、私たちは人間の意識を覗くことができなかった。哲学者やシャーマンは、自分の内省の結果について言葉を尽くして考え、他人の認知プロセスを推測することができた。しかし、それ以外の私たちにとって、意識は大いなる未知の世界だった。人間のフレームはブラックボックスだった――私たちはフレーミングの結果については体感しているものの、そのプロセスがどのように成り立っているかについては何も知らなかった。そうした認知を深く掘り下げるための方法も概念もなかった。それを説明する用語もほとんどなかった。

それが変わったのは、わずか一世紀ほど前のことだ。認知科学、神経科学、意思決定科学は、一九〇〇年代の初頭に花開き始めたテーマであり、そこから意識について理解する効果的な新しい方法や概念が生まれていった。本書で取り上げたような研究も、多くはこの三〇年のうちに生まれたものであり、重要な発見が近年も続いている。人間はフレーマーであり続けてきたが、その意味について理解できるようになってきたのはつい最近なのだ。

これは非常に大きなことだ。人類の視線が、協力関係を支える人間同士の関わりから、よりよい意思決定を生む人間のフレーミングに移りつつあるのだ。それは、対人関係から個人への、組織から個人への焦点の移行である。協力関係も変わらず重要だが、フレーミングはそれ以上に重要だ。人類が自分たちを向上させていくための中心的な手段として浮かび上がってきている。

これは喜ばしいことである。フレーミングの力を理解し、上達する方法を学ぶことで、意思決定を強化することができる――それによって生活、コミュニティ、社会、そして文明が改善されていく。うまくフレーミングをするための材料を理解することで、フレーミングのスキルを進化させるために欠かせないツールの特定もできるようになった。そして何より重要なことに、フレーミングは希少な宝物である「希望」を人間にもたらしてくれる。

それでも……

多様性のモデルはいつでも歓迎されるわけではない。たしかに、現在の人間はかつてない種類の多様なフレームを活用することができている。たしかに、協力に欠かせない情報の流通は巨大な恩恵をもたらす。しかしながら私たちは、こうして受け継いできたものを無駄にしてしまうときがある。人間は馴染みのないものに居心地の悪さを感じるため、大量の異なるフレームを前にしても、自分のよく知るフレームに閉じこもってしまうのだ。

世界的に言えることではあるが、特にアメリカにおいて「イデオロギーのサイロ化（分断）」が広まっている。アメリカでは、自分の意見を強く持っている人々のなかで、自分と同じ意見を持つ人たちのいる場所で暮らすことを希望する割合が増えてきている。一九八〇年の段階で、一つのイデオロギーのフレームで染まっている地域はアメリカの四パーセントほどだった。ピュー・リサーチ・センターによると、それが二〇一六年には三〇パーセントに、そして二〇二〇年には三五パーセントに上昇しているという。

食事と同じで、アイデアという点においても、私たちが欲しがるものと、実際に私たちを支えているものは異なる。自分に賛同してくれる人に囲まれていれば心は休まるかもしれないが、フレーミングの能力を向上させるためには自分に異議を投げかけてくるような多様な視点に身を晒していく必要がある。認知的な画一性は、幅広い反実仮想が死に絶えることを意味する。画一化はフレーミングの成功を阻む。

かかっているものは大きい。気候変動や紛争、人種や経済の不平等、パンデミック、ポピュリズム、アルゴリズムによる権威主義に至るまで、私たちが直面している難題は根が深い。ここ半世紀は確実性のある、安定した比較的快適な時代だったと言う人もいるだろう。しかし人類の歴史のなかで、その時期は終わりを迎えた。

私たちの世代に課せられた呪いは、より困難な時代への移行に直面することだ。私たちの進歩が生み出した病理に対処しなければ、人類が死に絶えるリスクのある暗い時代が近づいている。社会としても種としても大きな難題に直面している私たちは、もはや過去に従っているだけではいられず、新たな可能性に目を向けなければならない。感情に従ったり、AIに判断を任せたりすることは失敗を招く。協力する能力も、かつては不可欠なものだったが、現在では解決手段の一つにすぎない。

直面する問題に対する解決策はまだ見えないかもしれないが、どうすれば見つけていけるかは分かっている。こうした事態への対応として、黙認をしたり、神からの恵みを待ったり、意思決定せず行動を放棄したりすることはできない。協力をおこなっていく前に、新しい概念が必要だ。私たちは人間が得意とするものを利用し、人間独自の認知能力を大切にし、フレーミングする能力に目を向けていかねばならない。

世界と自分をフレーミングする

ユダヤ教の口伝律法「タルムード」には「私たちは物事をありのままに見ていない。私たちは物事を自分の見ている形で見ている」という言葉がある。本書でも同じような主張をしてきた。適用するフレームは自分の思考の基盤であり、現実をどのように見定め、どのような行動を選択するかを規定する。私たちはメンタルモデルを通して世界を理解し、そのモデルを使って今とは異なる世界の姿を想像する。これにより、他のどんな種も得られなかったような認識の豊かさやバリエーションがもたらされる。フレーミングは人間の存在を独自のものにしている。

フレーミングは異なる二つのプロセスの組み合わせだ。一つめは、因果的思考、反実仮想、そして制約といった要素を含む「フレームの適用」だ。それは、有益な選択肢を効果的に特定し、迅速な行動へと向かうのに最適だ。私たちはフレームの適用にほとんどの時間を費やしており、それには理由がある。少なくとも多少の馴染みがある状況において意思決定をおこなうにあたり、フレームは最も効果的に手助けをしてくれるからだ。フレームの適用は幼い頃からスキルが磨かれ始めるものであり、私たちが得意としているものだ。フレームの効果的な適用は、人類が歴史を通して徐々に向上を続けてきた秘密の要素である。

二つめのプロセスは、異なるフレームへの切り替えだ。こちらのプロセスの方が、はるかにリスクが高いが得られるものも大きい。違った視点から見ることを促してくれるものだ。新たな視点は、意思決定に際して今とは異なる選択肢を与えてくれるものであり、新しい形で課題に対処する方法をもたらしてくれる可能性がある。状況が安定していて、環境に変化がない場合は、フレームを切り替える必要はない。しかし環境が変わった場合、リフレーミングが効果的な戦略となる場合が多い。

手持ちのレパートリーから切り替える場合であれ、別の分野のフレームを転用する場合であれ、新しいフレームを一から生み出す場合であれ、リフレーミングという行為は機能しなくなったメンタルモデルを捨て去ることで、直面している問題をよりよく把握できるようにすることだ。リフレーミングはたとえるなら、別の人の目を通して世界を眺めるようなものである。マインドをオープンなものにし、従来の思考によって設けられていた制限を取り払ってくれるものだ。

リフレーマーたちは（とりわけまったく新しいフレームを生み出した者たちは）、その達成を讃えられることが多い。歴史上、こうした成功を社会が讃えてきた理由は、リフレーマーたちが世界を変えてきたからでもあり、彼らが稀な存在だからでもある。リフレーミングのスキルを高めるための分かりやすい真っ直ぐな道のりは存在しない。リフレーミングはハッとひらめく瞬間が訪れるかどうかにかかっているが、その瞬間がいつ訪れるかは予測できない。訓練したからひらめくわけではない。とはいうものの、リフレーミングのスキルを高めるための戦略はいくつか存在する。

フレーミングについて考えるための言葉や、フレームを活かすための方法を知ることで、よりうまくフレーミングができるようになる。そうなれば、「認識のプロセス」は「行動のためのツール」へと姿を変える。

しかし、こうした明らかな利点がありながらも、主情主義者や超合理主義者たちは、フレーミングの力を否定している。主情主義者は、すべてを理性という点から考えすぎだと非難する。この人たちは、シンプルな方がいいと考えている。そちらの方が偽りがなく、迅速で、結果が出る。感情に突き動かされる人たちは、衝動に従う方がよいのだと主張する。そして問題の些細な点までわざわざ検討することなく意思決定をおこなう。

これは左や右といった問題ではない。こうした感情論は、イデオロギーの違いを超えて人を惹きつけている。ワクチンに反対するリベラル派や、地球温暖化など起こっていないと否定する保守派など、主情主義者はどちらにも存在する。どちらも極論に熱を上げているわけだが、より深い部分を見れば、どちらも感情に訴えていると言える。内容を抜きにして考えると、そうした感情の重視は同じフレームの表れだ。

そしてこの傾向は世界的なものでもある。二〇二〇年には、ペルーで大統領が民衆による暴動を受けて就任から五日で失脚し、ボリビアでは（不正選挙で糾弾されていた）前大統領が、中道派に対抗してポピュリストたちによる革命を提唱し、亡命先から戻ってきた。フィリピンでは、ロドリゴ・ドゥテルテ大統領が、麻薬の密売人の疑いがある人物は殺害するよう国民に呼びかけて支持を高めた。ドイツでは、主情主義者の一部が「Querdenker（水平思考をする者）」と名乗り、新型コロナウイルス感染症のロックダウン対策やマスク着用の義務に抗議している。ちょっとしたノスタルジー（および大いなる反ユダヤ主義）から、この人々は第一次世界大戦前のドイツ帝国の旗を振っている。感情主義が台頭し、啓蒙主義が後退しているように思える。

しかしながら、こうした感情論者たちが主張する案は、認知的に見ると奇妙にねじれている。表向き、「危険」で意図的なフレーミングというものに対する代替案ということになっているが、そういう感情論者たちの主張自体もフレーミングから逃れることはできない。彼らの世界解釈も一つのメンタルモデルだ。主張とは異なり、主情主義者たちも反フレーマーではありえないのだ。彼らはただうまくフレーミングができていないだけである。彼らの信じていることが見当違いだとか、本人たちも本当は自分の主張を信じていないのだと指摘しているのではない。シンプルに、彼らは人間の認知が与えてくれる力を存分に活用していないだけだ。

人間のフレーミングという行為自体に懐疑的な超合理主義者たちにおいては、状況が異なる。この人たちは、人間というものが思考の欠陥から一生逃れられないものであり、もはや失敗に終わった存在だと考えている。彼らにとって、人類の難題に対する解決策は感情のなかではなくシリコンのなかにあり、衝動ではなくエビデンスにある。彼らが目指しているのは、社会にとって必要な意思決定をテクノロジーに頼り、アウトソースすることだ。人間の不完全なフレーミングをデータやアルゴリズムの合理的な力に置き換えることを願っているのである。しかし、この考えは近視眼的であるだけではない。人間とＡＩの役割についても誤解している。

レジーナ・バルジレイの例を思い出してみてほしい。ＡＩを使って抗生物質を発見した彼女だが、真のブレイクスルーは機械が数値を計算したことではなく、人間がメンタルモデルを調節したことで訪れたと語っている。実際、囲碁やチェス、「Dota 2」、ダニエル・デネットの思考実験に登場するロボット、ウェイモ社のシミュレーションソフト「Carcraft」、チョンチー・アナ・フアンの音楽生成システム「Coconet」に至るまで、ＡＩの優位性を示すとされる事例は、どれを見てもその核心に人間のフレーミングが存在している。欠かせないのはフレーミングという要素だ。新しくも普遍化可能なひらめきを生むために必要なのである。

このように考えると、驚くような結論にたどり着く。ＡＩは人間のメンタルモデルを不要のものにするどころか、むしろその重要性を強化するのだ。システムは自力でフレーミングやリフレーミングができないため、人間に依存している。もちろんロボットは多くの仕事を奪い、アルゴリズムは私たち全員に影響を与える意思決定をおこなっていくだろう。しかしながら、各人がフレーミングを大切にして磨いていくかぎり、AIは人間を脇へ追いやるというよりも、人間が中心であることを再確認させてくれるものだと言える。私たちは機械を管理していく必要がある。

新進のAI研究者フランソワ・ショレは、次のように見事に表現している。「仮説を駆使し、直接経験できる範囲よりもはるかに広くメンタルモデル空間を拡張する能力——抽象化と推論をおこなう能力——は、ほぼ間違いなく人間の認知における決定的な特徴だ」。その力を、ショレは「究極的な一般化」と呼んでいる。それは「わずかなデータを活かすか、新しいデータがまったくない状態から、これまで経験したことのない新しい状況に適応していく能力」だという。

これは、人類にとって救いでもあり警告でもある。フレーミングという力を通して、私たちは重要な存在になれる。しかし優れたフレーマーになることを放棄したら、特権的な地位を失うことになる。

AIが進化を続け、人間よりもはるかに優れたスピード、規模、正確性でデータのパターンを見極めることができるようになると、私たちは今よりもっとさまざまな状況にAIを適用していくだろう。どうやって世界中の人々に食糧を届け、病気の人々をケアし、まばゆいテスラ車に電力を供給していくかは、あらゆるものにAIが組み込まれていないかぎり想像するのは難しい。だからこそ、フレーミングがこれまで以上に重要になっていくのだ。その逆ではない。

主情主義者と合理主義者に対する解毒剤としてフレーミングの重要性を訴えるときは、いびつなメンタルモデルを適用することや、メンタルモデルを誤った形で使用することの危険性を理解しておく必要がある。気をつけていないと、フレーミングは間違った意思決定や行動を招く――最悪の場合、恐怖を生み出してしまう。

フレームの硬直性

二〇一五年一一月一三日午後一〇時頃、パリのライブハウス「バタクラン」に銃声が鳴り響いた。一五〇〇人ほどの若い観客たちのなかには、その大きな音や小さな火花をヘビーメタルの演出の一部だと思った者もいた。しかし数秒後、演出などではないことが明らかとなった。三人のテロリストがM70アサルトライフルを持って突入してきて発砲したのだ。浴びた銃弾で肉がえぐり取られた死体がフロアに積み上がっていった。逃げ出そうとする人々も次々と殺されていった。暗闇に悲鳴が響くなか、犯人たちは弾を詰め直し、一斉射撃を再開した。

その夜は、パリ中を恐怖が襲った。ライブハウスの襲撃と同じ頃、サッカーの代表チームがドイツ代表と試合をしているパリ市内の大きなスタジアムの外で、三人のテロリストが自爆ベストを爆発させた。そしてまた別のグループは、車で市内を移動しながらレストランを銃撃していった。そしてバタクランでは、二〇人が人質に取られた。そこに警察が踏み込んで来ると、テロリストたちは自爆した。そのうちの一人は、指先だけでしか身元が確認できないほどになっていた。最終的に一三〇人が命を落とし、数百人が負傷した。

フランスは首謀者の特定に乗り出した。実行犯の多くは警察が把握していた人物で、なかには監視下に置かれていた者もいた。そのため彼らのつながりを明らかにし、容疑者や共犯者を特定するのはそれほど難しいことではなかった。すぐに警察は、二八歳のアブデルハミド・アバウドが首謀者であることを割り出した。モロッコ人の親のもとベルギーで生まれたアバウドは、シリア内戦に参加した経験を持ち、ヨーロッパでの過去のテロ事件で罪に問われていた。パリの凄惨な夜から五日後、およそ百人の警察官がパリ北部郊外のアパートを襲撃し、一時間の銃撃や爆発のすえ、アバウドは死亡した。

一般に、テロは非理性的・非論理的な行動だと考えられている。そう結論づけるのは簡単だ。バタクランの暗黒の夜にテロリストたちが実行したように、無差別かつ無慈悲な殺人をおこなう動機など、多くの人には理解しがたいものだからだ。しかし近年の研究によれば、テロリストの多くは理性を欠いて本能に従ったどころか、その正反対で、怜悧な合理性をもった上でグロテスクな暴力におよんでいるのだった。

テロリストとは、たいてい意図を持った精緻なまでのフレーマーなのだ。彼らは綿密に作り上げたメンタルモデルを通して世界を見ている。パリ大学の社会学者で「極端な思考」を研究するジェラルド・ブロナーの言葉を借りれば、テロリストたちは「ほとんど非人間的なまでの一貫性」と「一切の妥協を受け入れない、機械のような合理性」を持っている。

アバウドも、このカテゴリーに分類される。彼は、自身に起きたことはすべて、アッラーからの贈り物だと語っている。ベルギー当局に指名手配されていながら同国に入国を試みたとき、入国審査官は彼を呼び止めて指名手配写真と見比べたものの、彼を通したのだという。入国審査官は「アッラーによって盲目にされたのだ」と、アバウドはパリ襲撃前にイスラム過激派の機関誌「ダビク」に語っている。ベルギーの部隊が彼のアパートを襲撃したときも、仲間二人は殺されたが、彼は捕まることなく逃げきった。

「このすべてはアッラーに定められていたんだ」と彼は説明している。因果推論、反実仮想、そして制約に至るまで、材料は適切でなかったにせよ、ここではメンタルモデルがきっちりと適用され、それを通して現実がどのように動いているかが認識されている。

たしかにテロリストたちはフレーミングをしているが、そこには重要な要素である柔軟性が欠けている。メンタルモデルは、それが持つ認知的な力を存分に発揮するために調整や修正、そして異議を投げかけられることを必要としている。しかしながらテロリストたちは、自分が合理的に行動していると信じていながらも、メンタルモデルがズレることを一切許容しない。フレームを調整することができず、自分のフレームだけが世界を見る唯一の方法だと考えてしまうのだ。

実際に研究でも、テロリストが他人を軽蔑する理由は、まさに周りのほとんどの人間がこうした調整をすぐにおこなうからだと示されている。彼らはフレーミングの柔軟性を腐敗の一形態だと考え、フレーミングの硬直性を純粋さと秩序の一形態だと考えているのだ。大半の人にとってフレーミングとは個人としての主体的な行動選択の源泉だが、テロリストにとっては、自分の自由意志を奪うものとなっている。理想を追い求めるために、彼らは自由意志を喜んで手放すのだ。すると彼らの現実は「それまでよりもシンプルでクリア」になるとブロナーは言う。

たとえ制約を設けながら反実仮想をおこなって行動を選択したとしても、たとえうまくフレーミングができたと感じていたとしても、私たちはひどく壊滅的なまでに間違っている場合がある。完璧に合理的な思考だと信じているかもしれないが、そうやって自分が引き出した選択肢は、本来は虹色のように多様な選択肢を単調な灰色にしてしまったものかもしれない。過度に硬直的なフレームは、人を柔軟な世界における主体となるよう後押しするのではなく、粗悪な推論の盲目的な実行者にしてしまう。

これは、合理的なフレーミングが私たちの力を制限するさまざまな形の一つにすぎない。しかし、ここで指摘したような危険を何より大きなものにしてしまう要因と言えるのが、自分は完璧に論理的に行動しているだとか、自分はきちんと自覚的にフレーミングをおこなったという思い込みだ。私たちの意思決定は性質上深い欠陥を備えているが、それは見かけ上の合理性の奥に隠されているため、そうした欠陥から逃れたり、外から気づいたりすることが難しくなってしまう。適切でない形でおこなわれるフレーミングの方が、フレーミング自体を軽視することよりも危険で影響が大きい。なぜなら、自分は正しいと信じ込んでいて、それゆえ二重に間違っているからだ。人間のフレーミングは警戒心が必要となる。フレーミングは、うまく実行されて初めて力を発揮する。では、どうすれば警戒できるのだろう？

鋭敏な意識《アジリティ・オブ・マインド》

情報の自由な流通は協力関係の誕生を支える肥料だ。市場を効率的に機能させ、科学の反復適用や改善を可能にする。アイデアの流通を妨げると、人間の進歩が抑えつけられてしまう。過去にそうした事態が起こったときは、焚書から人間の焼却に至るまで、とてつもない苦しみをもたらしてきた。知識の流通を後押しし、維持し、守っていくために、社会はルールを設け、制度を作り、プロセスを確立してきた。

そうした姿勢は上場企業や環境汚染者に対する情報開示の要件に見ることができる。議会や裁判所の透明性にも見て取れる。また、商取引に関するルールや科学的説明責任の原則にも浸透している。終身在職権が生まれたのは、学者たちが不当な制約を受けずに研究し発言できるようにするためだ。表現の自由は近代憲法によって保障されている。

しかしながら現在、進歩に欠かせない要素は協力関係というより認知面が大きくなってきている。そのため、意識を向けるべき場所も、外側の情報流通から内側の意思決定へと移行しつつある。責任も、共通の大義のもとで力を合わせるだけでなく、今とは異なる世界を想像することにある。そうだとするならば、疑問が生まれる。二一世紀において守るに値する新しい原則、つまり私たちの世代にとって、「情報の自由な流通」に相当する原則とは何だろう?

育てるべきは、まだ明確に表現されていないアイデア、語られていない理想、潜在的な概念、そして数ある可能性のなかに潜んだ新たな現実に思い至る知的な鋭敏さだ。フレーミングがうまくいくためには、鋭敏な意識《アジリティ・オブ・マインド》が必要になる。

これは、ただ新しいアイデアにオープンである状態を指すのでも、意識の柔軟性や多様性を指しているのでもない。もっと深い部分の話だ。私たちが世界を想像(および再想像)する際の可塑性や弾力性のことを指す。私たちの思考の道筋は基本的に固定的なものではなく、適応可能なものだという考え方だ。そして、私たちの思考はそれまで歩んできた認知的なステップに従うだけのものではなく、新しい方向へと踏み出すことができるうえ、何千回と同じステップを踏んできたあとでさえ、願えば意識の面での跳躍を果たすことができるという確信である。F・スコット・フィッツジェラルドの有名な言葉にあるように、私たちは「二つの対立する観念を同時に」抱くことができるのだ。

この原理は、「目の前のものや馴染みのものを超えて考える」という私たちの意識の奥に備わる能力に基づくものだ。私たちは、目的を持ちながら夢を見て、想像力を特定の方向へと伸ばしていき、知っているものや一般的な想像に縛られすぎることなく方向性を与える能力を持っている。それは、古いものを新しいものに、過去を未来に、よくあるものを貴重なものへと変える意識の錬金術だ。

鋭敏な意識は天与のものではない。自覚的に取り組まねばならない。この力を得て維持するためには、訓練が必要になる。違う意見を投げかける勇気や、投げかけられる勇気を持ちながら、新しい視点に対する好奇心を常に育てていくことで鍛えていける。

それは、体操選手やダンサーが、体をねじったり、曲げたり、波のように動かしたりして新しいスタイルを生み出していくのに似ている。あるいは短距離走者がすべての身体の動きを活かしてスピードを上げていくのに似ている。多くの人は（胴、腕、足など）同じような身体機能を持っているものの、能力や磨き上げた体格は異なる。人間は必要とあれば走れるが、アスリートのような全力疾走をするには訓練が必要だ。プロのダンサーのように身体を自由に操れる人はとても少ない。しかし、練習に打ち込めばできるようになる。

意識の鋭敏さについても同じことが言える。その機能は誰のなかにも備わっているが、準備をしないかぎりは発揮されない。本格的な努力が必要なものであり、ユートピア的な願望ではなく、実際に到達できるものだ。私たちはフレーミングをおこなう適切な戦略を持っている。一般的な認知というよりも生活の向上に活用できる効果的なツールとなったメンタルモデルを持っている。しかし私たちは、鋭敏な意識を育むよう取り組まねばならない。自分の思考や概念の幅を広げ、周りのフレームや、まだ想像されていないようなフレームを取り込み、異なる視点や価値を認め、新しい問題に出くわしたときに新しい選択肢を考え出せるようになっていく必要がある。

フレーマーは世界をありのままに見ているのではなく、どのような世界でありうるかを見ている。フレームを理解し、検証し、手放し、受け入れ、人に伝えながら、そうした世界の想像を続けている。鋭敏な意識という原則においては、因果関係に目を向け、反実仮想をおこなってさまざまな可能性を検討し、その仮想の世界の特徴を変化させていく(つまり、制約を設けながら夢を見る)、というフレーミングのスキルを磨き続けることが必要になる。情報の自由な流通が人間同士の協力の土台であるのと同じように、鋭敏な意識は人間のフレーミングの土台である。

情報の流通がプロセスや制度によって可能になったのと同じように、鋭敏な意識は適切な環境を社会が用意することによって促進されていく。子供たちがフレーミングのスキルを身につけるだけでなく、そうしたスキルへの渇望を生むために教育システムを調整することだってできる。新しいアイデアに触れる機会を増やすために移民政策から労働法や経済開発に至るまで、あらゆる政策を見直すことだってできる。敏捷性のある意識を育むために、革新的な参加型のプロセスを生み出そうと検討することさえ可能だ。「熟議民主主義」も、そうしたプロセスの一部を担うことができるだろう。ほかにも、高齢者の意識の鋭敏性を高めるための経済的なインセンティブや、あえて大きく異なる視点に触れてもらう取り組みなど、方法は実にたくさんある。鋭敏な意識に特化した新しい財団や政府機関すら必要かもしれない……が、もちろんこれはいささかの蛇足である。

こうした取り組みや政策は役に立つものだが、人間の協力関係とは違い、人間のフレーミングは個人の内側で起こるものだということを忘れてはならない。社会的な制度やプロセスは、私たちの認知を鍛えることはできない。鋭敏な意識を持つことは、私たち一人ひとりにとっての研究課題である。フレーマーたちがフレームに対する考えをフレーミングするのであって、何らかの組織にフレーミングはできないのだ。

想像力の限界は世界の広さによって決まる。人類は一つの現実に縛られない。自分たちが作り出そうと想像した世界ならば、どんなものでも楽しむことができる。私たちのすべてである世界と人生について、今の姿や、これからどうあってほしいかを想像し、具体化していける。その力は、私たちの内側にある。私たちは協力することで繁栄していくが、フレーマーであることによってのみ、生き延びていくことができる。

フレームを活用するためのガイド

1　メンタルモデルを利用する

フレーミングは常におこなわれているが、自覚的に活用して意思決定を向上させていける。

- 自分のメンタルモデルを特定し、何を前提としているかを点検する。
- 「なぜ」「どのように」を問う。なぜ自分は、この結論にたどり着いただろう。このような予測を立てた場合、どのような世界観が前提とされているだろう。
- ある難問に対し、賢明なる友人、歴史上の英雄、もしくはライバルはどのようにフレーミングするかを想像する。
- 状況を別の形でフレーミングしたいとき、何を変える必要があるかを自問する。

- 自分の見方が他の見方とぶつかるときは、それぞれの意見の奥にある世界観の特徴に目を向けよう。

2 制約を設けながら想像する

フレームを用いることで、適切な選択肢が迅速かつ効率的に特定できる。

- 最も変えやすい要素にフォーカスする。
- 制約の変更は最小限から始め、徐々に細かな変更を検討する。
- 制約の変更が、そのフレームの前提としている考え方と矛盾するものでないか、一貫性に注意する。
- すべての制約を頭に入れておくことが難しい場合は、物理的なモデルに落とし込む。

3 賢くリフレーミングする

別のフレームに切り替えると、違った枠組みで世界を眺められるようになるが、リスクも伴う。

- 機能するであろう別のフレームが自分のレパートリーのなかにないか確認する。
- 別の領域で使っているフレームの転用を試みる。
- 狭いフレーム（限定的だが迅速）と幅広いフレーム（包括的だが時間がかかる）のトレードオフに留意する。
- 頻繁にリフレームしてはいけない。方向感覚を失ってしまう。

4 環境が重要

認知面での多様性を通してフレーミングを向上させることができる。

- 自分の世界観へ絶えず疑問を投げかけていくために、馴染みのない物事に対する好奇心を育てる。

- フレーム間の緊張関係を進んで受け入れる。そうした衝突は推論が間違っているのではなく、現実は複雑であることを示すものである場合が多い。
- 正直に語る。それが個人や組織にとって心地の良いことじゃなかったとしても。その勇気は大切な人たちから敬意を表される。
- 同意よりも反対意見を求める。
- チームで意思決定をするとき、それぞれが個別に当該の問題をフレーミングしてもらったあとで意見を聞き、グループとして決定をくだしていく。

5 自分を超えて

社会の役割はフレームの多元的共存を維持し、変化の時期に最適な反応を生み出していくことだ。

- カラーブラインドではなく、カラフルに見るよう努める。違いについてはオープンに、しかし敬意を持って語る。

・社会的摩擦は障害というより恩恵とみなす。
・教育は、ほかのフレームへの敬意を植え付けるために活用する。
・社会の想像力、イノベーション、ダイナミズムを育む方法として、さまざまな文化の混合状態を後押しする。
・現実すべてを切り取る唯一のフレームだと主張するフレームは拒絶する。

焚書から人間の焼却に至るまで

19世紀のドイツの詩人ハインリヒ・ハイネの戯曲「アルマンゾル」（1823年）の有名な一説「*Dort wo man Bücher verbrennt, verbrennt man auch am Ende Menschen,*」（Where they have burned books, they will end in burning human beings／本を焼いたところでは、やがて人間も焼くことになる）を踏まえたもの。

F・スコット・フィッツジェラルドの考え「二つの対立する観念を同時に」抱く

F. Scott Fitzgerald, *The Crack-Up* (New York: New Directions Books, 1945).［F・スコット・フィッツジェラルド「壊れる」『ある作家の夕刻 フィッツジェラルド後期作品集』所収、村上春樹訳、中央公論新社、2019年、277-278ページ］

「想像力の限界は世界の広さによって決まる」

この言葉は、ヴィトゲンシュタインの「私の言語の限界は、私の世界の限界を意味する」という言葉にインスピレーションを受けたもの。Ludwig Wittgenstein, *Tractatus Logico-Philosophicus*, prop. 5.6: (Milton Park, Abingdon, Oxon: Routledge, 1921): 150.［ヴィトゲンシュタイン『論理哲学論考』丘沢静也訳、光文社古典新訳文庫、2014年、111ページ］

tagesspiegel.de/berlin/berliner-sicherheitsbehoerden-alarmiert-rechtsextremisten-steuern-die-corona-proteste-zum-teil-schon/26627460.html; Tilma Steffen and Ferdinand Otto, "Aktivisten kamen als Gäste der AfD in den Bundestag," *Die Zeit*, November 19, 2020, https://www.zeit.de/politik/deutschland/2020-11/bundestag-afd-stoerer-corona-protest-einschleusung.

フランソワ・ショレについて

François Chollet, *Deep Learning with Python* (Shelter Island, NY: Manning, 2017).［François Chollet『Pythonによるディープラーニング』巣籠悠輔監訳、株式会社クイープ訳、マイナビ出版 、2022年］ 以下も参照。https://blog.keras.io/the-limitations-of-deep-learn ing.html. 2021年2月におこなったケネス・クキエのインタビューで、ショレは「究極的な一般化」つまりフレーミングを向上させる方法について詳しく語ってくれた。「常に過去の状況や概念を類推することで学び、適用していくことができる。活用できる過去の状況や概念が豊富かつ多様にあれば、より強力な類推が可能になる」［本文の訳出は本書訳者によるもの］

パリのテロ

このパートの記述は、以下の優れた記事に基づいている。Angelique Chrisafis, " 'It Looked Like a Battlefield': The Full Story of What Happened in the Bataclan," *Guardian*, November 20, 2015, https://www.theguardian.com/world/2015/nov/20/bataclan-witnesses-recount-horror-paris-attacks; "What Happened at the Bataclan?," BBC, December 9, 2015, https://www.bbc.co.uk/news/world-europe-34827497; Adam Nossiter and Andrew Higgins, " 'Scene of Carnage' Inside Sold-Out Paris Concert Hall," *New York Times*, November 13, 2015, https://www.nytimes.com/2015/11/14/world/europe/paris-attacks.html; Andrew Higgins and Milan Schreuer, "Attackers in Paris 'Did Not Give Anybody a Chance,'" *New York Times*, November 14, 2015, https://www.nytimes.com/2015/11/15/world/europe/paris-terror-attacks-a-display-of-absolute-barbarity.html.

ジェラルド・ブロナーの言葉

Gérald Bronner, *La Pensée Extrême* (Paris: PUF, 2009). ブロナーは自身のアプローチに基づいて、極端な思考の若者から極端な要素を取り除こうと試みた経験について*Déchéance de rationalité* (Paris: Grasset, 2019)に記している。

アバウドの言葉

David A. Graham, "The Mysterious Life and Death of Abdelhamid Abaaoud," *Atlantic*, November 19, 2015, https://www.theatlantic.com/international/archive/2015/11/who-was-abdelhamid-abaaoud-isis-paris/416739; Kersten Knipp, "'Allah Has Chosen Me': Profile of the Paris Attackers," *Deutsche Welle*, November 21, 2015, https://www.dw.com/en/allah-has-chosen-me-profile-of-the-paris-attackers/a-18865801. 以下も参照。Stacy Meichtry, Noemie Bisserbe, and Matthew Dalton, "Paris Attacks' Alleged Ringleader, Now Dead, Had Slipped into Europe Unchecked," *Wall Street Journal*, November 19, 2015, https://www.wsj.com/articles/abdelhamid-abaaoud-alleged-mastermind-of-paris-attacks-is-dead-french-prosecutor-says-1447937255.

認知的柔軟性を軽蔑するテロリスト

Bronner, *La Pensée Extrême.*

leone-14819523. 以下も参照。Pavitra Raja, “This Is How Social Innovators Are Leading the Race to Zero Emissions,” World Economic Forum, November 9, 2020, https://www.weforum.org/agenda/2020/11/this-is-how-social-innovators-are-leading-the-race-to-zero-emissions/.

イージー・ソーラー社について

Easy Solar, “Easy Solar Raises $5M in Series A Equity and Debt Funding to Scale Operations in West Africa,” press release, September 30, 2020, https://www.pv-magazine.com/press-releases/easy-solar-raises-5m-in-series-a-equity-and-debt-funding-to-scale-operations-in-west-africa/.

人間の協力についてユヴァル・ノア・ハラリの言葉

“A Conversation with Mark Zuckerberg and Yuval Noah Harari,” Facebook, April 26, 2019, transcript, https://about.fb.com/wp-content/uploads/2019/04/transcript_-marks-personal-challenge-yuval-noah-harari.pdf.

人間の意識を覗く

最近（19世紀後半）になってようやく、研究者たちは意思決定能力に注意深く目を向けるようになってきた。「判断と意思決定」という分野は1950年代になって作られた。

「イデオロギーのサイロ化（分断）」について

“How Politics Has Pulled the Country in Different Directions,” *Wall Street Journal*, November 10, 2020, https://www.wsj.com/graphics/polarized-presidential-elections/.

グローバル経済の向上について

“Decline of Global Extreme Poverty Continues but Has Slowed: World Bank,” World Bank, press release, September 19, 2018, https://www.worldbank.org/en/news/press-release/2018/09/19/decline-of-global-extreme-poverty-continues-but-has-slowed-world-bank.

タルムードの引用

有名な一節である“A man is shown only what is suggested by his own thoughts.”より。Rabbi Shemuel ben Nachmani, as quoted in the tractate Berakhot (55b.), *Tractate Berakhot: Edition, Translation, and Commentary*, ed. Heinrich W. Guggenheimer (Berlin: de Gruyter, 2000). この一節は夢の解釈についての言及として書かれたもの。

世界各地の感情論者

ペルー：Michael Stott, “Peru President’s Ousting Underlines Resurgent Latin American Populism,” *Financial Times*, November 11, 2020, https://www.ft.com/content/5c4c4411-e648-4681-bdde-186ff5b20d3e. フィリピン：“More than 7,000 Killed in the Philippines in Six Months, as President Encourages Murder,” Amnesty International, May 18, 2020, https://www.amnesty.org.uk/philippines-president-duterte-war-on-drugs-thousands-killed#:~:text=According%20to%20police%20counts%20in,thanks%20to%20his%20hardline%20policy. ドイツ：Alexander Frölich, “Rechtsextremisten steuern die Corona-Proteste zum Teil schon,” *Der Tagesspiegel*, November 16, 2020, https://www.

第 9 章 警戒心

コロナウイルスの治療法を語るトランプのコメディ

Sarah Cooper, "How to Medical," YouTube video, 0:49, https://www.youtube.com/watch?v=RxDKW75ueIU.

サラ・クーパーについて

James Poniewozik, "Trump Said, 'I Have the Best Words.' Now They're Hers," *New York Times*, May 27, 2020, https://www.nytimes.com/2020/05/27/arts/television/trump-sarah-cooper.html. 以下も参照。ZZ Packer, "Sarah Cooper Doesn't Mimic Trump. She Exposes Him," *New York Times*, June 25, 2020, https://www.nytimes.com/2020/06/25/magazine/sarah-cooper-doesnt-mimic-trump-she-exposes-him.html. このパートの記述をサポートしてくれたクーパーに感謝する。

クーパーの言葉

Shirley Li, "Sarah Cooper Has Mastered the Trump Joke," *Atlantic*, May 8, 2020, https://www.theatlantic.com/culture/archive/2020/05/comedian-behind-viral-trump-pandemic-tiktok-sarah-cooper/611329. 以下も参照。Sarah Cooper and Sarah Cristobal, "Comedian Sarah Cooper on How Her Viral Trump Parodies Came to Be," *InStyle*, July 10, 2020, https://www.instyle.com/news/sarah-cooper-essay-trump-impressions.

「喜茶（HEYTEA)」の成功

Farhan Shah, "Heytea Founder Neo Nie on the Ingredients to the Brand's Success," *Peak*, July 23, 2020, https://www.thepeakmagazine.com.sg/interviews/heytea-founder-neo-nie-business-success/; Li Tao, "How Chinese Tea-Drink Brand Heytea Saves Millions in Marketing Costs Thanks to Its Millennial Customers," *South China Morning Post*, August 28, 2018, https://www.scmp.com/tech/start-ups/article/2161529/how-chinese-tea-drink-brand-heytea-saves-millions-marketing-costs. 以下も参照。"He Is a Post-90s CEO Worth 4 billion," *DayDay News*, September 23, 2020, https://daydaynews.cc/en/technology/812466.html.

成長に関するンタビセン・モシアの言葉

2021年1月にケネス・クキエがおこなったモシアへのインタビューより。そのほか"Nthabiseng Mosia, an Entrepreneur Finding Affordable Clean Energy Solutions for Africa by Harnessing the Power of Solar Technology," Lionesses of Africa, December 11, 2016, https://www.lionessesofafrica.com/blog/2016/12/11/startup-story-nthabiseng-mosia、World Economic Forum, "Bring the Power of Solar to Sierra Leone," YouTube video, 3:17, December 16, 2019, https://www.youtube.com/watch?v=auzkln9MMjk&feature=emb_title も参照。

モシアについて

Dhivana Rajgopaul, "This SA Entrepreneur Creates Solar Solutions for Communities in Sierra Leone," *Independent Online*, May 7, 2018, https://www.iol.co.za/business-report/entrepreneurs/this-sa-entrepreneur-creates-solar-solutions-for-communities-in-sierra-

いてはMeghan Burke, *Colorblind Racism* (Cambridge: Polity Press, 2019)も参照。

クリエイティブ・クラスと寛容さについて

Richard Florida, *The Rise of the Creative Class* (New York: Basic Books, 2002), chap. 14.［リチャード・フロリダ『クリエイティブ資本論』井口典夫訳、ダイヤモンド社 、2008年］彼のオンラインクラスからの引用：Richard Florida, "Technology, Talent, and Tolerance in the Creative City," Coursera, https://www.coursera.org/lecture/city-and-you-find-best-place/technology-talent-and-tolerance-in-the-creative-city-instructor-video-uVp5h.（2020年11月9日アクセス）

公共圏について

Jürgen Habermas, *The Structural Transformation of the Public Sphere: An Inquiry into a Category of Bourgeois Society*, trans. Thomas Burger (Cambridge, MA: MIT Press, 1989).［ユルゲン・ハーバーマス『公共性の構造転換〔第2版〕』細谷貞雄ほか訳、未来社 、1973年］

熟議民主主義について

James S. Fishkin, *Democracy When the People Are Thinking: Revitalizing Our Politics Through Public Deliberation* (Oxford: Oxford University Press, 2018).

エンパワード・デモクラシーについて

Roberto Mangabeira Unger, *False Necessity: Anti-Necessitarian Social Theory in the Service of Radical Democracy* (Cambridge: Cambridge University Press, 1987).

アンガーの言葉

地方分権化について：Roberto Mangabeira Unger, "Big Thinkers: Roberto Mangabeira Unger on Empowered Democracy in the UK," Institute for Government, November 15, 2013, https://www.instituteforgovernment.org.uk/event/big-thinkers-roberto-mangabeira-unger-empowered-democracy-uk.

教育についてのアンガーの言葉

Roberto Mangabeira Unger, "No One Should Have to Do Work That Can Be Done by a Machine," talk at Harvard Thinks Big 4, YouTube video, 10:47, February 28, 2013, https://www.youtube.com/watch?v=N8n5ZL5PwiA.

ジュディス・シュクラーについて

Judith Shklar, "The Liberalism of Fear," in *Liberalism and the Moral Life*, ed. Nancy Rosenblum (Cambridge, MA: Harvard University Press, 1989), 31–38.

フィアレスガールについて

この像は牛の像の前に2017年3月7日に設置されたが、2018年11月に同金融地区の別のエリアに移された。現在は2つの足跡がついたプレートが、かつて彼女が立っていた場所を示している。

silicon-valley.

中華帝国とヨーロッパの分断国家

Joel Mokyr, *A Culture of Growth: The Origins of the Modern Economy* (Princeton, NJ: Princeton University Press, 2016). Jared Diamond, *Guns, Germs, and Steel: The Fates of Human Societies* (New York: Norton, 1997)も参照。［ジャレド・ダイアモンド『銃・病原菌・鉄』倉骨彰訳、草思社 、2000年］読みやすい文献としてはJohn Micklethwait and Adrian Wooldridge, *The Fourth Revolution: The Global Race to Reinvent the State* (New York: Penguin, 2015)などがある。［ジョン・ミクルスウェイト、エイドリアン・ウールドリッジ『増税よりも先に「国と政府」をスリムにすれば？』浅川佳秀訳、講談社 、2015年］

コリソンの「進歩研究」について

2020年1月にケネス・クキエがおこなったパトリック・コリソンへのインタビューによる。そのほかPatrick Collison and Tyler Cowen, "We Need a New Science of Progress," *Atlantic*, July 30, 2019, https://www.theatlantic.com/science/archive/2019/07/we-need-new-science-progress/594946も参照。批判的な評価についてはCukier, "Innovation Around Innovation—Studying the Science of Progress," *The Economist, Babbage* podcast, September 4, 2019, https://www.economist.com/podcasts/2019/09/04/innovation-around-innovation-studying-the-science-of-progress.

シリコンバレーの画一性とポドルニーの講義について

ポドルニーの講義を全員が受けているというのは冗談だ。

同性婚のリフレーミング

Kevin Nix, "It's All in the Frame: Winning Marriage Equality in America," Open Democracy, September 8, 2015, https://www.opendemocracy.net/en/openglobalrights-openpage/its-all-in-frame-winning-marriage-equality-in-america/.

同性婚を自由な権利とみるか愛とみるか

"In Depth: Gay and Lesbian Rights," Gallup, poll of November 26–29, 2012, https://news.gallup.com/poll/1651/gay-lesbian-rights.aspx.

同性婚に対する世論調査

Justin McCarthy, "U.S. Support for Same-Sex Marriage Matches Record High," Gallup, June 1, 2020, https://news.gallup.com/poll/311672/support-sex-marriage-matches-record-high.aspx.

リベラルアーツについて

Epstein, *Range*.［デイビッド・エプスタイン『RANGE（レンジ）』］

人種と社会学について

子供との接し方について： Megan R. Underhill, "White Parents Teach Their Children to Be Colorblind. Here's Why That's Bad for Everyone," *Washington Post*, October 5, 2018, https://www.washingtonpost.com/nation/2018/10/05/white-parents-teach-their-children-be-colorblind-heres-why-thats-bad-everyone/; カラーブラインドな人種差別につ

とするのではなく、あらゆる議論を非難し始めることが、容易に明らかになるかもしれないからである。それらの哲学はその追随者たちに、合理的議論は人を欺くものであるという理由でそれを聴くことを禁じ、議論に対しては彼らの拳やピストルの使用によって答えるように教えるかもしれない。われわれはそこで、寛容の名において、不寛容な者に対しては寛大でないことの権利を要求すべきである」（内田詔夫・小河原誠訳、289ページ）。注意すべきなのは、オープンで多様であることを支持する者たちすら、自由な意見の表明を抑圧したくなる誘惑と無縁ではない。たとえばポパーは長年ロンドン・スクール・オブ・エコノミクスで『開かれた社会とその敵（The Open Society and Its Enemies）』について教えていたが、自分と違う意見は受け入れず、学生たちは冗談混じりに彼の講義を「敵による開かれた社会（The Open Society by Its Enemy）」と呼んでいた。

アーレントの著作

Hannah Arendt, *The Origins of Totalitarianism* (New York: Schocken Books, 1951); *The Human Condition* (Chicago: University of Chicago Press, 1958); *On Revolution* (New York: Penguin Books, 1963); *Eichmann in Jerusalem: A Report on the Banality of Evil* (New York: Viking Press, 1963); *On Violence* (Boston: Houghton Mifflin Harcourt, 1968); *Men in Dark Times* (Boston: Houghton Mifflin Harcourt, 1970); *Crisis of the Republic* (New York: Harcourt Brace Jovanovich, 1972); *Rahel Varnhagen: The Life of a Jewish Woman* (New York: Harcourt Brace, 1974).［ハンナ・アーレント『新版 全体主義の起原』大久保和郎訳、みすず書房、2017年。『人間の条件』志水速雄訳、ちくま学芸文庫、1994年。『革命について』志水速雄訳、ちくま学芸文庫、1995年。『新版 エルサレムのアイヒマン』大久保和郎訳、みすず書房、2017年。『暴力について』山田正行訳、みすずライブラリー、2000年。『暗い時代の人々』阿部齊訳、ちくま学芸文庫、2005年。『新版 ラーエル・ファルンハーゲン』大島かおり訳、みすず書房、2021年］

アーレントの引用

「最終的結論」について：Hannah Arendt, *Between Past and Future: Eight Exercises in Political Thought* (New York: Penguin, 2006), 237.［ハンナ・アーレント『過去と未来の間』斎藤純一ほか訳、みすず書房、1994年、328ページ］「一般意志」はルソーが作った用語。「一人の人間manではなく、多数の人間men」はArendt, *The Human Condition*, 7より。［『人間の条件』志水速雄訳、ちくま学芸文庫、1994年、20ページ］立場の「複数性」はHannah Arendt, *The Promise of Politics* (New York: Schocken, 2007), 175より。［『政治の約束』高橋勇夫訳、ちくま学芸文庫、2018年、181ページ］

「歴史の終わり」

Fukuyama, *End of History*.［フランシス・フクヤマ『新版 歴史の終わり』］

シリコンバレーとルート128

AnnaLee Saxenian, *Regional Advantage: Culture and Competition in Silicon Valley and Route 128* (Cambridge, MA: Harvard University Press, 1994), 2–3.［アナリー・サクセニアン『現代の二都物語』山形浩生ほか訳、日経BP、2009年］以下も参照。"Silicon Valley Is Changing, and Its Lead over Other Tech Hubs Narrowing," *Economist*, September 1, 2018, https://www.economist.com/briefing/2018/09/01/silicon-valley-is-changing-and-its-lead-over-other-tech-hubs-narrowing; "Why Startups Are Leaving Silicon Valley," *Economist*, August 30, 2018, https://www.economist.com/leaders/2018/08/30/why-startups-are-leaving-

www.bariweiss.com/resignation-letterより。この出来事を記述するにあたり、情報を提供してくれた方々に感謝を表する。

第 8 章 多元的共存

ハンナ・アーレントとゲシュタポ

Elisabeth Young–Bruehl, *Hannah Arendt: For Love of the World* (New Haven, CT: Yale University Press, 2004).［エリザベス・ヤング=ブルーエル『ハンナ・アーレント』大島かおりほか訳、みすず書房 、2021年］古代ギリシャ語で書かれた暗号について：Jeremy Adelman, "Pariah: Can Hannah Arendt Help Us Rethink Our Global Refugee Crisis?," *Wilson Quarterly*, Spring 2016, https://www.wilsonquarterly.com/quarterly/looking-back-moving-forward/pariah-can-hannah-arendt-help-us-rethink-our-global-refugee-crisis/. アーレントの研究者であるサマンサ・ローズ・ヒルには、1933年にアーレントが使っていた名前のスタイルを確認してもらった（結婚していた時期の姓はシュテルンだった）。

文芸評論からの 1920 年代のアメリカの引用

Malcolm Cowley, *Exile's Return: A Literary Odyssey of the 1920s* (New York: Penguin, 1994), 279.

ナチスの残虐行為についての日記

1943年2月6日の日記より。Rutka Laskier, *Rutka's Notebook: A Voice from the Holocaust*, eds. Daniella Zaidman-Mauer and Kelly Knauer (New York: Time/Yad Vashem, 2008), 29–30.［ルトゥカ・ラスケル『ルトゥカのノート』尾原美保訳、PHP研究所 、2008年］

市場の調整について

Charles E. Lindblom, *The Market System— What It Is, How It Works, and What to Make of It* (New Haven, CT: Yale University Press, 2001).

カール・ポパーの「寛容のパラドックス」について

Karl Popper, "The Principle of Leadership," in *The Open Society and Its Enemies*, vol. 1 (Abington, UK: Routledge, 1945), note 4.［カール・ポパー『開かれた社会とその敵』第一部「第七章 指導者の原則」注4（内田詔夫ほか訳、未来社、1980年）］この概念は注釈に書かれているだけであり、本文中には存在していない。プラトンの「自由のパラドックス」（専制君主に社会を壊す自由を与えると、結局は社会から自由がなくなるという逆説）を踏まえながら、ポパーは以下のように記している。「無制限の寛容は寛容の消滅へ行き着かざるをえないというパラドックスである。もしわれわれが無制限の寛容を寛容でない人々にまでも拡張し、もしわれわれが不寛容な者たちの猛攻撃に対して寛容な社会を擁護する覚悟をもっていないのならば、そのときには寛容な者は滅ぼされ、またそれとともに寛容も滅ぼされるであろう。―私はこの定式で、例えば、われわれは不寛容な哲学の発言を常に抑圧すべきであるというようなことを意味してはいない。われわれがそれらに対して合理的議論で対抗し、世論によってそれらを抑えることができる限りでは、抑圧は確かに最も賢くないやり方であろう。だがわれわれは、必要な場合には力ずくででもそれらを抑圧する権利を要求すべきである。というのも、それらの哲学はわれわれに対して合理的議論のレベルで対抗しよう

大域的最適解《グローバル・オプティマム》と局所的最適解《ローカル・オプティマム》について

Scott E. Page, *The Difference: How the Power of Diversity Creates Better Groups, Firms, Schools, and Societies* (Princeton, NJ: Princeton University Press, 2008). ［スコット・ペイジ『「多様な意見」はなぜ正しいのか』水谷淳訳、日経BP社、2009年］2021年の1月にケネス・クキエのインタビューを受けたペイジは、「[上か下かという]2つの次元だけではない。ほとんどのアイデアや製品には何十、何百もの次元がある。左右を見たからといって見渡せるわけでもない。比喩的に言えば、何十もの方向に足を踏み入れることができるのだ」と語っている。いかにモデルが社会を形作るかについて、より深い分析は、Scott E. Page, *The Model Thinker: What You Need to Know to Make Data* (New York: Basic Books, 2018). ［スコット・E・ペイジ『多モデル思考』椿広計監訳、長尾高弘訳、森北出版、2020年］

アンディ・グローブの「頼もしいカサンドラ」

Andrew Grove, *Only the Paranoid Survive* (New York: Doubleday Business, 1996). ［アンドリュー・グローブ『パラノイアだけが生き残る』佐々木かをり訳、日経BP社、2017年、143ページ］

エド・キャットムルとカサンドラ

Ed Catmull and Amy Wallace, *Creativity, Inc.: Overcoming the Unseen Forces That Stand in the Way of True Inspiration* (New York: Random House, 2014). ［エド・キャットムル『ピクサー流　創造するちから』石原薫訳、ダイヤモンド社、2014年。本文の訳出は本書訳者によるもの］

道化師の歴史

Beatrice K. Otto, *Fools Are Everywhere: The Court Jester Around the World* (Chicago: University of Chicago Press, 2001). 道化師は世界的に存在する。ヨーロッパだけでなく、この役割は古代のローマにもインドにも、中東や中国の宮殿にも登場する。

トリブレの機知に富んだ返答

Magda Romanska, “The History of the Court Jester,” Boston Lyric Opera, March 24, 2014, http://blog.blo.org/the-history-of-court-jester-by-magda.

NASA と道化師

イアン・サンプルによるフロリダ大学のジェフリー・ジョンソンへのインタビューより。“Jokers Please: First Human Mars Mission May Need Onboard Comedians,” *Guardian*, February 15, 2019, https://www.theguardian.com/science/2019/feb/15/jokers-please-first-human-mars-mission-may-need-onboard-comedians.

バリ・ワイスと「灰色の貴婦人」について

Edmund Lee, “Bari Weiss Resigns from *New York Times* Opinion Post,” *New York Times*, July 14, 2015, https://www.nytimes.com/2020/07/14/business/media/bari-weiss-resignation-new-york-times.html; Elahe Izadi and Jeremy Barr, “Bari Weiss Resigns from *New York Times*, Says ‘Twitter Has Become Its Ultimate Editor,’” *Washington Post*, July 14, 2020, https://www.washingtonpost.com/media/2020/07/14/bari-weiss-resigns-new-york-times. 引用はBari Weiss, “Resignation Letter,” Bariweiss.com, July 14, 2020, https://

がパフォーマンスに与える影響については、60年以上の研究の歴史がある。Hans van Dijk, Marloes L. van Engen, and Daan van Knippenberg, "Defying Conventional Wisdom: A Meta-Analytical Examination of the Differences Between Demographic and Job-Related Diversity Relationships with Performance," *Organizational Behavior and Human Decision Processes* 119, no.1 (September 2012): 38–53. この研究による確かな発見として、多様性は集団がクリエイティブな仕事をおこなうときには恩恵となる場合が多いが、効率性のほうが重視される日常的な業務では、グループの障害となりうる。

グループでの熟議の前に個々人で考える

André L. Delbecq and Andrew H. Van de Ven, "A Group Process Model for Problem Identification and Program Planning," *Journal of Applied Behavioral Science* 7, no.4 (July 1, 1971); Andrew H. Van de Ven and André L. Delbecq, "The Effectiveness of Nominal, Delphi, and Interacting Group Decision Making Processes," *Academy of Management Journal* 17, no.4 (December 1974): 605–21.

アップルのチームについて

Joel M. Podolny and Morten T. Hansen, "How Apple Is Organized for Innovation," *Harvard Business Review*, November/December 2020, https://hbr.org/2020/11/how-apple-is-organized-for-innovation.

多数決のルールを支持することについて

Reid Hastie and Tatsuya Kameda, "The Robust Beauty of Majority Rules in Group Decisions," *Psychological Review* 112, no.2 (May 2005): 494–508. グループにおける意思決定について、より詳しくはR. Scott Tindale and Katharina Kluwe, "Decision Making in Groups and Organizations," in *The Wiley Blackwell Handbook of Judgment and Decision Making II*, eds. Gideon Keren and George Wu (Hoboken, NJ: Wiley Blackwell, 2015), 849–74.

ビル・ジョイの言葉

Rich Karlgaard, "How Fast Can You Learn?," *Forbes*, November 9, 2007, https://www.forbes.com/forbes/2007/1126/031.html.

Cuusoo とレゴ

Hasan Jensen, "Celebrating 10 Years of Your Ideas!," Lego, https://ideas.lego.com/blogs/a4ae09b6-0d4c-4307-9da8-3ee9f3d368d6/post/bebe460c-fd4c-413a-b0a7-ca757aad1ecc.（2020年11月8日アクセス）

多様性がグループのパフォーマンスを妨げることについて

以下の研究では、対照実験において、性質の違う認知スタイルの人々がいるチームは均質なチームと比べ、戦略的コンセンサスに達する難易度が高く、ミスが増えることを示している。Ishani Aggarwal and Anita W. Woolley, "Do You See What I See? The Effect of Members' Cognitive Styles on Team Processes and Performance," *Organizational Behavior and Human Decision Processes* 122, no.1 (September 2013): 92–99.

the Knowledge Economy, ed. Earl Lewis (Princeton, NJ: Princeton University Press, 2017).

SNSにおける同類選好について

Miller McPherson, Lynn Smith-Lovin, and James M. Cook, "Birds of a Feather: Homophily in Social Networks," *Annual Review of Sociology* 27 (August 2001): 415–44.

ノルウェーの企業役員におけるジェンダーの多様性

Kenneth R. Ahern and Amy K. Dittmar, "The Impact on Firm Valuation of Mandated Female Board Representation," *The Quarterly Journal of Economics* 127, no.1 (February 2012): 137–97. 以下も参照。David A. Matsa and Amalia R. Miller, "A Female Style in Corporate Leadership? Evidence from Quotas," *American Economic Journal: Applied Economics* 5, no.3 (July 2013): 136–69. ペイジの*The Diversity Bonus*では優れた説明がなされている。女性役員の数に関する法律の目的は、企業の業績を向上させるためではなく、ジェンダー間の不平等を減らすことにあった点は留意しておきたい。おかげで、女性リーダーたちは取締役会での経験を得られ、自身の才能や人脈を育み、他の女性たちを感化することとなった。

ジェンダーの多様性と高いパフォーマンスについて

いくつかの研究では、取締役会に女性が参加することで、業績が高くなることが示されている。たとえばJulia Dawson et al., "The CS Gender 3000: The Reward for Change," Credit Swiss Research Institute, September 2016など。しかしながら、これらの研究は方法論的に単純すぎると批判されてきた。"100 Women: Do Women on Boards Increase Company Profits?," *BBC News*, October 2017, https://www.bbc.com/news/41365364. より厳密な分析では、たとえばトップの経営陣に女性がいることと会社の業績のあいだに（因果関係ではないが）ポジティブな相関関係が見いだされている。Corinne Post and Kris Byron, "Women on Boards and Firm Financial Performance: A Meta-Analysis," *Academy of Management Journal* 58, no.2, November 7, 2014, https://journals.aom.org/doi/abs/10.5465/amj.2013.0319.

多様性を追い求めて画一性に行き着く

グレッグ・ルキアノフとジョナサン・ハイトによる主張では、多様性に対するアメリカの大学のアプローチが自由な意見交換を阻んでいる。Greg Lukianoff and Jonathan Haidt, "The Coddling of the American Mind," *Atlantic*, September 2015, https://www.theatlantic.com/magazine/archive/2015/09/the-coddling-of-the-american-mind/399356/. 以下も参照。Jonathan Haidt, "Viewpoint Diversity in the Academy," jonathanhaidt.com, https://jonathanhaidt.com/viewpoint-diversity/.（2020年12月31日アクセス）

男性のみのグループより女性のいるグループのほうがパフォーマンスが高い

Anita W. Woolley et al., "Evidence for a Collective Factor in the Performance of Human Groups," *Science* 330, no.6004 (October 29, 2010): 686–88.

チームの多様性が組織に恩恵を与える

Anita W. Woolley, Ishani Aggarwal, and Thomas W. Malone, "Collective Intelligence and Group Performance," *Current Directions in Psychological Science* 24, no.6 (December 2015): 420–24では、「一般的に、クリエイティブあるいはイノベーティブな仕事に取り組むグループは、多様性から恩恵を受けることが多い」と記されている。チーム内の多様性

ケイの言葉

「まったく新しいコンピュータの使い方」： Alan Kay, "The Early History of Smalltalk," 1993, worrydream.com/EarlyHistoryOfSmalltalk. 「未来を予測する最善の方法」：この考えについては1970年代からケイが繰り返し語ってきた。「tyranny of the present（現在という独裁）」： Robin Meyerhoff, "Computers and the Tyranny of the Present," *Forbes*, November 11, 2015, https://www.forbes.com/sites/sap/2015/11/11/computers-and-the-tyranny-of-the-present/?sh=6605f48a17ab. 「ある文脈から別の文脈への移行」： Stuart Feldman, "A Conversation with Alan Kay: Big Talk with the Creator of Smalltalk— and Much More," *Association for Computing Machinery* 2, no.9 (December 27, 2004), https://queue.acm.org/detail.cfm?id=1039523.

Smalltalkの影響について

ケイは（私たちと同様）、真に白紙の状態でモノを考えることはできないと強調している。インタビューでは、彼はオブジェクト指向プログラミングの精神的な障壁と感じるテクノロジーの名前を立て続けに挙げる。プログラミング言語「Smalltalk」の素晴らしい知的成長の歴史についてはKay, "The Early History of Smalltalk," 1993を参考にしている。Alan Kay, "The Power of the Context," remarks upon being awarded the Charles Stark Draper Prize, National Academy of Engineering, February 24, 2004も参照。

ジェームス／ジャン・モリスについて

Jan Morris, *Conundrum* (London: Faber, 1974).

幾何学について

デカルト幾何学（数学では解析幾何学と呼ばれることが多い）は、ユークリッド幾何学では容易ではない直観的理解をもたらすことがあるが、ユークリッド幾何学を用いたほうが非常にエレガントで簡単にできる証明もある。

認知的複雑性について

Patricia Linville, "Self-complexity and Affective Extremity: Don't Put All of Your Eggs in One Cognitive Basket," *Social Cognition* 3, no.1 (1985): 94–120.

バイリンガルの子供たちについて

Jared Diamond, "The Benefits of Multilingualism," *Science* 330, no.6002 (October 15, 2010): 332–33. 以下も参照。Ellen Bialystok, "The Bilingual Adaptation: How Minds Accommodate Experience," *Psychological Bulletin* 143, no.3 (March 2017): 233–62; Cristina Crivello et al., "The Effects of Bilingual Growth on Toddlers' Executive Function," *Journal of Experimental Child Psychology* 141 (January 2016): 121–32.

ルイス・ブランズカムについて

著者のうち2人は、彼の知的厳密さの魅力を直に体験している。

「多様性による配当」について

意思決定科学のエキスパートであるスコット・ペイジは、「多様性によるボーナス（diversity bonus）」と呼んでいる。Scott E. Page, *The Diversity Bonus: How Great Teams Pay Off in*

多重チェスボード問題

アメリカ軍に提出されたオリジナルの論文：Craig A. Kaplan and Herbert A. Simon, *In Search of Insight*, Technical Report AIP 55 (Arlington, VA: Office of Naval Research, August 15, 1988). 学術誌に引用された論文：Craig A. Kaplan and Herbert A. Simon, "In Search of Insight," *Cognitive Psychology* 22, no. 3 (July 1990): 374–419.

試行錯誤について

Levine, *Cognitive Theory of Learning; Metcalfe and Wiebe*, "Intuition."

海外経験を持つアメリカ人の多様なマインドによる恩恵

Susan Pozo, "Does the US Labor Market Reward International Experience?," *American Economic Review* 104, no.5 (2014): 250–54.

ケーススタディ・メソッドについて

Bridgman, Cummings, and McLaughlin, "Restating the Case."

ハーバード・ビジネス・スクールにおける最初のケース

Bittle, "The General Shoe Company."

ウォレス・ドナムの言葉

Wallace Donham, "The Failure of Business Leadership and the Responsibilities of the Universities," *Harvard Business Review* 11 (1933): 418–35. 彼は「私たちはビジネスや政治において、自分が専門とする問題にうまく対処できるだけでなく、広い関係性から物事を見て、社会の安定と均衡を維持するために自身の役割を果たせる管理者を必要としている」と記している(Bridgman, Cummings, and McLaughlin, "Restating the Case."に引用されている)。

バートによる「ジェームス」と「ロバート」との比喩について

Ronald S. Burt, *Brokerage and Closure: An Introduction to Social Capital* (Oxford: Oxford University Press, 2005).

白紙戦略について

このアイデアは、ダグラス・ホフスタッターが『ゲーデル、エッシャー、バッハ』（野崎昭弘ほか訳、白揚社、1985年）で取り上げ、のちにダニエル・デネットが『思考の技法』（阿部文彦ほか訳、青土社、2015年）で発展させた「脱シスする（jootsing）」、つまり「システムから抜け出す（jumping out of the system）」という概念と似ている。

アラン・ケイとオブジェクト指向プログラミングについて

2021年1月におこなわれたケネス・クキエによるケイへのインタビューによる。本書のために時間と知見を提供してくれたケイに感謝する。Eric Elliott, "The Forgotten History of OOP," Medium, October 31, 2018, https://medium.com/javascript-scene/the-forgotten-history-of-oop-88d71b9b2d9fも参照。ケイは、オブジェクト指向プログラミングという概念を最大限に発展させた最初の人物だ。それは主にSketch Padやプログラミング言語「Simula」といった他の仕事が土台となっている。

aktuell/wirtschaft/auto-verkehr/autohersteller-verdoppeln-investitionen-in-elektromobilitaet-16218061.html.

シンガポールについて

例えば以下を参照。 W. G. Huff, “What Is the Singapore Model of Economic Development?,” *Cambridge Journal of Economics* 19, no. 6 (December 1995): 735–59; Winston T. H. Koh, “Singapore’s Transition to Innovation-Based Economic Growth: Infrastructure, Institutions, and Government’s Role,” *R& D Management* 36, no.2 (March 2006): 143–60; 加えて、著者たち独自の見解とインタビューを踏まえて構成している。

スポティファイについて

Sven Carlsson and Jonas Leijonhufvud, *The Spotify Play: How CEO and Founder Daniel Ek Beat Apple, Google, and Amazon in the Race for Audio Dominance* (New York: Diversion Books, 2021).［スベン・カールソン、ヨーナス・レイヨンフーフブッド『Spotify』池上明子訳、ダイヤモンド社、2020年］

第 7 章 学ぶ

ビジネス教育に関するポドルニーについて

David Leonhardt, “Revamping the MBA,” *Yale Alumni Magazine*, May/June 2007, http://archives.yalealumnimagazine.com/issues/2007_05/som.html. 以下も参照。Joel M. Podolny, “The Buck Stops (and Starts) at Business School,” *Harvard Business Review*, June 2009, https://hbr.org/2009/06/the-buck-stops-and-starts-at-business-school.

Apple University について

このセクションの内容について、丁寧なフィードバックをくれたアップル社に感謝する。ここに記された情報は、ポドルニーがイェール大学に在籍していたときの会話や、インタビュー、実体験、および以下の記事や書籍からまとめている。Jessica Guynn, “Steve Jobs’ Virtual DNA to Be Fostered in Apple University,” *Los Angeles Times*, October 6, 2011, https://www.latimes.com/archives/la-xpm-2011-oct-06-la-fi-apple-university-20111006-story.html; Brian X. Chen, “Simplifying the Bull: How Picasso Helps to Teach Apple’s Style,” *New York Times*, August 10, 2014, https://www.nytimes.com/2014/08/11/technology/-inside-apples-internal-training-program-.html; Adam Lashinsky, *Inside Apple: How America’s Most Admired— and Secretive— Company Really Works* (New York: Business Plus, 2012).［アダム・ラシンスキー『インサイド・アップル』依田卓巳訳、早川書房、2012年］

洞察問題について

Marvin Levine, *A Cognitive Theory of Learning: Research on Hypothesis Testing* (Hillsdale, NJ: Lawrence Erlbaum, 1975); Janet Metcalfe and David Wiebe, “Intuition in Insight and Noninsight Problem Solving,” *Memory & Cognition* 15, no. 3 (May 1987): 238–46.

police-camden-new-jersey-trnd/index.html; Steve Tawa, "NJ Agency OKs Layoff of Camden's Entire Police Force," CBS, January 3, 2013, https://www.cbsnews.com/philadelphia/news/nj-agency-oks-layoff-of-camdens-entire-police-force/; Josiah Bates, Karl Vick, and Rahim Fortune, "America's Policing System Is Broken. It's Time to Radically Rethink Public Safety," *Time*, https://time.com/5876318/police-reform-america/.（2020年11月10日アクセス）

カムデンに関するヘッジズの記述

Chris Hedges and Joe Sacco, *Days of Destruction, Days of Revolt* (New York: Nation Books, 2012). 以下も参照。Hank Kalet, "Camden Didn't Defund Its Police Department— It Just Handed It Off," *Progressive*, June 30, 2020, https://progressive.org/dispatches/camden-didnt-defund-police-department-kalet-200630/.

郡長官ルイス・カペリ・ジュニアの見解

Jersey Matters, "County Freeholder Louis Cappelli Reacts to Camden Earning Praise," YouTube, 8:07, June 15, 2020, https://www.youtube.com/watch?v=KeA79kq9pF8. この変革を記述するにあたり、カペリに協力してもらったことを感謝する。

当時のカムデンの警察署長スコット・トムソンの言葉

Mary Louise Kelly, "New Police Force from Scratch: N.J. City Proves It's Possible to Reform the Police," *All Things Considered*, NPR, June 8, 2020, transcript and audio, https://www.npr.org/2020/06/08/872470135/new-police-force-from-scratch-n-j-city-proves-its-possible-to-reform-the-police.

ジェニファー・ダウドナと彼女の発見について

Sabin Russell, "Cracking the Code: Jennifer Doudna and Her Amazing Molecular Scissors," *California*, Winter 2014, https://alumni.berkeley.edu/california-magazine/winter-2014-gender-assumptions/cracking-code-jennifer-doudna-and-her-amazing.

アンドリュー・ワイルズと「フェルマーの最終定理」

"Fermat's Last Theorem," BBC video, 50 minutes, https://www.bbc.co.uk/programmes/b0074rxx.（2020年11月4日アクセス）

アインシュタインの言葉

Albert Einstein and Max Born, *The Born-Einstein Letters*, trans. Irene Born (New York: Walker, 1971).［アルベルト・アインシュタイン、マックス・ボルン『アインシュタイン・ボルン往復書簡集』西義之訳、三修社、1981年］

アンラーニングについて

例えば以下を参照。Viktor Mayer-Schönberger, *Delete— The Virtue of Forgetting in the Digital Age* (Princeton, NJ: Princeton University Press, 2009).

テスラとドイツの車について

例えば以下を参照。Martin Gropp, "Autohersteller verdoppeln Investitionen in Elektromobilität," *Frankfurter Allgemeine Zeitung*, June 2, 2019, https://www.faz.net/

アンドリュー・ローと経済について

Andrew W. Lo, *Adaptive Markets: Financial Evolution at the Speed of Thought* (Princeton, NJ: Princeton University Press, 2017).［アンドリュー・W・ロー『Adaptive Markets 適応的市場仮説』望月衛ほか訳、東洋経済新報社、2020年］

経済のリフレーミング

クロード・シャノンの情報理論というレンズを用いた経済の魅力的なリフレーミングについてはGeorge Gilder, *Knowledge and Power: The Information Theory of Capitalism and How It Is Revolutionizing our World* (Washington, DC: Regnery, 2013)を参照。製品をライフサイクルという観点から捉える「循環型経済」という概念もリフレーミングの一例だ。

オープンマインドと好奇心の必要性について

David Epstein, *Range: Why Generalists Triumph in a Specialized World* (New York: Riverhead, 2019)は優れた情報源である。［デイビッド・エプスタイン『RANGE（レンジ）』東方雅美訳、日経BP、2020年］

ルソーの社会契約論について

Jean-Jacques Rousseau, *The Social Contract*, trans. Maurice Cranston (Harmondsworth, UK: Penguin, 1968).［ルソー『社会契約論』桑原武夫ほか訳、岩波文庫、1954年など］

DNAの構造に関する発見について

James Watson, *The Double Helix: A Personal Account of the Discovery of the Structure of DNA* (New York: Athenaeum, 1968).［ジェームス・D・ワトソン『二重らせん』江上不二夫ほか訳、講談社、2012年］ 以下も参照。"The Answer," Linus Pauling and the Race for DNA, Oregon State University Libraries, http://scarc.library.oregonstate.edu/coll/pauling/dna/narrative/page30.html.（2015年10月10日アクセス）

リーゼ・マイトナーとオットー・ハーン

Ruth Lewin Sime, *Lise Meitner: A Life in Physics* (Berkeley: University of California Press, 1996).［R・L・サイム『リーゼ・マイトナー』（米沢富美子監修、鈴木淑美訳、シュプリンガーフェアラーク東京、2004年）］

ヘルツの言葉

Petri Launiainen, *A Brief History of Everything Wireless: How Invisible Waves Have Changed the World* (Cham, Switzerland: Springer, 2018).

アマゾンについて

Robert Spector, *Amazon.com— Get Big Fast: Inside the Revolutionary Business Model That Changed the World* (New York: HarperBusiness, 2000).［ロバート・スペクター『アマゾン・ドット・コム』長谷川真実訳、日経BP、2000年］

カムデン市の警察の変革について

Scottie Andrew, "This City Disbanded Its Police Department 7 Years Ago. Here's What Happened Next," *CNN*, June 10, 2020, https://edition.cnn.com/2020/06/09/us/disband-

YouTube video, 35:48, November 26, 2018.

AI 音楽について

Cheng-Zhi Anna Huang et a l., “Coconet: The ML Model Behind Today's Bach Doodle,” Magenta, Google, March 20, 2019, https://magenta.tensorflow.org/coconet.

フリップカートについて

Sneha Jha, “Here's How Flipkart Is Innovating to Redefine Customer Experience,” ETCIO.com, June 27, 2017, https://cio.economictimes.indiatimes.com/news/strategy-and-management/heres-how-flipkart-is-innovating-to-redefine-customer-experience/59331335.

ウィル・アイ・アムについて

2011、2018、2020年にケネス・クキエがおこなったウィル・アイ・アムへのインタビューより。発言の引用は以下から。Reid Hoffman, “Make It Epic, w/will.i.am,” *Masters of Scale* 47, podcast audio, October 30, 2019, https://podcasts.apple.com/ca/podcast/masters-of-scale-with-reid-hoffman/id1227971746?i=1000455551842.

第6章 リフレーミング

ペーター・ハーベラーの言葉

2020年5月にビクター・マイヤー=ショーンベルガーがおこなったハーベラーへのインタビューより。

ハーベラーとメスナーによるエベレスト登頂について

Peter Habeler, *Der Einsame Sieg: Mount Everest '78* (München: Goldmann, 1978); Karin Steinbach and Peter Habeler, *Das Ziel ist der Gipfel* (Innsbruck: Tyrolia, 2007); Reinhold Messner, *Überlebt— Meine 14 Achttausender* (München: Piper, 2013); Reinhold Messner, *Alle meine Gipfe*l (Stuttgart: LangenMüller, 2019).

数多くのモデルを持つマンガー

Tren Griffin, *Charlie Munger: The Complete Investor* (New York: Columbia University Press, 2017).

イケアについて

Bertil Torekull, *Leading by Design: The Ikea Story*, trans. Joan Tate (New York: HarperBusiness, 1999). 同社は製品の使い捨てからリサイクルへと舵を切っている。

経済のさまざまなモデル

1949年、ロンドン・スクール・オブ・エコノミクスに在学中だった経済学者ウィリアム・フィリップスは、所得、課税、貯蓄、輸出などの経済の動きをありのままに可視化するべく、タンク、ポンプ、水門、バルブなどを流れる水（貨幣の比喩）を使った経済の物理的モデルを作り上げた。これらのモデルは、ロンドン科学博物館とケンブリッジ大学に展示されている。

最小限の変更について

Christopher Prendergast, *Counterfactuals: Paths of the Might Have Been* (London: Bloomsbury Academic, 2019), 42–56.

オーストリアのワインと不凍液について

"Österreichs Weinexporte im Höhenflug," Oesterreich Wein, March 12, 2018, https://www.oesterreichwein.at/presse-multimedia/pressetexte/news-1/article/oesterreichs-weinexporte-im-hoehenflug.

エーリッヒ・ポルツの発言

スキャンダル発生から25年の節目での発言だった。Kester Eddy, "Wine: Antifreeze Scandal 'Was the Best Thing That Happened,'" *Financial Times*, October 21, 2010, https://www.ft.com/content/38f2cb2c-dbd9-11df-af09-00144feabdc0.

コントロールと可変性について

Byrne, *Rational Imagination*, 124–25.

認知的労力と最小限の変更の実験について

Byrne, *Rational Imagination*, 47, 53. 以下も参照。Ruth M. J. Byrne, "Counterfactual Thought," *Annual Review of Psychology* 67 (January 2016): 135–57, http://www.modeltheory.org/papers/2016counterfactuals.pdf.

映画『マイノリティ・リポート』の設定について

2019年1月と2月にケネス・クキエがおこなったピーター・シュワルツへのインタビューより。その他の参考は以下。Christina Bonnington et al., "Inside *Minority Report*'s 'Idea Summit,' Visionaries Saw the Future," *Wired*, June 21, 2012, https://www.wired.com/2012/06/minority-report-idea-summit. 原作短編はPhilip K. Dick, *Minority Report* (London: Gollancz, 2002). ［フィリップ・K・ディック『マイノリティ・リポート』浅倉久志訳、早川書房、1999年］関係者たちの発言はシュワルツの回想によるもの。

カーターと原子炉

Kenneth Cukier, "Jimmy Carter and Fukushima," *Economist*, April 2, 2011, https://www.economist.com/banyan/2011/04/02/jimmy-carter-and-fukushima. 以下も参照。Ian MacLeod, "Chalk River's Toxic Legacy," *Ottawa Citizen*, December 16, 2011, https://ottawacitizen.com/news/chalk-rivers-toxic-legacy; Arthur Milnes, "Jimmy Carter's Exposure to Nuclear Danger," *CNN*, April 5, 2011, https://edition.cnn.com/2011/OPINION/04/05/milnes.carter.nuclear/index.html.

シミュレーション手術について

ピーター・ワインストックは、TEDトークやOPENPediatricsでのトークで、自身のアプローチについて語っている。Peter Weinstock, "Lifelike Simulations That Make Real-Life Surgery Safer," filmed January 2016, TED video, https://www.ted.com/talks/peter_weinstock_lifelike_simulations_that_make_real_life_surgery_safer/; *Building an Enterprise-Wide Simulation 2.0 Program: Part 1 "Rationale, Origins and Frameworks,"* OPENPediatrics,

January 2, 2013, https://www.dance-teacher.com/history-lesson-plan-martha-graham-2392370093.html; "Martha Graham: The Graham Technique," Human Kinetics (Canada), https://canada.humankinetics.com/blogs/excerpt/martha-graham-the-graham-technique;（2020年11月10日アクセス）"About," MarthaGraham.org, https://marthagraham.org/history.（2020年11月10日アクセス）

フランク・ゲーリーの重力に関する発言

"Frank Gehry Teaches Design and Architecture," MasterClass, video course, https://www.masterclass.com/classes/frank-gehry-teaches-design-and-architecture.（2020年11月4日アクセス）

制約のない建物に関するゲーリーの見解

"What It Takes— Frank Gehry," American Academy of Achievement, April 6, 2018, https://learningenglish.voanews.com/a/what-it-takes-frank-gehry/4302218.html.

「e」という文字を使わないフランスの小説

1969年、フランスの小説家ジョルジュ・ペレックは、自身が属していた作家グループ「ウリポ」に課された制約に従い、「e」を使わず300ページの小説『煙滅』を書き上げた。Georges Perec, *A Void*, trans. Gilbert Adair (London: Harvill, 1995).［ジョルジュ・ペレック『煙滅』塩塚秀一郎訳、水声社、2010年］ 以下も参照。 Harry Mathews and Alastair Brotchie, *Oulipo Compendium* (London: Atlas Press, 2005).

初期のスペースシャトルの考え方について

T. A . Heppenheimer, "SP-4221 The Space Shuttle Decision," NASA, https://history.nasa.gov/SP-4221/contents.htm.（2020年11月10日アクセス）

ハンググライダーと NASA について

"Space History Photo: The Birth of Hang Gliding," NASA Archives, Space, May 21, 2012, https://www.space.com/15609-hang-gliding-birth-paresev-1.html.

制約を適用する方法の学習について

Byrne, *Rational Imagination*, 122.

可変性と社会規範について

Rachel McCloy and Ruth M. J. Byrne, "Counterfactual Thinking About Controllable Events," *Memory & Cognition* 28, no. 6 (November 2000): 1071–78; Clare R. Walsh and Ruth M. J. Byrne, "The Mental Representation of What Might Have Been," in *The Psychology of Counterfactual Thinking*, eds. David. R. Mandel, Denis. J. Hilton, and Patrizia Catellani (London: Routledge, 2005).

タクシーの列に割り込むことについて

もちろん、ある種の文化にとっては、タクシーの列に割り込むこともまったくもって普通の振る舞いである。しかし、伝えたいのはより大きな論点のほうだ。

実仮想ロジックに対して関心が向けられていたが、その関心が高まってきている。 Sandra Wachter et al., "Counterfactual Explanations Without Opening the Black Box: Automated Decisions and the GDPR," *Harvard Journal of Law & Technology* 31, no. 2 (2018), https://jolt.law.harvard.edu/assets/articlePDFs/v31/Counterfactual-Explanations-without-Opening-the-Black-Box-Sandra-Wachter-et-al.pdf.

第5章 制約

エンテベの奇襲作戦について

2020年3月にケネス・クキエがおこなったノーム・タミルへのインタビューより。代表的な著作にはSaul David, *Operation Thunderbolt: Flight 139 and the Raid on Entebbe Airport, the Most Audacious Hostage Rescue Mission in History* (New York: Little, Brown, 2015)がある。Ronen Bergman and Lior Ben-Ami, "Operation Entebbe as Told by the Commandos: Planning the Mission," *Ynet*, June 27, 2016, https://www.ynetnews.com/articles/0,7340,L-4815198,00.htmlも素晴らしい情報源だ。

乗客の解放について

エールフランスのパイロットと乗務員たちは解放を拒み、ユダヤ人の乗客とともに人質として残ることを選択した。感動を覚えるほどの気高さだ。数々の見事な記録が残されているが、以下はその一つだ。Sam Roberts, "Michel Bacos, Hero Pilot of Jet Hijacked to Entebbe, Dies at 94," *New York Times*, March 28, 2019, https://www.nytimes.com/2019/03/28/obituaries/michel-bacos-dead.html.

「これじゃダメだ」というショムロンの言葉

David, *Operation Thunderbolt*.

この作戦の詳細

この作戦に関しては、優れた記事が数多く書かれている。 Jenni Frazer, "40 Years after Israel's Most Daring Mission," *Jewish News*, June 28, 2016, https://www.jewishnews.co.uk/40-years-after-israels-most-daring-mission/; David E. Kaplan, "A Historic Hostage-Taking Revisited," *Jerusalem Post*, August 3, 2006, https://www.jpost.com/features/a-historic-hostage-taking-revisited; Lauren Gelfond Feldinger, "Back to Entebbe," *Jerusalem Post*, June 29, 2006, https://www.jpost.com/magazine/features/back-to-entebbe; Saul David, "Israel's Raid on Entebbe Was Almost a Disaster," *Telegraph*, June 27, 2015, https://www.telegraph.co.uk/news/worldnews/middleeast/israel/11701064/Israels-raid-on-Entebbe-was-almost-a-disaster.html.

ドクター・スースの『緑のたまごとハム』について

Louis Menand, "Cat People: What Dr. Seuss Really Taught Us," *New Yorker*, December 16, 2002, https://www.newyorker.com/magazine/2002/12/23/cat-people.

マーサ・グラハムについて

Jenny Dalzell, "Martha Graham: American Modern Dance Pioneer," *Dance Teacher*,

「メンタル・シミュレーション」に関するカーネマンの見解

Daniel Kahneman, "Varieties of Counterfactual Thinking," in *What Might Have Been: The Social Psychology of Counterfactual Thinking*, eds. Neal J. Roese and James M. Olson (Mahwah, NJ: Lawrence Erlbaum, 1995).

マクガイバーの創造的な解決策

"15 Insane MacGyver Hacks That Would Totally Work in Real Life," CBS, https://www.cbs.com/shows/recommended/photos/1003085/15-insane-macgyver-hacks-that-would-totally-work-in-real-life/.（2020年11月2日アクセス）以下も参照。Sam Greenspan, "11 Most Absurd Inventions Created by MacGyver," *11 Points*, March 18, 2018, https://11points.com/11-absurd-inventions-created-macgyver/.

予測とコントロールの感覚

Keith D. Markman et al., "The Impact of Perceived Control on the Imagination of Better and Worse Possible Worlds," *Personality and Social Psychology Bulletin* 21, no. 6 (June 1995): 588–95.

自動運転車の事例紹介

Arxivの研究論文からの動画：Mayank Bansal, Alex Krizhevsky, and Abhijit Ogale, "Chauffeur-Net: Learning to Drive by Imitating the Best and Synthesizing the Worst," Waymo, https://sites.google.com/view/waymo-learn-to-drive.（2020年11月2日アクセス）シナリオは「軌道混乱からの回復(M2 = M1 + 環境喪失)」だった。論文自体は以下にある。"ChauffeurNet," Waymo, Arxiv, December 7, 2018, https://arxiv.org/abs/1812.03079.

Carcraft について

Alexis C. Madrigal, "Inside Waymo's Secret World for Training Self-Driving Cars," *Atlantic*, August 23, 2017, https://www.theatlantic.com/technology/archive/2017/08/inside-waymos-secret-testing-and-simulation-facilities/537648は優れたレポート記事だ。

シミュレーション走行量のデータ

"The Virtual World Helps Waymo Learn Advanced Real-World Driving Skills," Let's Talk Self-Driving, https://letstalkselfdriving.com/safety/simula tion.html.（2020年11月2日アクセス）

自動運転テクノロジーについて

Bansal, Krizhevsky, and Ogale, "ChauffeurNet."

他社と比較したウェイモ社のパフォーマンス

California Department of Motor Vehicles, "2020 Disengagement Reports," https://www.dmv.ca.gov/portal/vehicle-industry-services/autonomous-vehicles/disengagement-reports.

反実仮想と AI について

AIコミュニティのなかでは、AIシステムの説明可能性を向上させるために、これまでも反

年、494ページ]

劇場としてのコンピュータについて

Brenda Laurel, *Computers as Theatre* (Reading, M A: Addison-Wesley, 1991). [ブレンダ・ローレル『劇場としてのコンピュータ』遠山峻征訳、トッパン、1992年]

ハーバードのケーススタディの歴史

Todd Bridgman, Stephen Cummings, and Colm McLaughlin, “Restating the Case: How Revisiting the Development of the Case Method Can Help Us Think Differently About the Future of the Business School,” *Academy of Management Learning & Education* 15, no. 4 (December 2016): 724–741. 以下も参照。Bruce A. Kimball, *The Inception of Modern Professional Education: C. C. Langdell, 1826–1906* (Chapel Hill: University of North Carolina Press, 2009). 2019年にケネス・クキエがおこなったインタビューのなかで、ケースメソッドの長所と短所について貴重な示唆を与えてくれたハーバード・ビジネススクールの元講師アルベルト・モールとMITのロバート・マートンに心から感謝する。

ハーバード・ビジネススクールにおける最初のビジネスケース

Clinton Bittle, “The General Shoe Company,” Harvard Business School, 1921. Harvard Business School archives.

アスリートの「フィルムスタディ(映像研究)」

Marc Lillibridge, “A Former Player's Perspective on Film Study and Preparing for an NFL Game,” *Bleacher Report*, November 29, 2012, https://bleacherreport.com/articles/1427449-a-former-players-perspective-on-film-study-and-preparing-for-a-nfl-game.

「因果的決定論」に傾かないようバランスを取る

Philip E. Tetlock and Erika Henik, “Theory-Versus Imagination-Driven Thinking about Historical Counterfactuals: Are We Prisoners of Our Preconceptions?,” in *Psychology of Counterfactual Thinking*, eds. David Mandel, Denis J. Hilton, and Patrizia Catellani (London: Routledge, 2005); Ruth Byrne, *The Rational Imagination: How People Create Alternatives to Reality* (Cambridge, MA: MIT Press, 2005).

ケネディとキューバのミサイル危機

Graham T. Allison, *Essence of Decision: Explaining the Cuban Missile Crisis* (Boston: Little, Brown, 1971). [グレアム・アリソン『決定の本質 第2版 I・II』漆嶋稔訳、日経BP、2016年] 以下も参照。Ernest May, “John F. Kennedy and the Cuban Missile Crisis,” BBC, November 18, 2013, http://www.bbc.co.uk/history/worldwars/coldwar/kennedy_cuban_missile_01.shtml. 「グループ・シンク(集団浅慮)」という用語はジョージ・オーウェルの小説『1984年』から来ている。ピッグス湾事件の主な原因が「グループ・シンク」にあるという意見に異議を唱える社会科学者たちもいる。

反実仮想、選択肢、選択について

Byrne, *Rational Imagination.*

Becomes a Scientist, ed. John Brockman (New York: Vintage, 2005), 43–51. 以下も参照。Audio interview and article by Michael Gordon, “The Intellectual Wonderland of Dr. Alison Gopnik,” *Journey2Psychology*, March 25, 2019, https://journey2psychology.com/2019/03/25/the-intellectual-wonderland-of-dr-alison-gopnik/; Alison Gopnik, “How an 18th-Century Philosopher Helped Solve My Midlife Crisis,” *Atlantic*, October 2015, https://www.theatlantic.com/magazine/archive/2015/10/how-david-hume-helped-me-solve-my-midlife-crisis/403195/.

子供を「科学者」や「哲学者」と呼ぶゴプニック

Alison Gopnik, *The Philosophical Baby: What Children's Minds Tell Us About Truth, Love and the Meaning of Life* (New York: Farrar, Straus and Giroux, 2009); Alison Gopnik, Andrew N. Meltzoff, Patricia K. Kuhl, *The Scientist in the Crib: Minds, Brains, and How Children Learn* (New York: William Morrow, 1999).［アリソン・ゴプニック『哲学する赤ちゃん』青木玲訳、亜紀書房、2010年。アリソン・ゴプニック、アンドルー・N・メルツォフ、パトリシア・K・カール『0歳児の「脳力」はここまで伸びる』榊原洋一監修、峯浦厚子訳、PHP研究所、2003年］

「ザンド・テスト」

Daphna Buchsbaum et al., “The Power of Possibility: Causal Learning, Counterfactual Reasoning, and Pretend Play,” research paper, *Philosophical Transactions of the Royal Society B* 365, no. 1599 (August 5 , 2012): 2202–12. 以下も参照。Alison Gopnik, “Let the Children Play, It's Good for Them!,” *Smithsonian Magazine*, July 2012, https://www.smithsonianmag.com/science-nature/let-the-children-play-its-good-for-them-130697324. このテストに関しては、以下の著作でも説明されている。Alison Gopnik, *The Gardener and the Carpenter: What the New Science of Child Development Tells Us About the Relationship Between Parents and Children* (New York: Farrar, Straus and Giroux, 2016).［アリソン・ゴプニック『思いどおりになんて育たない』渡会圭子訳、森北出版、2019年］

子供の被験者に対する言葉について

文中の実験者の言葉は、読みやすさを踏まえ、わずかに変更を加えている。Buchsbaum et al., “The Power of Possibility.”

ごっこ遊びや、よりよい反実仮想に関するゴプニックの見解について

Gopnik, “Let the Children Play.”

乳幼児は人間という種に関する「研究開発」部

Gopnik, “What Do Babies Think?” TED video.

文学の3人の専門家

Patrick Süskind, *Perfume: The Story of a Murderer*, trans. John E. Woods (New York: Knopf, 1986);［パトリック・ジュースキント『香水』池内紀訳、文藝春秋、1988年、5-6ページ］Erich Maria Remarque, *All Quiet on the Western Front*, trans. A. W. Wheen (Boston: Little, Brown, 1929);［エーリヒ・マリア・レマルク『西部戦線異状なし』秦豊吉訳、新潮社、1955年、192ページ］Chimamanda Ngozi Adichie, *Americanah* (New York: Knopf, 2013).［チママンダ・ンゴズィ・アディーチェ『アメリカーナ』くぼたのぞみ訳、河出書房新社、2016

Joseph Henry Press, 2006). 以下も参照。National Academies of Science, "InterViews: Inez Fung," 2011, http://nasonline.org/news-and-multimedia/podcasts/interviews/inez-fung.html.

王になりたいジョンとヒ素について

Roger Carl Schank and Robert P. Abelson, *Scripts, Plans, Goals, and Understanding: An Inquiry into Human Knowledge Structures* (Hillsdale, NJ: Erlbaum, 1977).

マンジュキッチのオウンゴール

"Mandzukic Makes World Cup History with Early Own Goal," *FourFourTwo*, July 15, 2018, https://www.fourfourtwo.com/news/mandzukic-makes-world-cup-history-early-own-goal.

反実仮想に関する視線の実験

Tobias Gerstenberg et al., "Eye-Tracking Causality," *Psychological Science* 28, no. 12 (December 2017): 1731–44.

ガリレオについて

José Manuel Montejo Bernardo, "Galileo's Most Famous Experiment Probably Never Took Place" (original: "El Experimento Más Famoso de Galileo Probablemente Nunca Tuvo Lugar"), *Conversation*, May 16, 2019, https://theconversation.com/el-experimento-mas-famoso-de-galileo-probablemente-nunca-tuvo-lugar-111650. 以下も参照。Paolo Palmieri, "'Spuntar lo Scoglio Più Duro': Did Galileo Ever Think the Most Beautiful Thought Experiment in the History of Science?," *Studies in History and Philosophy of Science Part A* 36, no. 2 (June 2005): 223–40.

パーキンソン病と反実仮想について

Patrick McNamara et al., "Counterfactual Cognitive Deficit in Persons with Parkinson's Disease," *Journal of Neurology and Psychiatry* 74, no. 8 (August 2003): 1065–70.

猿とバナナについて

Yuval N. Harari, *Sapiens: A Brief History of Humankind* (New York: HarperCollins, 2015).［ユヴァル・ノア・ハラリ『サピエンス全史』柴田裕之訳、河出書房新社、2016年、上巻、39ページ］

子供に関するルソー、ジェームズ、フロイト、「ジ・オニオン」の見解について

Paul Bloom, "The Moral Life of Babies," *New York Times Magazine*, May 5, 2010, https://www.nytimes.com/2010/05/09/magazine/09babies-t.html; "New Study Reveals Most Children Unrepentant Sociopaths," *The Onion*, December 7, 2009, https://www.theonion.com/new-study-reveals-most-children-unrepentant-sociopaths-1819571187. フロイトについて。Alison Gopnik and Caren M. Walker, "Considering Counterfactuals: The Relationship Between Causal Learning and Pretend Play," *American Journal of Play* 6, no. 1 (Fall 2013): 15–28.

ゴプニックの詳細について

Alison Gopnik, "A Midcentury Modern Education," in *Curious Minds: How a Child*

OpenAIの「チームスピリット」というハイパーパラメータ

Christy Dennison et al., "OpenAI Five," OpenAI, June 25, 2018, https://openai.com/blog/openai-five.

「何もないところには何も結びつけられない」

T. S. Eliot, *The Waste Land* (New York: Boni and Liveright, 1922). ［T・S・エリオット『荒地』岩崎宗治訳、岩波文庫、2010年など。本文の訳出は本書訳者によるもの］

第4章 反実仮想

フットの論文

Eunice Foote, "Circumstances Affecting the Heat of the Sun's Rays," *American Journal of Science and Arts* 22, no. 66 (November 1856): 382–83, https://archive.org/stream/mobot31753002152491#page/382/mode/2up.

フットの論文の詳細について

ヘンリーの発言：Raymond P. Sorenson, "Eunice Foote's Pioneering Research On CO_2 And Climate Warming," Search and Discovery article #70092, January 31, 2011, http://www.searchanddiscovery.com/pdfz/documents/2011/70092sorenson/ndx_sorenson.pdf.html. Tara Santora, "The Female Scientist Who Discovered the Basics of Climate Science—and Was Forgotten," *Audubon*, July 17, 2019, https://www.audubon.org/news/the-female-scientist-who-discovered-basics-climate-science-and-was-forgotten; Leila McNeill, "This Suffrage-Supporting Scientist Defined the Greenhouse Effect but Didn't Get the Credit, Because Sexism," *Smithsonian Magazine*, December 5, 2016, https://www.smithsonianmag.com/science-nature/lady-scientist-helped-revolutionize-climate-science-didnt-get-credit-180961291/. John Schwartz, "Overlooked No More: Eunice Foote, Climate Scientist Lost to History," *New York Times*, April 21, 2020, https://www.nytimes.com/2020/04/21/obituaries/eunice-foote-overlooked.html.

気候モデルについて

イネス・フォンへのケネス・クキエによる2020年4月のインタビューより。

ジェイムズ・ハンセンによる証言について

James Hansen, "Hearing Before the Committee on Energy and Natural Resources," US Senate, June 23, 1988, https://babel.hathitrust.org/cgi/pt?id=uc1.b5127807&view=1up&seq=48; Philipp Shabecoff, "Global Warming Has Begun, Expert Tells Senate," *New York Times*, June 24, 1988, https://www.nytimes.com/1988/06/24/us/global-warming-has-begun-expert-tells-senate.html. 外交能力に長けたハンセンは証言のなかで「人間活動」という言葉は使わず、「自然な気候変動より大きな」変化と婉曲的に語っている。

イネス・フォンについて

Renee Skelton, *Forecast Earth: The Story of Climate Scientist Inez Fung* (Washington, DC:

における説明の効果については、ロンブローゾが最初にして唯一の研究者というわけではない。Michelene T. H. Chi et al., “Eliciting Self-Explanations Improves Understanding,” *Cognitive Science* 18, no. 3 (1994): 439–477参照。

報酬実験について

Koichi Ono, “Superstitious Behavior in Humans,” *Journal of the Experimental Analysis of Behavior* 47, no. 3 (May 1987): 261–71.

社会構造について

Anthony Giddens, *The Constitution of Society: Outline of the Theory of Structuration* (Berkeley: University of California Press, 1984).［アンソニー・ギデンズ『社会の構成』門田健一訳、勁草書房、2015年］

機関車をめぐる懸念と歴史

Christian Wolmar, “How Railways Changed Britain,” Christian Wolmar, October 29, 2007, https://www.christianwolmar.co.uk/2007/10/how-railways-changed-britain.

常に認識を修正していくことについて

Samuel Arbesman, *The Half-Life of Facts: Why Everything We Know Has an Expiration Date* (New York: Current, 2012).

因果関係についてのパールの発言

Judea Pearl and Dana Mackenzie, *The Book of Why: The New Science of Cause and Effect* (New York: Basic Books, 2018), 5.［ジューディア・パール、ダナ・マッケンジー『因果推論の科学』夏目大訳、文藝春秋、2022年、18ページ］数年にわたりケネス・クキエにアイデアを語ってくれたことに感謝する。

Dota 2 の賞金

Arda Ocal, “Dota 2’s the International Surpasses $40 Million in Prize Money,” ESPN, October 9, 2020, https://www.espn.com/esports/story/_/id/30079945/dota-2-international-surpasses-40-million-prize-money.

Dota 2 で勝利した AI

Nick Statt, “OpenAI’s Dota 2 AI Steamrolls World Champion e-Sports Team with Back-to-Back Victories,” *The Verge*, April 13, 2019, https://www.theverge.com/2019/4/13/18309459/openai-five-dota-2-finals-ai-bot-competition-og-e-sports-the-international-champion.

OpenAI の Dota 2 に関する研究報告書

Christopher Berner et al., “Dota 2 with Large Scale Deep Reinforcement Learning,” OpenAI, 2019, https://arxiv.org/abs/1912.06680. そのほか、以下も参照。Ng Wai Foong, “Beginner’s Guide to OpenAI Five at Dota2,” Medium, May 7, 2019, https://medium.com/@ngwaifoong92/beginners-guide-to-openai-five-at-dota2-3b49ee5169b8; Evan Pu, “Understanding OpenAI Five,” Medium, August 12, 2018, https://medium.com/@evanthebouncy/understanding-openai-five-16f8d177a957.

技術の変化のスピードと認知的ニッチについて

Kendal, “Explaining Human Technology.”

人間が別の可能性を探る方法に関するバイアスについて

Maxime Derex and Robert Boyd, “The Foundations of the Human Cultural Niche,” *Nature Communications* 6, no. 1 (September 24, 2015): 8398.

人類の祖先の定住への順応について

John R. McNeill and William H. McNeill, *The Human Web: A Bird's-Eye View of World History* (New York: Norton, 2003).［ウィリアム・H. マクニール、ジョン・R. マクニール『世界史 I・II』福岡洋一訳、楽工社、2015年］

ゼンメルワイスのエピソード

Sherwin Nuland, *The Doctors' Plague: Germs, Childbed Fever, and the Strange Story of Ignác Semmelweis* (New York: Norton, 2004). 以下も参照。Rebecca Davis, “The Doctor Who Championed Hand-Washing and Briefly Saved Lives,” *NPR Morning Edition*, January 12, 2015, transcript and audio, https://www.npr.org/sections/health-shots/2015/01/12/375663920/the-doctor-who-championed-hand-washing-and-saved-women-s-lives?t=1577014322310.

ルイ・パスツールについて

Louise E. Robbins, *Louis Pasteur and the Hidden World of Microbes* (New York: Oxford University Press, 2001).［ルイーズ・E. ロビンズ『ルイ・パスツール』西田美緒子訳、大月書店、2010年］

ジョゼフ・リスターについて

Lindsey Fitzharris, *The Butchering Art: Joseph Lister's Quest to Transform the Grisly World of Victorian Medicine* (New York: Farrar, Straus and Giroux, 2017).［リンジー・フィッツハリス『ヴィクトリア朝医療の歴史』田中恵理香訳、原書房、2021年］

「分離脳」とコーラの実験

Michael S. Gazzaniga, *The Ethical Brain* (New York: Dana Press, 2005).［マイケル・S. ガザニガ『脳のなかの倫理』梶山あゆみ訳、紀伊國屋書店、2006年］

説明と因果関係について

Joseph J. Williams and Tania Lombrozo, “The Role of Explanation in Discovery and Generalization: Evidence from Category Learning,” *Cognitive Science* 34, no. 5 (July 2010): 776–806.

ロンブローゾの取り組みについて

彼女の仕事に関する記述について、本人から協力を得ることができた。ロンブローゾに感謝する。Reginald Lahens, “Tania Lombrozo Shares the Benefits of Brief Explanations,” *Brown and White*, September 30, 2018, https://thebrownandwhite.com/2018/09/30/tania-lombrozo-breaks-down-the-benefits-of-brief-explanations-the-brown-and-white/. 学習

Reasoning?," *Proceedings of the Royal Society B* 276, no. 1655 (January 22, 2009): 247–54.

夕食の皿に関するカラスと他の鳥の比較

アリソン・ゴプニクの楽しいTEDトークからヒントを得たもの。Alison Gopnik, "What Do Babies Think?," filmed July 2011, TED video, https://www.ted.com/talks/alison_gopnik_what_do_babies_think.

ピンカーの「認知的ニッチ」について

この言葉自体はピンカーが作ったものではないが、彼の考えに深く関わるものだ。彼の指摘するように、この言葉やアイデアは人類学者のジョン・トゥービーとアーヴェン・デヴォアに由来する。"Listen to Psycholinguist Steven Pinker Speak About 'Cognitive Niche' in Early Modern Human Evolution," transcript, *Britannica*, May 29, 2015, https://www.britannica.com/video/193409/Psycholinguist-Steven-Pinker-humans-evolution-niche.

メタファーによる抽象化

例と発言は、Steven Pinker, "The Cognitive Niche: Coevolution of Intelligence, Sociality, and Language," *Proceedings of the National Academy of Sciences* 107, supplement 2 (May 2010): 8993–99, https://www.pnas.org/content/pnas/early/2010/05/04/0914630107.full.pdfより。AI分野の先駆者であるダグラス・ホフスタッターが晩年、これと似た現象であるアナロジーを研究していたことは注目に値する。彼はアナロジーを、人間の現実理解を支える柱だと考えていた。Douglas Hofstadter and Emmanuel Sander, *Surfaces and Essences: Analogy as the Fuel and Fire of Thinking* (New York: Basic Books, 2014).

人間の協力と認知

Michael Tomasello, *A Natural History of Human Thinking* (Cambridge, MA: Harvard University Press, 2014); Michael Tomasello, *Becoming Human: A Theory of Ontogeny* (Cambridge, MA: Harvard University Press, 2019).［マイケル・トマセロ『思考の自然誌』橋彌和秀訳、勁草書房、2021年。マイケル・トマセロ『トマセロ 進化・文化と発達心理学』大藪泰訳、丸善出版、2023年］

トマセロのチューブの実験

Felix Warneken, Frances Chen, and Michael Tomasello, "Cooperative Activities in Young Children and Chimpanzees," *Child Development* 77, no. 3 (May/June 2006): 640–63.

認知的ニッチと文化的ニッチの融合について

Rachel L. Kendal, "Explaining Human Technology," *Nature Human Behaviour* 3, no. 5 (April 2019): 422–23, https://www.nature.com/articles/s41562-019-0578-6.

車輪の実験

Maxime Derex et al., "Causal Understanding Is Not Necessary for the Improvement of Culturally Evolving Technology," *Nature Human Behaviour* 3, no. 5 (April 2019): 446–52, https://www.nature.com/articles/s41562-019-0567-9. 以下も参照。"Can Technology Improve Even Though People Don't Understand What They Are Doing?," press release, Arizona State University, April 1, 2019, https://news.asu.edu/20190401-can-technology-improve-even-though-people-don%E2%80%99t-understand-what-they-are-doing.

ＡＴＭから現金を引き出せなくなる懸念について

Panic: The Untold Story of the 2008 Financial Crisis, directed by John Maggio, aired December 11, 2018, on HBO, https://www.hbo.com/vice/special-reports/panic-the-untold-story-of-the-2008-financial-crisis.

2008～2015年のFRBのバランスシートについて

Elizabeth Schulze, "The Fed Launched QE Nine Years Ago— These Four Charts Show Its Impact," *CNBC*, November 24, 2017, https://www.cnbc.com/2017/11/24/the-fed-launched-qe-nine-years-ago--these-four-charts-show-its-impact.html. 以下も参照。Michael Ng and David Wessel, "The Fed's Bigger Balance Sheet in an Era of 'Ample Reserves,'" Brookings, May 17, 2019, https://www.brookings.edu/articles/the-feds-bigger-balance-sheet-in-an-era-of-ample-reserves/.

人間の因果的思考について

因果連鎖を指しているのではなく、何らかの因果関係を見いだすものだと指摘している。詳しくはJoseph Henrich, *The Secret of Our Success: How Culture Is Driving Human Evolution, Domesticating Our Species, and Making Us Smarter* (Princeton, NJ: Princeton University Press, 2015).［ジョセフ・ヘンリック『文化がヒトを進化させた』今西康子訳、白揚社、2019年］

ヘビを怖がる猿について

Eric E. Nelson, Steven E. Shelton, and Ned H. Kalin, "Individual Differences in the Responses of Naïve Rhesus Monkeys to Snakes," *Emotion* 3, no. 1 (March 2003): 3–11; Masahiro Shibasaki and Nobuyuki Kawai, "Rapid Detection of Snakes by Japanese Monkeys (*Macaca fuscata*): An Evolutionarily Predisposed Visual System," *Journal of Comparative Psychology* 123, no. 2 (May 2009): 131–35.

ヘビを認識する就学前の子供について

Vanessa LoBue and Judy S. De-Loache, "Detecting the Snake in the Grass: Attention to Fear-Relevant Stimuli by Adults and Young Children," *Psychological Science* 19, no. 3 (March 2008): 284–89.

子供と落下物について

Renée Baillargeon, "Infants' Physical Knowledge: Of Acquired Expectations and Core Principles," in *Language, Brain, and Cognitive Development: Essays in Honor of Jacques Mehler*, ed. Emmanuel Dupoux (Cambridge, MA: MIT Press, 2001), 341–61.

賢いカラスについて

Leyre Castro and Ed Wasserman, "Crows Understand Analogies," *Scientific American*, February 10, 2015, https://www.scientificamerican.com/article/crows-understand-analogies.

カラスの賢さの限界について

Alex H. Taylor et al., "Do New Caledonian Crows Solve Physical Problems Through Causal

Solution of a Problem and Its Appearance in Consciousness," *Journal of Comparative Psychology* 12, no. 2 (1931): 181–94.

第 3 章 因果関係

窓の前で立ち止まって自身を回想するバーナンキ

Ben Bernanke, *The Courage to Act: A Memoir of a Crisis and Its Aftermath* (New York: Norton, 2015), 83.［ベン・バーナンキ『危機と決断』小此木潔訳、角川書店、2015年］

経済の歴史について

Joel Mokyr, "The Intellectual Origins of Modern Economic Growth," *Journal of Economic History* 65, no. 2 (June 2005): 285–351, https://www.jstor.org/stable/3875064; Daniel R. Fusfeld, *The Age of the Economist*, 9th ed. (Boston: Addison-Wesley, 2002); Callum Williams, "Who Were the Physiocrats?," *Economist*, October 11, 2013, https://www.economist.com/free-exchange/2013/10/11/who-were-the-physiocrats; Kate Raworth, "Old Economics Is Based on False 'Laws of Physics'— New Economics Can Save Us," *Guardian*, April 6, 2017, https://www.theguardian.com/global-development-professionals-network/2017/apr/06/kate-raworth-doughnut-economics-new-economics.

1929 年の大暴落を受けた FRB の対応は間違っていたというバーナンキの見解

Ben Bernanke, "Federal Reserve and the 2008 Financial Crisis," speech given at George Washington University, March 27, 2012, C-SPAN video, 1:15:12, https://www.c-span.org/video/?305130-1/federal-reserve-2008-financial-crisis Ben Bernanke interviewed by Scott Pelley, 60 Minutes, "The Chairman," March 15, 2009, YouTube video, 13:23, https://www.youtube.com/watch?v=odPfHY4ekHA.

「ヘリコプター・ベン」というニックネーム

Ben Bernanke, "Deflation: Making Sure 'It' Doesn't Happen Here," speech to the National Economists Club, Washington, DC, November 21, 2002, transcript, https://www.federalreserve.gov/BOARDDOCS/SPEECHES/2002/20021121/default.htm.

金融機関の破綻の連鎖

代表的な解説としては、Andrew Ross Sorkin, *Too Big to Fail: The Inside Story of How Wall Street and Washington Fought to Save the Financial System— and Themselves* (New York: Viking, 2009).［アンドリュー・ロス・ソーキン『リーマン・ショック・コンフィデンシャル』加賀山卓朗訳、早川書房、2010年］

人件費の支払いが危ぶまれたマクドナルドの店舗について

Andrew Ross Sorkin interviewed by Robert Smith, "Inside the Minds of Wall Street Execs," *NPR Weekend Edition*, September 18, 2010, transcript and audio, https://www.npr.org/templates/story/story.php?storyId=129953853.

ルー『ライト兄弟』秋山勝訳、草思社、2017年］Richard P. Hallion, *Taking Flight: Inventing the Aerial Age, from Antiquity Through the First World War* (Oxford: Oxford University Press, 2003).

プロペラに関するオーヴィルの発言

Orville Wright, "How We Made the First Flight," *Flying and the Aero Club of America Bulletin* 2 (December 1913): 10, https://www.faa.gov/sites/faa.gov/files/education/educators/curriculum/k12/K-12_How_We_Made_the_First_Flight_Orville_Wright.pdf.

フレーミングと経済発展について

World Bank Group, *World Development Report 2015: Mind, Society, and Behavior* (Washington, DC: World Bank, 2015).

ブラック・ショールズ・モデルについて

Donald MacKenzie, *An Engine, Not a Camera: How Financial Models Shape Markets* (Cambridge, MA: MIT Press, 2006).

間違ったフレームに固執することについて

Karla Hoff and Joseph E. Stiglitz, "Equilibrium Fictions: A Cognitive Approach to Societal Rigidity," *American Economic Review* 100, no. 2 (May 2 010): 141–46, https://www.aeaweb.org/articles?id=10.1257/aer.100.2.141.

ユージン・クライナーの発言

Rhonda Abrams, "Remembering Eugene Kleiner," *Inc.*, December 1, 2003, https://www.inc.com/articles/2003/12/eugenekleiner.html.

黙読について

Paul Saenger, *Space Between Words: The Origins of Silent Reading* (Palo Alto: Stanford University Press, 1997).

フレーム問題について

John McCarthy and Patrick Hayes, "Some Philosophical Problems from the Standpoint of Artificial Intelligence," vol. 4 of *Machine Intelligence*, eds. Bernard Meltzer and Donald Michie (Edinburgh: Edinburgh University Press, 1969), 463–502.

デネットのロボットについて

Daniel Dennett, "Cognitive Wheels: The Frame Problem of AI," in *Minds, Machines and Evolution*, ed. Christopher Hookway (Cambridge: Cambridge University Press, 1984), 129–51, dl.tufts.edu/concern/pdfs/7d279568g.

ナイン・ドット・テストについて

John Adair, *Training for Decisions* (London: Macdonald, 1971). Puzzle book: Sam Loyd, *Sam Loyd's Cyclopedia of 5000 Puzzles* (New York: Lamb, 1914). 創造性に関する心理学の実験について。Norman Maier, "Reasoning in Humans: I. On Direction," *Journal of Comparative Psychology* 10, no. 2 (1930): 115–43; Norman Maier, "Reasoning in Humans: II. The

ニュージーランドのコロナへの優れた対応

2020年6月にケネス・クキエがマイケル・ベイカー政府保健顧問におこなったインタビューに基づく。

イギリスのコロナへの悲惨な対応

“Britain Has the Wrong Government for the Covid Crisis,” *Economist*, June 18, 2020, https://www.economist.com/leaders/2020/06/18/britain-has-the-wrong-government-for-the-covid-crisis.

6月のイギリスのコロナの状況

“Coronavirus: UK Daily Deaths Drop to Pre-lockdown Level,” *BBC News*, June 8, 2020, https://www.bbc.com/news/uk-52968160.

イギリスの死者数や発症数に関するデータ

“COVID-19 Pandemic Data in the United Kingdom,” Wikipedia, https://en.wikipedia.org/wiki/Template:COVID-19_pandemic_data/United_Kingdom_medical_cases_chart.（2020年10月30日アクセス）

ニール・アームストロングの「小さな一歩」

Robbie Gonzalez, “Read the *New York Times*' 1969 Account of the Apollo 11 Moon Landing,” *Gizmodo*, August 25, 2012, https://gizmodo.com/read-the-new-york-times-1969-account-of-the-apollo-11-m-5937886.

自紙の1920年の記事に対する『ニューヨーク・タイムズ』紙の反応について

Bjorn Carey, “*New York Times* to NASA: You're Right, Rockets DO Work in Space,” *Popular Science*, July 20, 2009, https://www.popsci.com/military-aviation-amp-space/article/2009-07/new-york-times-nasa-youre-right-rockets-do-work-space/.

ヒッグス粒子について

Sabine Hossenfelder, “The Uncertain Future of Particle Physics,” *New York Times*, January 23, 2019, https://www.nytimes.com/2019/01/23/opinion/particle-physics-large-hadron-collider.html. ブラックホールについては、Jonathan Amos, “Dancing Gargantuan Black Holes Perform on Cue,” *BBC News*, April 29, 2020, https://www.bbc.com/news/science-environment-52464250.

ブルー・オーシャン戦略について

W. Chan Kim and Renée Mauborgne, *Blue Ocean Strategy: How to Create Uncontested Market Space and Make the Competition Irrelevant*, expanded ed. (Boston: Harvard Business Review Press, 2015).［W・チャン・キム、レネ・モボルニュ『［新版］ブルー・オーシャン戦略』入山章栄監訳、有賀裕子訳、ダイヤモンド社、2015年］

ライト兄弟について

Johnson-Laird, *How We Reason*;［P.N. ジョンソン＝レアード『メンタルモデル』］David Mc-Cullough, *The Wright Brothers* (New York: Simon & Schuster, 2015).［デヴィッド・マカ

地図とフレームについて

科学哲学者のバス・ファン・フラーセンは、科学的な世界像は、多くの点で地図と同じだと主張している。 彼によれば、科学的モデルを科学的地図と考えることもできる。Bas van Fraassen, *The Scientific Representation* (Oxford: Oxford University Press, 2008).

メルカトル図法について

John Noble Wilford, "Arthur H. Robinson, 89, Geographer Who Reinterpreted World Map, Dies," *New York Times*, November 15, 2004, https://www.nytimes.com/2004/11/15/obituaries/arthur-h-robinson-89-geographer-who-reinterpreted-world-map-dies.html; John Noble Wilford, "The Impossible Quest for the Perfect Map," *New York Times*, October 25, 1988, https://www.nytimes.com/1988/10/25/science/the-impossible-quest-for-the-perfect-map.html.

合衆国憲法の起草者たち

Michael J. Klarman, *The Framers' Coup: The Making of the United States Constitution* (New York: Oxford University Press, 2016); ヨーロッパとデモスおよびデモイについては、Kalypso Nicolaïdis, "We, the Peoples of Europe . . . ," *Foreign Affairs*, November/December 2004, https://www.foreignaffairs.com/articles/europe/2004-11-01/we-peoples-europe.

エボラに対する世界保健機関と国境なき医師団の対応

Francis de Véricourt, "Ebola: The Onset of a Deadly Outbreak," ESMT-317-0177-1 (Berlin: European School of Management and Technology, 2017). 2014年3月31日に発表された国境なき医師団の警戒感高い見解については、"Mobilisation Against an Unprecedented Ebola Epidemic," MSF, press release, March 31, 2014, https://www.msf.org/guinea-mobilisation-against-unprecedented-ebola-epidemic参照。WHOは翌日ジュネーブで開かれた記者会見で国境なき医師団に反論した。"Geneva/Guinea Ebola," Unifeed, 2:39, posted by CH UNTV, April 1, 2014, https://www.unmultimedia.org/tv/unifeed/asset/U140/U140401a/参照。

エボラに対するトランプのツイート

Ed Yong, "The Rank Hypocrisy of Trump's Ebola Tweets," *Atlantic*, August 3, 2019, https://www.theatlantic.com/health/archive/2019/08/the-rank-hypocrisy-of-trumps-ebola-tweets/595420/.

コロナウイルスについて

"Coronaviruses: SARS, MERS, and 2019-nCoV," Johns Hopkins Center for Health Security, updated April 14, 2020, https://www.centerforhealthsecurity.org/resources/fact-sheets/pdfs/coronaviruses.pdf.

イタリアのコロナの状況

このニュースはイギリスのメディアで報じられ、イタリア政府は否定したが、イタリアの医師たちは認めている。Lucia Craxì, et al., "Rationing in a Pandemic: Lessons from Italy," *Asian Bioeth Rev* (June 16, 2020): 1–6, https://www.ncbi.nlm.nih.gov/pmc/articles/PMC7298692.

MeToo ムーブメントについて

「MeToo」という言葉は2006年に市民活動家のタラナ・バークが、黎明期のSNSであるMySpaceで生み出した。2017年以降、性的暴行について声を上げる大きなムーブメントがオンラインで生まれていった。

フレームの定義について

フレームという概念は、さまざまな領域に広まっているため、固定的な定義はない。テキサスA&M大学のホセ・ルイス・ベルムデスが言うように、「フレームという概念自体、さまざまな形でフレーミングされうる」。José Luis Bermúdez, *Frame It Again: New Tools for Rational Decision-Making* (Cambridge: Cambridge University Press, 2020), 11. 初期の影響力を持った分析としてはErving Goffman, *Frame Analysis: An Essay on the Organization of Experience* (Cambridge, MA: Harvard University Press, 1974)がある。

OKR について

Eric Schmidt and Jonathan Rosenberg, *How Google Works* (New York: Grand Central, 2014).［エリック・シュミット、ジョナサン・ローゼンバーグ『How Google Works』土方奈美訳、日本経済新聞出版社、2014年］

カッシーラーやヴィトゲンシュタインについて

Wolfram Eilenberger, *Time of the Magicians: Wittgenstein, Benjamin, Cassirer, Heidegger, and the Decade That Reinvented Philosophy* (New York: Penguin, 2020).

メンタルモデルについて

メンタルモデルという概念は、ケンブリッジ大学の哲学者ケネス・クレイクが提唱したとされることがある。1943年に出版した短い本のなかで、彼は次のように記している。「もし生物が、外部の現実とそこで取りうる自分の行動に関する『小規模なモデル』を頭のなかに持っていれば、さまざまな選択肢を試し、どれが最善かを判断し、実際に生じる前に将来の事態に対応することができる。（中略）[そして]直面する緊急事態に対応することができる」。Kenneth Craik, *The Nature of Explanation* (Cambridge: Cambridge University Press, 1952), 61. 研究者のフィリップ・ジョンソン=レアードは、「時計が地球の回転のモデルとして機能するのとほとんど同じように、その実体のモデルとして有効な心的表象」だと述べている。Philip Johnson-Laird, *How We Reason* (Oxford: Oxford University Press, 2006).［P.N. ジョンソン=レアード『メンタルモデル』海保博之監修、AIUEO訳、産業図書、1988年、3ページ］神経科学者たちは、世界のモデルを作ることこそ脳の主な目的だと主張している。最近の分析としてはDavid Eaglemen, *Livewired: The Inside Story of the Ever-Changing Brain* (London: Pantheon Books, 2020)参照［デイヴィッド・イーグルマン『脳の地図を書き換える』梶山あゆみ訳、早川書房、2022年］。より詳しくはChris D. Frith, *Making Up the Mind: How the Brain Creates Our Mental World* (Oxford: Blackwell Publishing, 2007)参照［クリス・フリス『心をつくる』大堀壽夫訳、岩波書店、2009年］。

意図と目的を持って夢を描くことについて

Katherine L. Alfred et al., “Mental Models Use Common Neural Spatial Structure for Spatial and Abstract Content,” *Communications Biology* 3, no. 17 (January 2020).

アルファゼロとチェスの戦略

Matthew Sadler and Natasha Regan, *Game Changer: AlphaZero's Groundbreaking Chess Strategies and the Promise of AI* (Alkmaar, the Netherlands: New in Chess, 2019).

Our World in Data について

このプロジェクトと、資金提供者たちの情報については"Our Supporters," Our World in Data, https://ourworldindata.org/funding.（2020年11月2日アクセス）

ハラリについて

Yuval N. Harari, *Homo Deus: A Brief History of Tomorrow* (London: Harvill Secker, 2016).［ユヴァル・ノア・ハラリ『ホモ・デウス』柴田裕之訳、河出書房新社、2018年］

フクヤマについて

Francis Fukuyama, *The End of History and the Last Man* (New York: Free Press, 1992).［フランシス・フクヤマ『新版 歴史の終わり』渡部昇一訳、三笠書房、2020年］

第 2 章 フレーミング

アリッサ・ミラノと MeToo の始まりに関するストーリー

情報は、2020年8月にケネス・クキエがアリッサ・ミラノにおこなったインタビュー、および以下の記事などをまとめたものとなっている。Jessica Bennett, "Alyssa Milano, Celebrity Activist for the Celebrity Presidential Age," *New York Times*, October 25, 2019, https://www.nytimes.com/2019/10/25/us/politics/alyssa-milano-activism.html; Anna Codrea-Rado, "#MeToo Floods Social Media with Stories of Harassment and Assault," *New York Times*, October 16, 2017, https://www.nytimes.com/2017/10/16/technology/metoo-twitter-facebook.html; Jim Rutenberg et al., "Harvey Weinstein's Fall Opens the Floodgates in Hollywood," *New York Times*, October 16, 2017, https://www.nytimes.com/2017/10/16/business/media/harvey-weinsteins-fall-opens-the-floodgates-in-hollywood.html.

ミラノによる回想

ミラノの言葉は、私たちによる本人へのインタビューや、その他の記事で当時考えていたことを問われたミラノの回答に基づいて構成している。Nadja Sayej, "Alyssa Milano on the #MeToo Movement: 'We're Not Going to Stand for It Any More,'" *Guardian*, December 1, 2017, https://www.theguardian.com/culture/2017/dec/01/alyssa-milano-mee-too-sexual-harassment-abuse.

ミラノが受けた暴行

ツイートから2年後、ミラノは自身が受けた性的暴行について公にした。Joanne Rosa, "Alyssa Milano on Sharing Alleged Sexual Assault Story 25 Years Later," *ABC News*, October 16, 2019, https://abcnews.go.com/Entertainment/alyssa-milano-sharing-alleged-sexual-assault-story-25/story?id=66317784.

シンギュラリティについて

Ray Kurzweil, *The Singularity Is Near: When Humans Transcend Biology* (New York: Viking, 2005).［レイ・カーツワイル『ポスト・ヒューマン誕生』井上健監訳、小野木明恵ほか訳、NHK出版、2007年］

AI のポテンシャルと限界について

優れたAI開発者、起業家、認知科学者であるゲイリー・マーカスは、優れたAI評論家でもあり、あらゆる手を尽くして、現在のAI技術が多くの問題を含んでいることを指摘している。Gary Marcus and Ernest Davis, *Rebooting AI: Building Artificial Intelligence We Can Trust* (New York: Pantheon, 2019).

ルソーの言葉

Jean-Jacques Rousseau, "Correspondence Générale XVII, 2–3," in *The Question of Jean-Jacques Rousseau*, Ernst Cassirer (Bloomington: Indiana University Press, 1963), quoted in Claes G. Ryn, *Democracy and the Ethical Life: A Philosophy of Politics and Community*, 2nd ed. (Washington, DC: Catholic University of America Press, 1990), 34.［E・カッシーラー『ジャン＝ジャック・ルソー問題【新装版】』生松敬三訳、みすず書房、2015年。本文の訳出は本書訳者によるもの］

ウェルチの直感について

Jack Welch, Jack: *Straight from the Gut* (New York: Grand Central, 2003).［ジャック・ウェルチ『ジャック・ウェルチ わが経営』宮本喜一訳、日本経済新聞社、2001年］

データや統計を活用する利点について

Paul E. Meehl, *Clinical Versus Statistical Prediction: A Theoretical Analysis and a Review of the Evidence* (Minneapolis: University of Minnesota Press, 1954).

アルファゼロについて

このセクションは、2019年3月にケネス・クキエがディープマインド社のデミス・ハサビスや、チェスのグランドマスターであるマシュー・サドラーとマスターのナターシャ・リーガンへおこなったインタビューを大きな情報源としており、著者一同おおいに感謝している。

アルファゼロのモデルトレーニングの詳細

David Silver et al., "A General Reinforcement Learning Algorithm That Masters Chess, Shogi and Go," DeepMind, December 6, 2018, https://deepmind.com/blog/article/alphazero-shedding-new-light-grand-games-chess-shogi-and-go; David Silver et al., "Mastering Chess and Shogi by Self-Play with a General Reinforcement Learning Algorithm," DeepMind, December 5, 2017, https://arxiv.org/pdf/1712.01815.pdf. アルファゼロの後継プロジェクトであるMuZeroは、自力でゲームのルールを学ぶことができる。Julian Schrittwieser et a l., "Mastering Atari, Go, Chess and Shogi by Planning with a Learned Model," *Nature* 588, no. 7839 (December 23, 2020): 604–609, https://www.nature.com/articles/s41586-020-03051-4.

College of Physicians of Philadelphia, https://www.cppdigitallibrary.org参照。（2020年11月1日アクセス）

ルイセンコ主義について

Sam Kean, “The Soviet Era's Deadliest Scientist Is Regaining Popularity in Russia,” *Atlantic*, December 19, 2017, https://www.theatlantic.com/science/archive/2017/12/trofim-lysenko-soviet-union-russia/548786/; Edouard I. Kolchinsky et al., “Russia's New Lysenkoism,” *Current Biology* 27, no. 19 (October 9, 2017): R1042–47.

電話と蓄音機のフレーミングについて

Rebecca J. Rosen, “The Magical, Revolutionary Telephone,” *Atlantic*, March 7, 2012, https://www.theatlantic.com/technology/archive/2012/03/the-magical-revolutionary-telephone/254149/; “History of the Cylinder Phonograph,” Library of Congress, https://www.loc.gov/collections/edison-company-motion-pictures-and-sound-recordings/articles-and-essays/history-of-edison-sound-recordings/history-of-the-cylinder-phonograph/.（2020年11月10日アクセス）

エジソンと教育について

Todd Oppenheimer, *The Flickering Mind: Saving Education from the False Promise of Technology* (New York: Random House, 2004).

ダニエル・カーネマンとエイモス・トヴェルスキーの「フレーミング効果」について

Amos Tversky and Daniel Kahneman, “The Framing of Decisions and the Psychology of Choice,” *Science* 211, no. 4481 (January 30, 1981): 453–58.

クーンの「パラダイムシフト」について

Thomas S. Kuhn, *The Structure of Scientific Revolutions* (Chicago: University of Chicago Press, 1962).［トーマス・S・クーン『科学革命の構造【新版】』青木薫訳、みすず書房、2023年］

美術における遠近法の起源について

Giorgio Vasari, “The Life of Filippo Brunelleschi, Sculptor and Architect,” in *The Lives of the Artists*, trans. Julia C. Bondanella and Peter Bondanella (Oxford: Oxford University Press, 2008), 110–46.

超合理主義者たちについて

ここで語っているのは全体的な傾向についてであり、たとえば合理主義者と呼ばれるアメリカの技術・社会思想家を指しているわけではない。Klint Finley, “Geeks for Monarchy: The Rise of the Neoreactionaries,” *TechCrunch*, November 23, 2013, https://techcrunch.com/2013/11/22/geeks-for-monarchy/?guccounter=1. Cade Metz, “Silicon Valley's Safe Space,” *New York Times*, February 13, 2021, https://www.nytimes.com/2021/02/13/technology/slate-star-codex-rationalists.html.

原注

アマンダ・ゴーマンの詩からの引用

ジョー・バイデン大統領の就任式で朗読された。Amanda Gorman, "The Hill We Climb: The Amanda Gorman Poem That Stole the Inauguration Show," *Guardian*, January 20, 2021, https://www.theguardian.com/us-news/2021/jan/20/amanda-gorman-poem-biden-inauguration-transcript.［アマンダ・ゴーマン『わたしたちの登る丘』鴻巣友季子訳、文春文庫、2022年］

第１章 意思決定

抗生物質の歴史と耐性について

World Health Organization, "New Report Calls for Urgent Action to Avert Antimicrobial Resistance Crisis," joint news release, April 29, 2019, https://www.who.int/news/item/29-04-2019-new-report-calls-for-urgent-action-to-avert-antimicrobial-resistance-crisis. WHOの統計によると、抗生物質耐性菌による死亡者数は2050年には1000万人に達する推定であるという。

三秒に一人の死者数ペースついて

Joe Myers, "This Is How Many People Antibiotic Resistance Could Kill Every Year by 2050 If Nothing Is Done," World Economic Forum, September 23, 2016, https://www.weforum.org/agenda/2016/09/this-is-how-many-people-will-die-from-antimicrobial-resistance-every-year-by-2050-if-nothing-is-done/.

クーリッジの息子の感染症

Chelsea Follett, "U.S. President's Son Dies of an Infected Blister?," HumanProgress, March 1, 2016, https://humanprogress.org/u-s-presidents-son-dies-of-an-infected-blister/.

抗生物質を特定する AI

Jonathan M. Stokes et al., "A Deep Learning Approach to Antibiotic Discovery," *Cell* 180, no. 4 (February 20, 2020): 688–702.

バルジレイの発言

ケネス・クキエが2020年2月と11月におこなったレジーナ・バルジレイへのインタビューより。

コリン・キャパニックについて

Eric Reid, "Why Colin Kaepernick and I Decided to Take a Knee," *New York Times*, September 25, 2017, https://www.nytimes.com/2017/09/25/opinion/colin-kaepernick-football-protests.html.

『Fasciculus Medicinae（医学論集）』

身体の部位を１２星座になぞらえるという点に関しては、"Historical Medical Library,"

謝辞

本書は三人の著者で執筆したものだが、それ以外にも多くの協力者がおり、その人たち抜きには完成しえなかった。まず、出版社ダットンのスティーブン・モローとペンギンUKのジェイミー・ジョセフ、そして私たちのエージェントであるガラモンド・エージェンシーのリサ・アダムスの優れた編集に感謝する。編集のアンドリュー・ライトと、ファクトチェックを担当してくれたフィル・ケインにも感謝したい（だが何らかの間違いがあれば、それは私たち著者の責任だ）。また、コピーエディターのキャサリン・キナストとエリカ・ファーガソン、校正者のキム・ルイス、テキストデザイナーのナンシー・レズニック、アメリカ版カバーデザイナーのジェイソン・ブーハー、イギリス版カバーデザイナーのスティーブ・リアードにも感謝する。また、リムジム・デイとDEY社のチーム、そしてペンギン社およびダットン社のチームにも感謝する。

本書に登場する多くの人物が、私たちと話をする時間を割いてくれた。アルファベット順に、アンドレアス・アルトマン、マイケル・ベイカー、レジーナ・バルジレイ、ジェラルド・ブロナー、ロナルド・バート、フランソワ・ショレ、ダニエル・デネット、スコット・ドナルドソン、イネス・フォン、アリソン・ゴプニック、ピーター・ハーベラー、デミス・ハサビス、アラン・ケイ、タニア・ランブローゾ、ハインツ・マチャット、ゲイリー・マーカス、ロバート・マートン、アリッサ・ミラノ、アルベルト・モール、ンタビセン・モシア、スコット・ペイジ、ジュディーア・パール、サンダー・ルイス、ピーター・シュワルツ、クラウス・シュヴァインスベルク、カトリン・スーダー、ノーム・タミル、マイケル・トマセロ、will. i.am（とサリー・オルムステッド）に感謝を表したい。そしてアップルのコミュニケーション・チームにも礼を述べる。

全員からの謝辞に加え、各著者からも個別に感謝を伝えたい。

ケネス・クキエ

『エコノミスト』誌の編集者であるザニー・ミントン・ベドーズのサポートと、本書の内容をより豊かなものにしてくれた同誌の仲間たちに感謝する。オックスフォード大学サイード・ビジネス・スクールのピーター・トゥファノ学長、教授陣や学生たちには、知的に豊かな環境を提供してくれたことに感謝する。イギリスのシンクタンクであるチャタムハウス、ウィルトンパーク、そしてジェームズ・アロヨ率いるディッチリー財団のチームは、フレーミングを向上させていく報告書やイベントを作成してくれたことに礼を申し上げる。

『エコノミスト』誌のポッドキャスト「Babbage」や「Open Future」欄での多くのインタビュー

は本書執筆の助けになった。ディープマインド社のムスタファ・スレイマン、ストライプ社のパトリック・コリソン、ボックス社のアーロン・レビー、起業家のエラッド・ギルとダニエル・グロス、マット・リドリー、エリック・トポル、デイヴィッド・イーグルマン、アダム・グラント、ハワード・ガードナー、ダニエル・レヴィティン、ビル・ジェインウェイ、アンドリュー・マカフィー、ロイ・バハト、ザベイン・ダール、ナン・リー、ベネディクト・エヴァンス、アジーム・アズハール、デイビット・マッコート、ジェームス・フィールド、ダン・レヴィン、スティーヴン・ジョンソン、ビナ・ベンカタラマン、ショーン・マクフェイト、シエーン・パリッシュに感謝する（そしてサンドラ・シュメリ、アミカ・ノーラン、ウィリアム・ワレン、ジェイソン・ホスケン、サイモン・ジャーヴィス、エリー・クリフォードら「Babbage」のプロデューサー陣、そして私たちの上司であるアン・マケルヴォイにも感謝する）。

そのほかにも、特にヘレン・グリーン、ロバート・ヤング、ダニエル・フン、ニコ・ウェッシュ、ティム・ヘットゲス、マイケル・クリーマン、マット・ヒンドマン、ジョン・ターナー、カティア・フェルレセンなど、多くの人がアイデアを育てていくことに貢献してくれた。

ビクター・マイヤー＝ショーンベルガー

オックスフォード大学と、オックスフォード大学キーブル・カレッジに感謝する。アイデアを生み出すにあたって素晴らしい場所だ。また、ドイツデジタル評議会の同僚たちを含め、この数年、人間のフレーミングについて大なり小なり議論を交わした多くの人々に感謝する。

フランシス・ド゠ベリクール

ベルリンのヨーロピアン・スクール・オブ・マネジメント・アンド・テクノロジー（ESMT）で、優れた同僚研究者たちと繰り広げてきた熱のこもった議論の数々によって、私のアイデアは豊かなものとなった。とりわけ、マット・ボトナー、タマー・ボヤチ、ジャンルカ・カルナブチ、リーナス・ダーランダー、ローラ・ギレン、ラジシュリ・ジャヤラマン、ヘンリー・ザウエルマン、マーティン・シュヴァインズバーグ、リュック・ワチューに感謝を表したい。こうした人々の知的バックグラウンドや、さまざまな研究課題に対する考え方の多様性は、私のフレームのレパートリーを大いに強化してくれた。

デューク大学の元同僚たち全員にも感謝を伝えたい。デューク大学のオペレーション・マネジメント学科と意思決定科学学科の人々のおかげで、素晴らしい駆け出しの時期を過ごすことができた。ペン・サン、ミゲル・ロボ、オーティス・ジェニングスらと共に働いたことで、私はよりよいフレーマーとなることができた。ポール・ジプキンとボブ・ウィンクラーの知見は、現在も私の指針であり続けている。ジョエル・ポドルニー、エド・カプラン、そしてイェール大学経営大学院の教授陣、加えて私が担当した元博士課程の学生サード・アリザミールらには、新しいカリキュラムに関するアイデアを共有してくれたことに礼を述べる。
フランスとシンガポールのINSEADの素晴らしい教授陣からも大きな恩恵を受けた。ヘンリック・ブレスマン、スティーブ・チック、エンリコ・ディエシドゥエ、カラン・ジロトラ、デニス・グロンブ、ジル・ヒラリー、セルゲイ・ネテシン、イオアナ・ポペスク、ルド・ヴァンダー・ヘイデン、マーティン・ガルジウロには特に感謝を伝えたい。

周りの協力は、一人の人間の頭脳を超えたものを生み出すことを可能にする。本書（執筆者の表記はアルファベット順）において、私たちはその事実から大きな恩恵を受けている。
最後に、執筆中の私たちに我慢して寄り添ってくれた家族に感謝を伝えたい。私たちは家族写真のなかに映っていないかもしれないが、みんなはいつも私たちの額縁《フレーム》のなかにいた。

ケネス・クキエ、ビクター・マイヤー＝ショーンベルガー、フランシス・ド＝ベリクール

ロンドン、オックスフォード／ツェル・アム・ゼー、ベルリン

二〇二〇年一一月

著者

ケネス・クキエ　Kenneth Cukier

『エコノミスト』誌のシニアエディター。テクノロジーをテーマにしたポッドキャスト「Babbage」を毎週配信している。オックスフォード大学サイード・ビジネス・スクールのアソシエイトフェローでもある。

ビクター・マイヤー＝ショーンベルガー　Viktor Mayer-Schönberger

オックスフォード大学オックスフォード・インターネット研究所教授（専門はインターネットのガバナンスや規制）。ハーバード大学のベルファー科学・国際問題センターでも教えていた。

フランシス・ド＝ベリクール　Francis de Véricourt

ヨーロピアン・スクール・オブ・マネジメント・アンド・テクノロジー（ESMT）教授（専門は経営科学）。同ビジネス・スクールの意思決定・モデル・データセンターの所長も務めている。

訳者

樋口武志　Takeshi Higuchi

1985年福岡生まれ。訳書に『「スーパーマリオブラザーズ」の音楽革命』（DU BOOKS）、『THE HEART OF BUSINESS（ハート・オブ・ビジネス）』、『異文化理解力』（ともに英治出版）、『無敗の王者 評伝ロッキー・マルシアノ』（早川書房）、字幕翻訳に『ミュータント・ニンジャ・タートルズ：影<シャドウズ>』など。

●英治出版からのお知らせ
本書に関するご意見・ご感想をE-mail（editor@eijipress.co.jp）で受け付けています。また、英治出版ではメールマガジン、Webメディア、SNSで新刊情報や書籍に関する記事、イベント情報などを配信しております。ぜひ一度、アクセスしてみてください。

メールマガジン：会員登録はホームページにて
Webメディア「英治出版オンライン」：eijionline.com
X / Facebook / Instagram：eijipress

意思決定の質を高める「フレーミング」の力
3つの認知モデルで新しい現実を作り出す

発行日	2023年12月23日　第1版　第1刷
著者	ケネス・クキエ、ビクター・マイヤー＝ショーンベルガー フランシス・ド＝ベリクール
訳者	樋口武志（ひぐち・たけし）
発行人	原田英治
発行	英治出版株式会社 〒150-0022 東京都渋谷区恵比寿南1-9-12 ピトレスクビル4F 電話　03-5773-0193　　FAX　03-5773-0194 www.eijipress.co.jp
プロデューサー	平野貴裕
スタッフ	高野達成　藤竹賢一郎　山下智也　鈴木美穂　下田理 田中三枝　上村悠也　桑江リリー　石﨑優木　渡邉吏佐子 中西さおり　関紀子　齋藤さくら　荒金真美　廣畑達也　木本桜子
印刷・製本	中央精版印刷株式会社
装丁	山之口正和（OKIKATA）
校正	株式会社ヴェリタ

ISBN978-4-86276-324-2　C0030　Printed in Japan